海上絲綢之路基本文獻叢書

今世中國貿易通志（下）

陳重民 編

文物出版社

圖書在版編目（CIP）數據

今世中國貿易通志．下 / 陳重民編．-- 北京 : 文物出版社，2022.7
（海上絲綢之路基本文獻叢書）
ISBN 978-7-5010-7621-5

Ⅰ．①今… Ⅱ．①陳… Ⅲ．①對外貿易－貿易史－中國－民國 Ⅳ．①F752.96

中國版本圖書館CIP數據核字（2022）第086682號

海上絲綢之路基本文獻叢書

今世中國貿易通志（下）

編　　者：陳重民
策　　劃：盛世博閱（北京）文化有限責任公司

封面設計：鞏榮彪
責任編輯：劉永海
責任印製：張　麗

出版發行：文物出版社
社　　址：北京市東城區東直門內北小街2號樓
郵　　編：100007
網　　址：http://www.wenwu.com
經　　銷：新華書店
印　　刷：北京旺都印務有限公司
開　　本：787mm×1092mm　1/16
印　　張：15.25
版　　次：2022年7月第1版
印　　次：2022年7月第1次印刷
書　　號：ISBN 978-7-5010-7621-5
定　　價：98.00圓

總緒

海上絲綢之路，一般意義上是指從秦漢至鴉片戰争前中國與世界進行政治、經濟、文化交流的海上通道，主要分爲經由黄海、東海的海路最終抵達日本列島及朝鮮半島的東海航綫和以徐聞、合浦、廣州、泉州爲起點通往東南亞及印度洋地區的南海航綫。

在中國古代文獻中，最早、最詳細記載『海上絲綢之路』航綫的是東漢班固的《漢書・地理志》，詳細記載了西漢黄門譯長率領應募者入海『齎黄金雜繒而往』之事，書中所出現的地理記載與東南亞地區相關，并與實際的地理狀況基本相符。

東漢後，中國進入魏晉南北朝長達三百多年的分裂割據時期，絲路上的交往也走向低谷。這一時期的絲路交往，以法顯的西行最爲著名。法顯作爲從陸路西行到印度，再由海路回國的第一人，根據親身經歷所寫的《佛國記》（又稱《法顯傳》）一書，詳細介紹了古代中亞和印度、巴基斯坦、斯里蘭卡等地的歷史及風土人情，是瞭解和研究海陸絲綢之路的珍貴歷史資料。

隨着隋唐的統一，中國經濟重心的南移，中國與西方交通以海路爲主，海上絲綢之路進入大發展時期。廣州成爲唐朝最大的海外貿易中心，朝廷設立市舶司，專門管理海外貿易。唐代著名的地理學家賈耽（七三〇～八〇五年）的《皇華四達記》記載了從廣州通往阿拉伯地區的海上交通『廣州通夷道』，詳述了從廣州港出發，經越南、馬來半島、蘇門答臘半島至印度、錫蘭，直至波斯灣沿岸各國的航綫及沿途地區的方位、名稱、島礁、山川、民俗等。譯經大師義净西行求法，將沿途見聞寫成著作《大唐西域求法高僧傳》，詳細記載了海上絲綢之路的發展變化，是我們瞭解絲綢之路不可多得的第一手資料。

宋代的造船技術和航海技術顯著提高，指南針廣泛應用於航海，中國商船的遠航能力大大提升。北宋徐兢的《宣和奉使高麗圖經》詳細記述了船舶製造、海洋地理和往來航綫，是研究宋代海外交通史、中朝友好關係史、中朝經濟文化交流史的重要文獻。南宋趙汝適《諸蕃志》記載，南海有五十三個國家和地區與南宋通商貿易，形成了通往日本、高麗、東南亞、印度、波斯、阿拉伯等地的『海上絲綢之路』。宋代爲了加强商貿往來，於北宋神宗元豐三年（一〇八〇年）頒佈了中國歷史上第一部海洋貿易管理條例《廣州市舶條法》，并稱爲宋代貿易管理的制度範本。

元朝在經濟上採用重商主義政策，鼓勵海外貿易，中國與歐洲的聯繫與交往非常頻繁，其中馬可·波羅、伊本·白圖泰等歐洲旅行家來到中國，留下了大量的旅行記，記録元代海上絲綢之路的盛况。元代的汪大淵兩次出海，撰寫出《島夷志略》一書，記録了二百多個國名和地名，其中不少首次見於中國著録，涉及的地理範圍東至菲律賓群島，西至非洲。這些都反映了元朝時中西經濟文化交流的豐富内容。

明、清政府先後多次實施海禁政策，海上絲綢之路的貿易逐漸衰落。但是從明永樂三年至明宣德八年的二十八年裏，鄭和率船隊七下西洋，先後到達的國家多達三十多個，在進行經貿交流的同時，也極大地促進了中外文化的交流，這些都詳見於《西洋蕃國志》《星槎勝覽》《瀛涯勝覽》等典籍中。

關於海上絲綢之路的文獻記述，除上述官員、學者、求法或傳教高僧以及旅行者的著作外，自《漢書》之後，歷代正史大都列有《地理志》《四夷傳》《西域傳》《外國傳》《蠻夷傳》《屬國傳》等篇章，加上唐宋以來衆多的典制類文獻、地方史志文獻，集中反映了歷代王朝對於周邊部族、政權以及西方世界的認識，都是關於海上絲綢之路的原始史料性文獻。

海上絲綢之路概念的形成，經歷了一個演變的過程。十九世紀七十年代德國地理學家費迪南・馮・李希霍芬（Ferdinad Von Richthofen，一八三三～一九〇五），在其《中國：親身旅行和研究成果》第三卷中首次把輸出中國絲綢的東西陸路稱爲『絲綢之路』。有『歐洲漢學泰斗』之稱的法國漢學家沙畹（Édouard Chavannes，一八六五～一九一八），在其一九〇三年著作的《西突厥史料》中提出『絲路有海陸兩道』，蘊涵了海上絲綢之路最初提法。迄今發現最早正式提出『海上絲綢之路』一詞的是日本考古學家三杉隆敏，他在一九六七年出版《中國瓷器之旅：探索海上的絲綢之路》中首次使用『海上絲綢之路』一詞；一九七九年三杉隆敏又出版了《海上絲綢之路》一書，其立意和出發點局限在東西方之間的陶瓷貿易與交流史。

二十世紀八十年代以來，在海外交通史研究中，『海上絲綢之路』一詞逐漸成爲中外學術界廣泛接受的概念。根據姚楠等人研究，饒宗頤先生是華人中最早提出『海上絲綢之路』的人，他的《海道之絲路與昆侖舶》正式提出『海上絲路』的稱謂。選堂先生評價海上絲綢之路是外交、貿易和文化交流作用的通道。此後，大陸學者馮蔚然在一九七八年編寫的《航運史話》中，使用『海上絲綢之路』一詞，這是迄今學界查到的中國大陸最早使用『海上絲綢之路』的人，更多地限於航海活動領域的考察。一九八〇年北京大學陳炎教授提出『海上絲綢之路』研究，并於一九八一年發表《略論海上絲綢之路》一文。他對海上絲綢之路的理解超越以往，且帶有濃厚的愛國主義思想。陳炎教授之後，從事研究海上絲綢之路的學者越來越多，尤其沿海港口城市向聯合國申請海上絲綢之路非物質文化遺産活動，將海上絲綢之路研究推向新高潮。另外，國家把建設『絲綢之路經濟帶』和『二十一世紀海上絲綢之路』作爲對外發展方針，將這一學術課題提升爲國家願景的高度，使海上絲綢之路形成超越學術進入政經層面的熱潮。

與海上絲綢之路學的萬千氣象相對應，海上絲綢之路文獻的整理工作仍顯滯後，遠遠跟不上突飛猛進的研究進展。二〇一八年厦門大學、中山大學等單位聯合發起『海上絲綢之路文獻集成』專案，尚在醖釀當中。我們不揣淺陋，深入調查，廣泛搜集，將有關海上絲綢之路的原始史料文獻和研究文獻，分爲風俗物産、雜史筆記、海防海事、典章檔案等六個類别，彙編成《海上絲綢之路歷史文化叢書》，於二〇二〇年影印出版。此輯面市以來，深受各大圖書館及相關研究者好評。爲讓更多的讀者親近古籍文獻，我們遴選出前編中的菁華，彙編成《海上絲綢之路基本文獻叢書》，以單行本影印出版，以饗讀者，以期爲讀者展現出一幅幅中外經濟文化交流的精美畫卷，爲海上絲綢之路的研究提供歷史借鑒，爲『二十一世紀海上絲綢之路』倡議構想的實踐做好歷史的詮釋和注脚，從而達到『以史爲鑒』『古爲今用』的目的。

凡例

一、本編注重史料的珍稀性，從《海上絲綢之路歷史文化叢書》中遴選出菁華，擬出版百册單行本。

二、本編所選之文獻，其編纂的年代下限至一九四九年。

三、本編排序無嚴格定式，所選之文獻篇幅以二百餘頁爲宜，以便讀者閱讀使用。

四、本編所選文獻，每種前皆注明版本、著者。

五、本編文獻皆爲影印，原始文本掃描之後經過修復處理，仍存原式，少數文獻由於原始底本欠佳，略有模糊之處，不影響閱讀使用。

六、本編原始底本非一時一地之出版物，原書裝幀、開本多有不同，本書彙編之後，統一爲十六開右翻本。

目録

今世中國貿易通志（下）　陳重民 編　民國十三年商務印書館排印本……………………一

今世中國貿易通志（下）

今世中國貿易通志（下）

陳重民 編

民國十三年商務印書館排印本

今世中國貿易通志第三編目錄

第三編　進口貨物

第一章　棉……一
——我國棉紗銷費額——最近三年輸入額——各國棉紗輸入狀況——我國紗廠之發達——各埠貿易狀況
第二章　棉布……二八
一、概說——進口棉布種類各國輸入狀況
二、本色粗布、細布
三、市布——本色市布、漂白市布、漂白織花布、漂白竹布、染色素市布、香港染色素市布
四、斜紋布——粗斜紋布、細斜紋布
五、標布
六、印花布
七、洋紅布染色洋標布
八、棉羽綢、泰西緞、棉羽綾、絲羅緞
九、絨布、棉法蘭絨
一〇、染紗織
一一、日本棉布
一二、尺六絨尺九絨
一三、其他棉布

第三章　其他棉貨……六五
一、棉毯
二、手帕
三、面巾浴巾牀巾
四、棉線——棉線球、捲軸棉線
五、腿帶
第四章　羢貨……七〇
——羢質衣料——羢線——羢毯、羢氈——哆囉呢、冲衣著呢、哈喇呢——羽毛、旗紗布——法蘭羢——羽綾——嗶嘰
——小呢——他類呢羢——我國呢羢業之現況
第五章　羢棉貨……七七
——羢棉質衣料——呢、駱駝毛布、綿毛布、——羢棉質毯氈——企頭呢、斜紋呢——毛羽綢——毛棉呢
第六章　雜質疋貨……八〇
——綢緞——絲兼雜質織綢緞——帆布、細布——䌰蔴袋布、洋線袋布——細蔴布、棉蔴布——絲絨、剪絨——人造絲織
綢緞——絲織毛織棉織假皮——裝飾傢具布料——他類雜質疋貨
第七章　紫銅……八七
——紫銅錠塊——紫銅條、竿、片、板、釘、絲——他類紫銅
第八章　鋼鐵類……八九
——鐵條——鐵釘——鐵管——片、板——鐵軌——三角鐵、丁字鐵——鍍鋅鐵片——鋼材——馬口鐵片——其他

第九章　各種包袋……一〇〇
第十章　水泥……一〇一
第十一章　磁器……一〇三
第十二章　烟草……一〇九
一、紙煙
二、雪茄煙
三、菸葉
第十三章　鐘表……一一五
第十四章　煤……一一七
第十五章　棉花……一三〇
第十六章　電氣材料及裝置品……一三三
第十七章　搪磁器……一三七
第十八章　海味……一三八
一、海參
二、燕窩
三、魚膠洋菜
四、海帶海菜

五、魚介海味
第十九章　玻璃及玻璃器……一三三
一、玻璃片
二、玻璃器
三、燈及燈器
四、鏡
五、空瓶
第二十章　熟皮……一四〇
第二十一章　機器……一四三
一、總説
二、農業機器
三、運動機器
四、織造機器
五、釀酒機器、蒸餾機器、製糖機器
六、他類機器及零件
附(一)刺繡機器、針織機器、縫紉機器
(二)軋棉花機器
(三)機器需用器具
(四)機器皮帶

上海進口機器一覽表
第二十二章　火柴及製造火柴材料……一五一
一、火柴
二、製造火柴材料（除油蠟）
三、油蠟
第二十三章　藥材（高根嗎啡在內）……一六三
第二十四章　針……一六四
第二十五章　煤油……一六六
第二十六章　紙……一七〇
第二十七章　鐵路材料……一七八
第二十八章　肥皂及材料……一七九
第二十九章　糖……一八六
一、赤糖
二、白糖
三、車白糖
四、冰糖
第三十章　針織品……一九三

一、襪

二、汗衫褲

三、汗衫布或衛生衫布

附　我國之針織業

第三十一章　其他雜貨……一九八

一、洋參　二、皮鞋皮靴　三、碱　四、木材——重木材輕木材　五、傘　六、酒——(甲)啤酒黑啤酒(乙)燒酒(丙)汽酒紅白淡濃酒葡萄酒等(丁)他種飲料　七、車輛——(甲)鐵路機車及煤水車(乙)鐵路貨車客車及電車(丁)汽車(戊)脚踏汽車(己)脚踏車(庚)他種車輛　八、米　九、染料——五色染料人造靛　一〇、文具　一一、各種空桶空箱　一二、油漆及漆油　一三、雜糧粉　一四、傢具及材料　一五、汽發油扁陳汽油石腦汽油石油精等　一六、滑物油　一七、燃料油　一八、黑白胡椒　一九、香水及脂粉　二〇、電報電話材料　二一、桶箱全副板料　二二、檀香　二三、鉛印石印材料

今世中國貿易通志

第三編　進口貨物

第一章　棉紗

我國棉紗消費額

我國地廣人衆。普通衣服。概屬棉織。故棉紗需要之多。爲世界各國所莫及。從前洋紗進口。多至三百萬擔以上。年來國內紗業勃興。本國廠紗。產三百萬擔左右。而外國棉紗。仍爲進口大宗。民國九年進口一百三十二萬擔。價值七千八百六十八萬兩。試觀左表則現在棉紗之消費額。窺見一班矣。

▲現在棉紗消費額概數（單位擔）

年份	英國紗	印度紗	日本紗	其他洋紗	中國紗	合計
光緒三十年	八、二二八	一、六二八、七六三	六〇八、七三九	三五、一四八	六〇〇、〇〇〇	二、八八〇、八七八
三十一年	二一、八三七	一、八五六、八四六	六八一、四四二	三三、六七二	七〇〇、〇〇〇	三、二九三、七九七
三十二年	三〇、七〇一	一、八四〇、二三五	六五四、三七一	一五、九三五	九〇〇、〇〇〇	三、四四一、二三三
三十三年	三四、三三八	一、六四〇、七六九	五六四、一四九	三五、三五三	九〇〇、〇〇〇	三、一七三、四一九
三十四年	二七、三一八	一、三五三、二七三	四〇〇、八六八	二九、二七七	一、〇五〇、〇〇〇	二、八七二、七三五
宣統元年	二一、七二八	一、六七五、四四〇	六七四、六五四	三四、二八七	一、〇五〇、〇〇〇	三、四五六、一一〇
二年	五五、一四七	一、三〇四、一五四	九三七、九〇八	三五、二六三	一、〇五〇、〇〇〇	三、三八二、四七二
三年	七、七一九	一、〇五八、二六三	七六七、三四六	二六、七九九	七五〇、〇〇〇	二、六一〇、一二六
民國元年	一一、三二一	六二七、八三二	九二〇、五八九	二八、四三二	一、二〇〇、〇〇〇	二、七八八、一七四
二年	四、六一六	六五六、六四九	一、二七三、九八三	四八、七四九	一、二〇〇、〇〇〇	三、一八二、九九五
三年	四、三一〇	一、一三七、二三四	一、三三一、七三九	六八、三三八	一、六〇〇、〇〇〇	四、一四一、六一一

四年	三七〇	一、一七九、三六〇	一、四四五、三四五	六〇、五九二	一、六〇〇、〇〇〇	四、二八五、六六七
五年	—	一、〇六八、三二六	一、三五一、〇〇六	四七、五九八	二、五七六、二五〇	五、〇四三、一八三
六年	五一	九五五、七九八	一、〇六五、四四四	五五、〇〇一	二、五七六、二五〇	四、六五二、五四四
七年	—	三六〇、九六三	七四五、九五九	二四、七〇九	二、七〇〇、〇〇〇	三、八三一、六一三
八年	六六	八三八、一一三	五三〇、九一七	三六、三六五	二、八〇〇、〇〇〇	四、二〇五、四六一
九年	一三、二六五	六六一、六三三	六一一、二四九	三九、三二一	三、〇〇〇、〇〇〇	四、三三五、三七八

備考　右表、由合計額中扣除中國紗。卽可得進口洋紗之總數。『其他』一欄。係指英、印、日三國以外之洋紗及絲光染色等紗而言。

又中國紗、係指廠紗而言。鄉間家庭工業所產、不計在內。

棉紗 Cotton, Yarn

進口洋紗。以日本貨爲最多。印度貨次之。英國貨又次之。其最近三年輸入額如左表。

最近三年輸入額

地區	民國七年 數量	民國七年 價值	民國八年 數量	民國八年 價值	民國九年 數量	民國九年 價值
進口淨數	一、一二四、六一八擔	五三、〇七二、五九六兩	一、三八六、三三八擔	七三、九二八、八一四兩	一、三〇一、一三三擔	七六、三三三、七五三兩
香港	三七三、六七三	一六、八三六、四四四	四七三、〇四〇	二五、四六六、二四五	三七三、九七九	二三、〇四八、六〇四
澳門	四、三八七	一九一、六九一	一〇、六一七	五六七、一五六	七〇、一二六	五、一六一、一七四
安南	一〇、六五六	一、〇八五、三六五	七、一三七	三八五、七六六	六、一五八	三五七、七五五
印度	一二七、六七九	五、六四八、三一七	四三五、四五八	一九、八七六、一七三	三三九、六三七	一七、七九五、九八〇
英國	—	—	一、七三〇	九九、二九三	一四、〇八八	一、三四四、七一八
日本	六六六、八〇〇	三一、七一八、三六七	四七九、三三八	二七、五九三、三八六	五六八、二〇四	三一、五三七、六〇八
美國	八一	一一、九〇九	六、二〇五	二六三、一二六	二、九〇八	二七三、〇三五

光紗、絲光紗、染色棉紗、Cotton Yarn, Gassed, Mercerised, or Dyed

地區	民國七年 數量（擔）	民國七年 價值（兩）	民國八年 數量（擔）	民國八年 價值（兩）	民國九年 數量（擔）	民國九年 價值（兩）
進口淨數	一七、〇三三	一、四七七、五四一	二〇、三三三	一、九七〇、一八九	二四、二四六	二、四五五、六九五
香港	三、一四〇	三一七、四三六	一、八六三	一五三、二九六	二、五六一	二四九、三八三
澳門	一、四三四	一三六、八五三	二、七三六	二八七、四八四	五、三一〇	六〇〇、〇三〇
英國	一〇六	一六、三八〇	八七	一〇、〇九六	九三八	一四一、八三三
日本	一三、一四二	一、〇六八、三八〇	一六、一六九	一、五八三、一九九	一五、八六一	一、五〇九、六五七
美國	五三五	七三、〇五七	一〇	一、三〇三	一〇五	一三、一七三

備考　一、進口淨數、係於進口總數中、扣除復往外洋之數、例如民國九年棉紗進口總數為一、三六七、一七五擔。是年復往外洋者六六、〇四三擔、試扣除此數。1,367,175－66,043＝1,301,132 卽得進口淨數一、三〇一、一三二擔。

一、輸入國僅列舉主要輸入國、其進口無多比較不甚重要者一概不列。（例如暹羅新嘉坡朝鮮及歐洲大陸諸國皆有棉紗運來、惟為數無多、故不列出）以下各表倣此。

一、各輸入國、非必卽為該貨之原產地。（以下各表倣此）蓋我國進口各貨之原產地、頗難確指、因有香港、澳門、漢堡、利物浦、馬塞諸港介在其間、外國貨物多由此等地方、改裝貨船運來我國。海關不能就表示實在原產地之書類、立行調查。例如由香港輸入之棉紗、在進口總數中、將近三成、實則其中大部分、原係印度及英國貨、少數為日本美國及其他各國貨、統由香港轉口、非香港產也。

各國棉紗輸入狀況

英國紗

英國棉紗、輸入我國、始於咸豐九年、在光緒十年以前、進口逐年增加、頗有蒸蒸日上之勢、及印度紗業勃興、印紗輸入我國、英紗遂停滯不進。蓋以英紗品質最優、（英國紗廠機器最佳、工人技術純練、所用棉花亦選擇其最佳者、故不能紡粗紗。）其輸入我國者、類皆三十支以上之細紗。價格最高、我國生活程度較低、普通不能用之、織布僅供縷空花邊、草帽緶及各種裝飾品之用、反之、印紗品質較劣、類屬十支十二支十四支等粗紗。（印度棉花纖維粗、工人技術拙、不能紡細紗）價格極廉、最合我國織布之需、故自印度紗輸入以後、英紗毫無進步、自光緒十年至光緒三十三年。凡二十三年間。進口英紗。僅往來於一萬擔乃至三萬三千擔之間。自是以後。日本紗業進步。能紡三十支以上之細紗。且以地理上之關係。其工價、運費、以及各種雜費。均較英國爲廉。英紗受其壓迫。更不能支。遂有江河日下之勢。現在輸入者。僅有三十二支及四十二等細紗。

美國紗

美國棉紗亦然。自前清宣統元年開始輸入。皆細紗也。專供針織品及各種編物之用。蓋此等用途。美紗、較日本印度及本國廠紗爲佳。凡購德國針織機器者。均使用之。與他國製者比。既善通過。且不易斷，以是見稱。其銷路以針織業最盛之南方各省及香港爲主。

印度紗

印度棉紗輸入我國。始於光緒九年。紗粗而價廉。最合我國生活程度。以故進口年年增加。光緒十九年。在進口總數中。占百分之九十五。是爲印紗輸入極盛之時代。及日本紗輸入我國。品質較優。印紗漸受其壓迫。繼以光緒二十三年。印度疫病流行。紗廠多行休業。日紗乘機推廣銷路。印紗勢力遂形退縮。光緒二十二年。印紗在進口總數中。約占百分之九十以上。光緒二十三年。減爲百分之七十八。光緒三十年。更減爲百分之五十。自是以迄民國六年。進口貨數。往來於百萬擔左右。年來我國廠紗發達。更受打擊。民國九年進口。僅六十六萬擔矣。印紗銷路。以南方各省爲主。其著名商標如左。

十　支——寶星、大班、牛耕田、天主堂、老中國人、彩洋房、擔茶、四洋房、手劍、雙童入、刀仔、釣魚、英武、和合二仙、三羊、國旗、花盤、金牛、古樂、拉手、女爪花、看看花。

十二支——寶星、大班、牛耕田、天主堂、老中國人、彩洋房、擔茶、四洋房、手劍、雙宮、夫婦。

二十支——寶星、大班、牛耕田、天主堂、老中國人、彩洋房、擔茶、四洋房、手劍、金錢、趙子龍。

日本紗

日本棉紗輸入我國。始於光緒十五年。其初年僅數萬擔。迨後與印紗爭銷。進口大增。光緒三十年。達六十餘萬擔。民國元年、更增至百二十萬擔。近年排貨事起。始減至百萬擔以下。而民國九年、仍有六十一萬擔之輸入。其紗粗細俱備。輸入中部各省者。多爲十六支、二十支。輸入南部各省者。多屬十支、十二支、十六支。北方各省。則多三十支、四十支、六十支等。光紗、絲光絲、染色紗。俱爲細紗所撚成。織愛國布、電光布、絲光布、提花布等用之。年來直隸高陽、饒陽、及京津一帶。機業頗形發達。所用細紗。歐戰以前。多由英國輸入。現時則改用日貨。故日紗在我國市場。最占勢力。其著名商標如左。

十六支——立馬（大日本紡績會社）船、美人扇面、（鐘淵紡績會社）金三馬、（倉敷紡績會社）等。

二十支——惠美須、（岸和田紡績會社）唐子、（內外棉會社）立馬、（大日本紡績）藍魚、（鐘淵紡績）日烏、（和歌山紡績）金魚

（東洋紡績）紅戎（岸和田紡績）。

四十二支——鶴鹿、（大日本紡績）雙鹿、（合同紡績）藍魚（鐘淵紡績）等。

六十支——白鳳、（大日本紡績）。

我國紗廠之發達

我國紗廠事業起於光緒十六年。最初十年間。各廠營業困難。多受損失。日俄戰爭以後。次第改良。漸著成績。及入民國。實業家羣起經營。愈形發達。民國九年調查。全國紗廠六十有九。錠數一百八十八萬。其趨勢如左。

年份	工廠數	錠數	年份	工廠數	錠數
光緒十七年	二	六五、〇〇〇	民國五年	四一	一、一四五、一三六
光緒二十二年	三	四一七、〇〇〇	民國七年	四九	一、四七七、九二六
光緒二十八年	一七	五六五、二五二	民國九年	六九	一、八八〇、五三四
宣統三年	三二	八三一、一〇六			

茲將全國紗廠現狀表示於左。

一、全國紗廠一覽表（△符號係兼營織布業者）

廠名	所在地	國籍	設立年月	資本	錠數	備考
恆豐△	上海	華商	光緒十六年	一、〇〇〇、〇〇〇兩	一八、四四四枚	近擬添加錠子二萬二千枚、
德大	同	同	民國七年	六〇〇、〇〇〇	一九、〇二〇	
厚生第一△	同	同	民國六年	一、二〇〇、〇〇〇	一六、一八八	近擬添錠子三萬四千枚、
厚生第二	同	同				
振華	同	同	光緒卅二年	三〇〇、〇〇〇	一三、五四八	
振泰	同	同	民國九年	八〇〇、〇〇〇	一〇、〇〇〇	
寶豐△	同	同	光緒廿六年	五〇〇、〇〇〇	一八、二〇〇	

△鴻裕第一	同	同	民國四年	一、二〇〇、〇〇〇	二七、〇四八	擬添錠子二萬五百六十四枚、
鴻裕第二	同	同				
△申新第一	同	同	民國五年	四〇〇、〇〇〇元	六四、〇〇〇	擬添錠子二萬六千枚、
申新第二	同	同				
溥益	同	同	民國六年	一、〇〇〇、〇〇〇兩	二五、五二〇	擬添錠子六千四百枚、
同昌	同	同	光緒卅三年	六〇〇、〇〇〇元	一一、五九二	
△三新	同	同	光緒廿一年	一、五〇〇、〇〇〇	六七、八八〇	擬添錠子一千一百零六枚、
寶成第一	同	同	民國八年	四、〇〇〇、〇〇〇	四一、四七二	擬添錠子六萬枚、
寶成第二	同	同	民國九年			
大中華	同	同	同	一、二〇〇、〇〇〇兩	二四、〇〇〇	
恆大	同	同	同	五〇〇、〇〇〇	一〇、三六八	
統益	同	同	同	六〇〇、〇〇〇	一六、二〇〇	
永豫	同	同	同	四〇〇、〇〇〇	一三、〇〇〇	
△大豐	同	同	同	一、〇〇〇、〇〇〇元	二〇、〇〇〇	
華豐	同	同	同	一、〇〇〇、〇〇〇兩	一五、〇〇〇	
△緯通	同	同	同	一、〇〇〇、〇〇〇元	二四、一五〇	
△鴻章	同	同	同		二五、八〇八	
△內外棉株式會社第三	同	日商	宣統三年	五〇、〇〇〇、〇〇〇	二三、〇四〇	總公司在日本大阪、青島有第六第十第十一廠、
內外棉株式會社第四	同	同	民國二年		四〇、〇〇〇	
內外棉株式會社第五	同	同	民國四年		六五、四四〇	
內外棉株式會社第七	同	同	民國八年		不詳	
內外棉株式會社第八	同	同	同		三一、六八〇	
內外棉株式會社第九	同	同	同		二六、九三六	係收買華商裕源紗廠、

△上海紡績有限公司 第一	同	同	光緒廿二年	四、〇〇〇、〇〇〇	二〇、三九二	三井洋行經營、
第二	同	同	光緒廿一年		二五、四八〇	
第三	同	同	同		五〇、〇〇〇	
△日華紡織株式會社 第一	同	同	民國七年	一〇、〇〇〇、〇〇〇	四二、〇〇〇	富士紡績會社伊藤忠合名會社及日本棉花會社共同出資、收買舊鴻源紗廠、近擬添錠子二萬九千七百枚、
第二	同	同	同		二一、〇五六	
第三	同	同	同		不詳	
豐田	同	同	民國九年	不詳	一五、三二二	
東華	同	同	同	二〇、〇〇〇、〇〇〇	一〇、〇〇〇	擬添錠子五萬枚、
△怡和	同	英商	光緒廿一年	六、〇〇〇、〇〇〇兩	七六、〇〇〇	民國九年三廠合併、改稱新怡和、
△楊樹浦	同	同	民國二年		五〇、〇〇〇	
△公益	同	同	光緒卅三年		二五、六七六	
老公茂	同	同	光緒廿一年	八〇〇、〇〇〇	五〇、〇九六	
東方	同	同	同	一、〇〇〇、〇〇〇	五二、〇〇〇	舊德商瑞寶紡廠、
通久源	寧波	華商	光緒廿一年	九〇〇、〇〇〇	一八、〇〇〇	
和豐	同	同	光緒卅二年	九〇〇、〇〇〇	二三、二〇〇	
△鼎新	杭州	同	光緒廿三年	四四〇、〇〇〇	二〇、三六〇	舊通益公、
寶通	蘇州	同	光緒廿二年	三〇〇、〇〇〇	二三、五六八	舊蘇綸、
申新第三	無錫	同		一、五〇〇、〇〇〇元	九、三八四	擬添錠子四萬五千枚、
廣勤	同	同	民國五年	一、〇〇〇、〇〇〇	一五、三六〇	擬添錠子四千六百枚、

振新	同	同	光緒卅二年	一,〇〇〇,〇〇〇	三〇,〇〇〇	
福成	同	同	光緒廿二年	三〇〇,〇〇〇	一三,八三二	租辦業勤紗廠、
豫康	同	同	民國九年	八〇〇,〇〇〇	一四,〇〇〇	
大生第一	南通	同	光緒廿三年	二,五〇〇,〇〇〇兩	六五,三八〇	
大生第二	崇明	同	光緒卅一年	一,二〇〇,〇〇〇	三〇,二〇〇	
大生第三	海門	同	民國六年	二,〇〇〇,〇〇〇	二〇,〇〇〇	
濟泰恆記	太倉	同	光緒卅二年	七五〇,〇〇〇	三二,七〇〇	擬添錠子一萬枚、
利用	江陰	同	光緒卅四年	七二〇,〇〇〇	一五,〇〇〇	
順記	常熟	同		一五〇,〇〇〇	一二,四七〇	
通惠公	蕭山	同	光緒卅二年	四五〇,〇〇〇	一三,三七六	擬添錠子二千一百八十四枚、
裕新	昭文	同		三〇〇,〇〇〇	一〇,一九三	
常州紡織公司	常州	同		一,〇〇〇,〇〇〇元	二〇,六二二	
大綸	同	同	民國九年	六二〇,〇〇〇	一〇,〇〇〇	
裕中	蕪湖	同	同	八〇〇,〇〇〇	一〇,〇〇〇	擬添錠子一萬二千枚、
湖北紡織局	武昌	同	光緒廿年	七八〇,〇〇〇兩	九〇,〇〇〇	現租與楚興公司營業、
漢口第一	同	同	民國五年	三,〇〇〇,〇〇〇元	四一,三二〇	月產一千梱、
湖南第一	長沙	同	同		四〇,〇〇〇	
豫豐	鄭州	同	民國八年	五〇〇,〇〇〇兩	一〇,〇〇〇	擬添錠子三萬枚、
成興	武陟	同		一〇〇,〇〇〇元	三,〇〇〇	

廣益	彰德	同	宣統元年	1,500,000	29,000	擬添錠子一萬枚、
華新 衛廠	衛輝	同	民國九年	4,300,000	10,000	預定錠子二萬枚、
華新 津廠	天津	同	民國四年		35,000	預定錠子五萬枚、
華新 青廠	即墨	同	民國九年		5,000	華興公司係周學熙等創辦、
慶祥	保定	同	同		11,000	
新集	寶坻	同	同		3,400	
利生	京兆	同		160,000	1,008	
裕元	天津	同	民國四年	3,600,000	45,000	擬添錠子二萬五千枚倪嗣冲等創辦、
北洋商業第一	同	同	民國九年	2,000,000	25,000	
恆源	同	同	同	4,000,000	25,000	預定錠子五萬枚曹錕等創辦、
裕大	同	同	同	5,000,000	35,000	王克敏馮耿光等創辦豫定錠子十萬枚、
裕泰	齊東	同			15,000	
魯豐 第一	臨清	同	民國四年	1,000,000	16,000	
魯豐 第二	濟南	同	同		12,000	
內外棉株式會社 第六	青島	日商	民國七年		20,000	
內外棉株式會社 第十	同	同	民國九年		20,000	
內外棉株式會社 第十一	同	同	同		20,000	
大日本紡績	同	同	同		25,000	

此外新設紗廠。或一部分已開車或正在計畫中者如左。

廠名	所在地	國籍	預定錠數	備考
申新第三	無錫	華商	五〇,〇〇〇枚	兼營織布業
申新第四	漢口	同	一四,〇〇〇	
溥益第二	上海	同	二四,〇〇〇	兼營織布業
永安	同	同	三〇,〇〇〇	
同興	同	日商	六〇,〇〇〇	一部分已開車
鐘淵紡績	同	同	四〇,〇〇〇	一部分已開車
大日本紡績	同	同	五〇,〇〇〇	
大生第四	南通	華商	五〇,〇〇〇	
大生第五	如皋	同	二五,〇〇〇	
大生第六	崇明	同	二五,〇〇〇	
大生第七	鹽城	同	一五,〇〇〇	
大生第八	南通	同	一三,〇〇〇	織機四百架
久安	同	同	五,四五〇	
久興	九江	同	一五,三六〇	織機三百架
裕華	武昌	同	三〇,〇〇〇	
震寰	同	同	一〇,七六八	
晉華	楡次	同	三〇,〇〇〇	閻錫山創辦
日支	漢口	日商		
華新唐廠	唐山	華商	三二,〇〇〇	
山本	上海	日商		
公平	同	同		資本七千萬圓
大康	同	同		資本五千萬圓
裕豐	同	同		資本一億圓
廣新	武進	華商		民國九年成立
大通	崇明	同	一〇,〇〇〇	民國九年成立
慶豐	無錫	同	一四八,〇〇〇	織機二百五十架
寶成第三	天津	同	五一,〇四〇	
日支	同	日商		
富士	同	同	三〇,〇〇〇	
天津	同	同	一〇,〇〇〇	
奉天	奉天	同	二〇,〇〇〇	
兩滿紡績	同	同		
日清紡績	青島	同	三〇,〇〇〇	
豐田	同	同	二〇,〇〇〇	
中華	同	同	二〇,〇〇〇	
東洋	同	同	三〇,〇〇〇	
南海	同	同	二〇,〇〇〇	
山本	同	同	三〇,〇〇〇	

二、華商紗廠商標一覽表

廠名	製品種類	商標	廠址	經理人	批發處
三新	十——二十支、三十二支	團龍、得利、採花	上海楊樹浦	盛某	上海黃浦灘六號
恆豐	十——二十支	雲龍、金獅、富貴	同	聶雲台	上海四川路一一二號
德大	八——二十、三十二、四十二支	寶塔、文明、美人	同	穆抒齋	上海北京路清遠里
振華	十——二十支	雙象、雙龍、	同	薛文泰	上海北京路慶順里
大豐		火車、帆船、輪車	上海	陸維鏞	上海江西路四三號
緯通	八——四十二支	孔雀	上海平涼路	陳開達	上海愛多亞路
厚生	八——四十二支	雙喜、寶塔	上海楊樹浦蘭路	穆藕初	上海江西路三和里
溥益	十二——四十二支	促織、墨龍、地球	上海宜昌路	徐靜仁	上海南京路民裕里
永豫	十四支	三羊、三陽開泰	上海	許松春	上海新閘路一九三號
寶成		如意、	上路老勃生路	劉柏森	上海江西路自來水橋北
統益	八——四十二支、合股線	金雞、猫蝶、採花蝶	上海莫干山路	吳麟書	上海天津路鴻仁里
恆大	八——四十二支	飛機	上海浦東	穆抒齋	上海北京路清遠里
同昌	八——二十支	電車、月季、	上海南碼頭	沈明賢	上海法界吉祥街角
鴻章		福壽、鶴鑒、寶彝	上海麥根路	鄭培之	上海江西路五福里
鴻裕	八——三十二、四十二支	寶鼎、鴻魚、	同	同	上海博物院路一三號
申新第一		人鐘	上海曹家渡	榮宗敬	上海法界三洋涇橋、江西路五八號、無錫北塘南京下關、
申新第二		飛馬	上海宜昌路		
申新第三		四平蓮	無錫		

大中華	八——四十二支	大中華	吳淞蘊藻濱	聶雲台	上海四川路一一二號
華豐	十四——二十支	礮台	同	王正廷	上海南京路德馨里
通惠公	八——十六支	孩童、魚慶、愛國、九泰、榮婦	蕭山轉壩頭	樓映齋	上海河南路如意里
裕中第一	八——二十支	四喜、三多	蕪湖	陳西甫	上海東棋盤街六〇一號
和豐	十——二十支	荷蜂	寧波	顧元琛	上海天津路永安里
鼎新	八——二十、三十二、四十二支	麒麟、海潮、海月	杭州拱宸橋	高懿臣	上海老閘橋永成坊
大生正廠	十二——二十支	和合、棉花、魁星	南通	張嗇庵	上海九江路二二號
大生第二	十二、十四支	壽星	崇明	張嗇庵	同
福成		四海昇平	無錫		無錫北塘大碼頭街口
豫康		月娥	同	方壽頤	
振新	十——二十支	團鶴、球鶴	同	施子英	上海天津路吉祥里
廣勤	十四、十六支	織女	同	楊翰西	無錫北塘
常州		姜女、報喜、武進	武進		上海江西路天津路角
濟泰恆記	十——二十支	雙鳳	常熟支塘	洪明度	常熟支塘本廠
寶通		天官	蘇州盤門外	劉柏森	上海江西路自來水橋邊
利用	十二、十六支	九獅	江陰	錢似湘	上海老閘路永成坊
北洋商業第一	十——二十支	三光	天津	黃獻丞	
華新公司	十——二十、三十二支	福祿壽考	天津小于莊	林虎侯	天津日租界榮街
同	十——二十支	五子	即墨縣	裴景元	天津英租界孟莊

各埠貿易狀況

裕元	十——二十、三十二支	松鶴、金龍	天津小劉莊	趙聘卿	天津日租界壽街
恆源	十六支	藍虎	天津河北	曹鍵亭	天津河北、北京
新集	十支	寶瓶	京兆寶坻縣	吳松喬	北京眞口胡同十二號
成興	十二——二十支	千佛閣	河南武陟縣	魯錦川	
豫豐	十——二十支	雙壽、寶塔、飛艇	河南鄭州	穆藕初	上海江西路三號
廣益	十——二十支	廠圖、龍馬	河南彰德	袁紹明	
魯豐	十二——二十支	吉羊	濟南	潘馨航	濟南商埠緯五路
漢口第一	十——二十、三十二支	獅球、皇后	武昌武勝門外	彭玉田	上海天津路長金里
楚興	十——二十、三十支	黃鶴樓	武昌文昌門外	徐榮廷	

三、洋商紗廠商標一覽表

廠名	製品種類	商標	廠名	製品種類	商標
怡和	十二——二十、四十二支	胭脂虎、藍龍、紅龍	東方	十——二十支	鐵錨、文明結婚
楊樹浦	十六——二十支	牧羊、	上海紡績	十——二十支	雙虎、三虎、春風得意、金藍魚、日光
公益	十六——二十支	三星、	日華	十——二十支	丹鳳
老公茂	十四——二十、四十二支	天官、財星照、雙股線	內外棉	十——二十支	水月、銀月

本國廠紗。以二十支以下爲最多。故除細紗而外。已能與洋紗立於競爭之地位。以下試即各埠貿易狀況。約略述之。則廠紗與洋紗市場競爭之大勢。可一覽而明矣。

大連、營口、安東　東三省棉紗。皆由大連、營口、安東三口輸入。年約三十萬擔。鐵嶺、奉天、營口、新民、鎮安、錦安、錦州一帶。布廠發達。因氣候寒冽。所織之布。類屬堅厚耐久者。故粗紗需要最多。十六支者、約占全數十分之八。其次則為二十支、十支、三十二支等。十支者、專織大尺布。二十支及十六支、織柳條布及各種雜布。三十二支以上。專織腿帶、線襪等。三十二支以上。概屬英紗。印紗、多屬十支十二支及十四支。日紗、以十六支為中心。與印紗略同。然亦間有三十二支以上。中國紗、概由上海運往。多屬十四支及十六支。光緒三十三年由三口輸入者。有英紗三百八十擔。印紗五萬三千五百擔。日紗四千三百擔。中國紗二千六百二十擔。至宣統元年。輸入總數十五萬五千擔中。英紗占百分之一而弱。印紗占百分之六十六。日紗占百分之二十六。中國紗占百分之七。民國以來。印紗逐漸減少。日紗以安東國境減稅及鐵路聯運之便利。勢力猛進。民國八年進口總數三十萬擔中。印紗占百分之十。中國紗占百分之三十。而日紗則增至百分之六十。其趨勢如左。單位擔

		民國二年	民國三年	民國四年	民國五年	民國六年	民國七年	民國八年
大連	英國紗	六	六六〇	三三	—	—	—	—
	印度紗	八、〇九〇	八、二六四	三、〇七四	三、二四〇	三、九二三	六、〇七八	四、七〇〇
	日本紗	四〇、六九八	四四、九三六	三六、七三六	三四、三〇六	四一、〇〇七	五五、一〇三	七四、九六〇
	中國紗	七一九	六六八	八九八	一、五三九	一、四九三	一二、八五八	七五、八五〇
	計	四九、五一三	五四、五二八	四〇、七四一	三九、〇八五	四六、四二三	七四、〇三九	一五五、五一〇
營口	英國紗	二一	—	三〇六	九	—	—	—
	印度紗	四六、九五二	三三、八九七	二九、五九四	三一、二六三	二九、〇四一	一三、一一六	二六、六二二
	日本紗	三〇、七九七	四四、九六一	二〇、六三一	二四、六五一	二三、一八六	一五、四五三	七、六四一
	中國紗	四、一〇三	六、三七六	二〇、〇九八	一二、〇三三	一九、二五七	四三、四四〇	二一、五一四
	計	八一、八七三	八五、二三四	七〇、六二九	六七、九五六	七一、四八四	七二、〇〇九	五五、七七七
安東	英國紗	三	四九	—	—	—	—	—
	印度紗	二七六	二三一	七七五	四二九	一五三	一一九	一六四
	日本紗	一一、〇五一	九四、九四三	一〇三、二八三	一二四、二四三	一六八、〇六一	一〇三、二八四	九八、〇〇五

	中國紗	四六八	四五六	五一五	五二六	三一一	五六三	一、三五八
	計	一一、七九八	九五、六六九	一〇四、五七三	一二五、一九八	一六八、四二五	一〇三、九六五	一〇〇、〇三七
三埠合計	英國紗	三〇	七九	三三九	九	—	—	—
	印度紗	五五、三一八	四二、三八二	三三、四四三	三四、九三三	三三、一一六	一九、三一三	三三、〇八六
	日本紗	八二、五四六	一八四、八四〇	一六〇、六五〇	一八三、一〇〇	二三三、二五四	一七三、八四〇	一八〇、六〇六
	中國紗	五、二九〇	七、五〇〇	二一、五一一	一四、〇五八	二一、九六〇	五六、八六〇	九八、六三三
	計	一四三、一八四	二三五、四三一	二一五、九四三	二三二、一三九	二八六、三三〇	二四九、〇一三	三一一、三一四

天津、秦皇島　直隸、山西及奉天西南境所用棉紗。由天津、秦皇島兩口輸入。年在四十萬擔以上。其中日紗最多。本國紗次之。印度紗又次之。其趨勢如左。單位擔

		民國二年	民國三年	民國四年	民國五年	民國六年	民國七年	民國八年
天津	英國紗	一九四	三八四	一四一	—	—	—	—
	印度紗	一三一、九八七	一〇七、五一九	六六、八〇六	一二五、八〇八	一〇九、六〇五	五〇、四一九	四七、一四九
	日本紗	二三八、四八〇	二九二、八〇〇	三七三、八三四	三一五、九九四	二三九、〇五〇	一九二、八三三	一八四、二六九
	中國紗	一〇八、五五九	一三〇、一〇九	一四七、〇七六	一七八、九七二	一八六、九七三	一五九、〇五三	一五五、三八四
	計	四七九、二二〇	五三〇、八一二	五八七、八五七	六二〇、七七四	五三五、六二八	四〇二、二九四	三八六、八〇二
秦皇島	印度紗	六、七七一	三、七一七	五、四八七	七、一五八	四、五七二	一、〇三八	八三一
	日本紗	一五、八六三	二〇、二二一	一七、九〇三	一四、二五〇	七、三六七	六、八六九	三九五
	中國紗	一、八〇五	三、八二六	五、一一三	二、〇九〇	二、〇〇九	二、九三二	七、一四九
	計	二四、四三九	二七、七七四	二八、五〇三	二三、四九八	一三、九四八	一〇、八三八	八、三七五

從前十六支及二十支紗。大部由日本供給。今則多屬本國廠紗。惟三十二支、四十二支及各種細紗。仍為日本所獨占。據最近調查。天津輸入各種棉紗。每年平均如左。單位包

種類	日本紗	印度紗	中國紗	合計
十支	三、一〇〇	二六、八五〇	六、二〇〇	四一、一五〇
十二支	—	三、六五〇	—	三、六五〇
十六支	三〇、一四九	—	一五、六〇〇	四五、七四九
二十支	一三、三四五	—	三七、四〇〇	五〇、七四五
三十二支	三、八三一	—	一、二〇〇	五、〇三一
三十支/2	一九四	—	—	一九四
三十支/3	四、八五五	四、〇〇〇	一、九〇〇	一〇、七五五
三十二支/2	四〇二	—	—	四〇二
三十三支/3	一、二八四	—	—	一、二八四
四十二支/2	一八、一六〇	—	—	一八、一六〇
四十二支/3	四三四	—	—	四三四
六十支/2	九二九	—	—	九二九
合計	七九、六八三	三六、五〇〇	六二、三〇〇	一七八、四八三

更就各種棉紗分析之。則如下。

一、十支　在進口總數中占二成三分。其中印紗約二萬八千包。本國廠紗約六千包。日紗約三千包。

用途　織造土布斜紋布及帆布。又製線氈。

銷路　京漢鐵路及正太鐵路沿線。又天津及其附近地方。

商標　唐僧、牛耕田、手劍、彩洋房、天官送子、四洋房、國旗、寶星、紅人面、黃人面、（以上印度紗）淑女、金蝠、軍艦、月星、四日市、自動車、雙龍、（以上日本紗）白荷花、紅荷花、三虎、春風得意、金藍魚、西湖、日蓮、鐵錨（以上本國廠紗）。

二十二支　全部屬印度紗每年進口三千六百包。

用途　與十支同。

銷路　與十支同。

商標　手劍、寶星、紅大班、藍大班等。

三、十六支　在進口總數中約居二成六分次於二十支紗而占第二位。其中、日本紗最多。本國廠紗次之。從前印度紗曾有進口。今已絕迹。

用途　織粗布、土布、斜紋布、標布等。

銷路　占直隸省大部分。高陽饒陽地方。需要最多。

商標　藍魚、金三馬、桃、雙喜、雙鹿、軍艦、扇面、舟、美人、花蝶、（以上日本紗）大金牛、大金象、小上坟、鐘鼓（以上印度紗）水月、雙虎、鐵錨、白荷花、雙象、文明、丹鳳、洋猫、採花、武財神、牧羊、大總統、紅荷花、火車（以上中國廠紗）

四、二十支　年在五萬包以上。在進口總數中約占三成。從前專由日本供給。自上海紗廠發達後。日紗已呈衰微。

用途　織粗布、斜紋布、標布、土布、大尺布、市布。

銷路　高陽饒陽地方最多。

商標　金魚、戎、唐子、（五子）福助、（以上日本紗）水月、雙象、牧羊、文明、大總統、五福、得利、春風（以上本國廠紗）。

五、三十二支　年約七八千包。民國八年、直省水災。需要減少。減至五千包以下。其中日本紗占四千包。本國廠紗占一千包。

用途　織愛國布、市布、紅布、斜紋布、標布、細斜紋布等。

銷路　直隸、山西、兩省。就中天津、北京、饒陽、高陽、太谷等處。需要尤多。

商標　藍魚、軍艦、福助、雙鹿、明治、金貨、三日月、菊、舟、美人、（以上日本紗）水月、牧羊、採花、得利、寶塔（以上本國廠紗）。

六、四十支及四十二支　此項細紗。銷數無多。茲從略。

七、三十支/2　每年進口僅二三百包。全屬日本貨。銷行天津及直隸、山西、甘肅、蒙古等處。充縫線及織帆布之用。商標爲菊、櫻、金貨等。

八、三十支/3　每年進口在一萬包以上。其中日本紗占四千八百包。印度紗四千包。本國廠紗二千包。

用　途　織帆布用作經線。又爲皮革及普通衣服之縫線。

商　標　雙鹿、時計、唐子、水仙、日鳥、赤不二、金貨、赤日、龍菊、（以上日本紗）十八人、槍、八仙、五子、墨三人（以上印度紗）水月等（以上本國廠紗）。

九、三十二支/2　年約四百包內外。全屬日本貨。銷行直隸、山西、蒙古等處。除用作縫線外。並爲織腿帶之用。商標爲軍艦、金月、雙鹿、金貨、山羊、金蝠、赤日龍等。

一〇、三十二支/3　年約千二百餘包。全屬日貨。專供縫線之用。銷路同前。商標爲雙鹿、軍艦、金月、三日月等。

一一、四十二支/2　從前進口甚少。自天津、高陽、饒陽、北京等處織業發達後。需要額年約一萬八千包。全屬日貨。

用　途　織愛國布、紅布、斜紋布、市布、提花布。

銷　路　北京、天津、高陽、饒陽、太谷等處。

商　標　種類極多。最著者爲藍魚、紫鷹、鶴鹿、孔雀、春駒、菊、明治、雙鹿、立馬、金象、軍艦、金蝠、金貨等。

一二、四十二支/3　專織各種細布。年在四百包以上。商標爲赤不二、鐵砲、軍艦等。全屬日貨。

一三、六十支/2及八十支/2　近年此類細紗。需要漸增。年約一千包內外。專供織造愛國布、提花布、電光布等之用。

龍口、烟台、膠州　山東棉紗。由龍口、烟台、膠州、三口輸入。年在三十萬擔左右。向以日本紗最占勢力。民國八年以來。日紗轉闢銷路於南洋一帶。來貨漸少。本國廠紗遂乘機推廣銷路。迄今已有凌駕日紗之勢矣。其趨勢如左。單位擔

		民國二年	民國三年	民國四年	民國五年	民國六年	民國七年	民國八年
龍口	印度紗	—	—	三〇六	一、一五五	七〇六	二〇四	六五六
	日本紗	—	—	二、一五三	五、八〇四	三、七五八	二、三三六	三八〇
	中國紗	—	—	四〇	六	二一九	一、〇九三	一、九二四
	計	—	—	二、四九九	六、九六五	四、六八三	三、六三三	二、九六〇

烟台	印度紗	六、〇八九	七、一二六	七、三九五	四、〇九六	三、一四〇	一、四二五	六、二三二
	日本紗	四四、二三七	六三、九二一	二六、五五六	三〇、七二四	二二、〇三七	一六、〇二四	二、五七一
	中國紗	一、八七九	一、八三三	一一、二四三	一、八〇八	一、四四九	三、六三五	二九、三六〇
	計	五二、二〇五	七二、八八〇	四五、一九四	三六、六二八	二六、六二六	二一、〇八四	三八、一六三
膠州	印度紗	六八、五五九	三六、六〇八	七、二四九	二八、四〇四	四〇、五〇〇	一〇、八一七	一一、五六〇
	日本紗	二〇九、九三二	一八七、一四二	七八、九四〇	二二〇、七七九	一五八、四五二	九八、一七〇	三三、三六三
	中國紗	六一、二七八	一三、二七九	二、〇九三	三〇、六三九	八六、九四四	一三二、三五八	八六、〇七六
	計	三三九、七六九	二三七、〇二九	八八、二八二	二七九、八二〇	二八五、八九六	二四一、二四三	一三〇、九九九

備考　山東南部、多銷印度紗。直接由上海輸入。不經此三口。

山東草帽緶業極發達。所用棉紗、概屬英美細紗。銷數不詳。

玆將青島（卽膠澳）輸入各紗分析於下。

一、日本紗

十二支　赤馬

十六支　扇面　立馬　三馬　桃　藍魚　軍艦　美人

二十支　日烏　寶來　福助　唐子

三十二支/3　菊　雙鹿　小田原

四十二支/2　菊　孔雀　雙鹿　全福

二十支/2　日出鶴

十六支最多。約占總數十分之七。其中扇面牌約占半數。三馬、福助次之。二十支合股及四十二支合股線皆以菊牌爲最多。現在十六支以下之粗紗。需要漸減。二十支以上之中紗則逐漸增加。斯與他埠情形無異。日紗銷路。大約濟南占四成。濰縣一成五分周村九分。卽墨七分。海州七分。昌邑五分。平度五分。其他一成二分。

二、中國紗　有五成以上為上海日商內外棉株式會社之出品。

十　支　寶塔　三虎　財星照　天官　和豐

十二支　和豐　財星照　水月　天官　三虎

十六支　水月　雙虎　銀月　紅月　日光　龍門　文明　丹鳳　紅團龍　寶塔

二十支　五福　水月　牧羊　三星　靈鶴

十六支最多。約占五成五分。其餘則十支占五分。十二支、一成五分。二十支、二成五分。十六支中、紅月最多。丹鳳、雙虎次之。紅團龍、日光、龍門又次之。二十支以水月最多。約占八成。五福、三星、牧羊次之。十二支者以水月、天官、三虎為最多。十支者和豐占大部分。至銷路情形。則濟南占四成。濰縣一成三分。周村六分。青州七分。博山六分。即墨七分。昌邑八分。其他一成三分。

三、印度紗

十　支　擔茶　雙龍人　天主堂

十二支　雙宮　九星球　紅大班　夫婦等

銷路、則濟南占三成五分。昌邑三成。博山二成四分。其他一成一分。

重慶、萬縣　四川全省面積二十一萬八千五百三十三方哩。人口七千萬。為棉紗之最大銷場。每年由重慶、萬縣兩口輸入三十餘萬擔。從前印度紗最占勢力。自本國紗廠發達後。印紗進口漸減。武昌距四川較近。故湖北棉紗銷行尤多。

重慶	民國二年	民國三年	民國四年	民國五年	民國六年	民國七年	民國八年
印度紗	一五五、六五二	一四五、三二〇	一四七、五五五	一三二、一五八	一三五、六二九	一二八、五〇九	八一、五三四
日本紗	三八、〇九六	九八、三五〇	五六、二五三	一〇、〇一五	三三、二〇一	九九四	五二八
中國紗	一二九、八三七	二一六、三九五	一九二、五七五	一九四、〇一八	一七三、三一四	一六九、七九五	一九八、〇六六
計	三二三、五八五	四六〇、〇六五	三九六、三八三	三三六、一八一	三三八、一四四	三〇〇、二九八	二八〇、一二八

萬縣	民國二年	民國三年	民國四年	民國五年	民國六年	民國七年	民國八年
印度紗	—	—	—	—	五、八二五	八、三三六	三、二五一
日本紗	—	—	—	—	一、七三四	二、一〇七	一、六七八
中國紗	—	—	—	—	二、五九〇	三八、四〇五	三一、七五七
計	—	—	—	—	一〇、一四九	四八、七四八	三七、六八六

宜昌、沙市　居湖北上游。上海、漢口棉紗。由此分運荊州、施南、鶴峯、宜昌等屬。年約五六萬擔。其中本國廠紗最多。漢口紗尤占多數。如左表。單位擔

	民國二年	民國三年	民國四年	民國五年	民國六年	民國七年	民國八年
宜昌 印度紗	五、六三四	二、七九五	六、〇八二	一四、七八五	八、三〇四	—	四三四
宜昌 日本紗	一一、三一九	一一、〇六七	一三、一七九	一八、一〇六	六、五七〇	五、三六〇	二、〇七一
宜昌 中國紗	一〇、四四八	四、八三四	一三、一七〇	二六、四四四	二三、一二七	一、五〇七	一一、二七三
宜昌 計	二七、四〇一	一八、六九六	三二、六二一	五九、三三五	三八、〇〇一	六、八六七	一三、七七八
沙市 日本紗	四七、一五五	四五、八六五	四七、八八九	四三、八八六	三二、八〇二	二五、二八八	六、九四一
沙市 漢口紗	一、五八四	二、五八一	三三三	六二六	六、六九五	六、三三九	三一、三四五
沙市 上海紗	—	—	一二四	六三	四六八	二四一	二、三四一
沙市 計	四八、七三九	四八、四四六	四八、三四六	四四、五七五	三九、九六五	三一、八六八	四〇、六二七

長沙、岳州　湖南棉紗。由長沙岳州兩口輸入。年約十餘萬擔。向以日本紗爲最多。年來本國廠紗亦頗暢銷。其趨勢如左。單位擔

	民國二年	民國三年	民國四年	民國五年	民國六年	民國七年	民國八年
長沙 英國紗	二四九	一四	六一五	—	—	—	—
長沙 印度紗	二一〇	三九	二、二六二	一、八六七	六九三	六〇	二、八六一
長沙 日本紗	五九、六四七	五八、〇四六	二七、六六三	五六、七五八	二七、三五一	二〇、二六八	一三、一〇四
長沙 中國紗	三、四二三	二、九二三	二三、四八二	一一、九三九	二七、〇八七	二四、七九二	一九、二〇四
長沙 計	六三、五二九	六一、一五一	五四、〇二二	七〇、五六四	五五、一三一	四五、一一七	三四、一六九
岳州 外國紗	三五、八三八	五八、三九八	三七、四三三	五一、五二八	二八、〇六八	三二、一五八	八、三五四
岳州 中國紗	三、三四〇	四、一七四	二〇、五六九	一六、二一〇	三四、六七一	二二、九五一	三六、〇〇〇
岳州 計	三九、一七八	六二、五七二	五八、〇〇二	六七、七三八	六二、七三九	五五、一〇九	四四、三五四

漢口 當七省要衢。四方商賈雲集。清末棉紗進口。多至六十餘萬擔。轉銷河南、陝西、甘肅、四川、雲南、貴州、湖南等省。近來雲貴等省。直接由香港、廣州等處輸入。不復仰給於漢口。因之漢口貿易頓形衰減。每年進口約在三十萬擔左右。而進口淨數（卽除去運往他省之數）則爲二十萬擔之譜。從前日本紗最占多數。年來中國紗逐漸增加。已凌駕日紗而上之矣。玆表示漢口棉紗進口淨數於左。單位擔

	民國二年	民國三年	民國四年	民國五年	民國六年	民國七年	民國八年
英國紗	五九二	一六八	四八	—	—	—	—
印度紗	一三、五〇四	九、九四九	六、六八六	三、四三七	五、八三三	一、五二三	一、九九四
日本紗	二六九、六五七	二二一、三一四	三一一、五四二	二七七、一〇二	二〇二、五三一	八三、二四九	七一、一八一
中國紗	四二、三二七	三五、二二七	四一、一七七	八八、〇〇六	一九一、七五三	八一、二六二	一二〇、二四七
計	三二六、〇八〇	二六六、六七六	三五九、四五三	三六八、五四五	四〇〇、一一七	一六六、〇四三	一九三、四二二

漢口棉紗。以十六支、二十支爲最多。概供土布經紗及毛巾織造之用。此外三十二支者。爲織細斜紋布之用。三十二／二支、三十二／三支者。爲縫線之用。四十二／二支者。爲織愛國布、市布等之用。染紗、絲光紗、（概屬日本貨）爲織絲光布之用。中國紗最著名者爲楚興公司及漢口第一紗廠之貨。上海德大紗廠製品亦頗著聲譽。日本紗、多屬鐘淵紡績（藍魚）大日本紡績（立馬）福島紡績（美人）倉敷紡績（三馬）內外棉（水月、五福、牧羊、）上海紡績（日光）日華紡績（丹鳳）岸和田紡績（赤戎）長崎紡績（寶來）合同紡績（雙鹿）富士瓦斯紡績（軍艦）等會社之貨。以十六支立馬、三馬、美人及二十支紅戎四種爲市價之標準。

九江 棉紗由上海輸入。年約二十萬擔。其中本國廠紗最多。印紗次之。日紗又次之。如左。單位擔

	民國二年	民國三年	民國四年	民國五年	民國六年	民國七年	民國八年
印度紗	一二二、五七五	一〇六、三六六	八〇、三九九	一〇四、三五〇	七二、三八一	一六、一〇二	三六、八四二
日本紗	一〇、〇四九	三二、七〇六	一五、〇七九	一六、三〇六	五、三九〇	五、七二一	一、五〇一
中國紗	六〇、八七六	一二四、二一二	一二七、二四三	一〇七、一二四	一二七、七六五	一五三、八九七	一三〇、五二八
計	一九三、五〇〇	二六三、二八四	二二二、七二一	二二七、七八〇	二〇四、四三六	一七五、七二〇	一六八、八七一

蕪湖 亦由上海輸入。年約十萬擔。本國廠紗最多。印紗次之。日紗又次之。如左。單位擔

	民國二年	民國三年	民國四年	民國五年	民國六年	民國七年	民國八年
印度紗	三四、三〇八	二六、三八九	一二、八九六	一二、八〇七	二三、六一一	七、七六八	一四、五〇七
日本紗	一五、六二三	二四、五六九	一九、九八四	三二、六二二	一一、二四四	一〇、六三〇	五、六六一
中國紗	二七、二一一	五九、一〇四	六九、三八九	七七、六三一	六四、九〇四	七六、七六〇	六三、〇九一
計	七七、一四二	一一〇、〇六二	一〇二、二六九	一二三、〇六〇	九九、七五九	九五、一五八	八三、二五九

南京、鎮江 鎮江在津浦鐵路未成立以前。據運河要津。棉紗由此分運河南、山東、安徽等省。年約十餘萬擔。自津浦鐵道開通以後。棉紗改趨南京。鎮江貿易遂形冷落。其進口淨數如左。單位擔

		民國二年	民國三年	民國四年	民國五年	民國六年	民國七年	民國八年
南京	印度紗	一五、一五四	五八、〇〇一	九〇、七三三	一五六、一七五	一一三、八六五	三六、六五一	九七、一四〇
	日本紗	四、九二九	四〇、九三二	三六、六一五	四三、〇二八	一一、九〇〇	九、一七二	一、七四五
	中國紗	三五五	二、二一二	三、九二四	一、八〇三	五、二六一	一一、三六八	六、〇五四
	計	二〇、四三八	一〇一、一四五	一三一、二七二	二〇一、〇〇六	一三一、〇二六	五七、一九一	一〇四、九三九
鎮江	印度紗	二、四〇〇	四、〇六八	六三一	七六七	二、五〇二	二七四	四九二
	日本紗	二、六六六	四、〇〇九	三、九八七	五、三二三	一、九八六	一、一〇八	三一七
	中國紗	一、一三二	一七〇	二二	二〇九	二七七	一、七一八	一、八四二
	計	六、一九八	八、二四七	四、六四〇	六、二九九	四、七六五	三、一〇〇	二、六五一

上海 上海在通商各埠中。規模最大。一切機關。設備完美。進口商人。莫不萃集於此。每年棉紗進口總數。約在百萬擔左右。

▲近五年棉紗進口總數（單位擔）

年份	英國紗	印度紗	日本紗	中國紗	合計
民國四年	三四五	五八二、五四〇	五二〇、六一一	七七、四二九	一、一八〇、九二五

民國五年	——	五七七、九八一	三八三、六二一	四六、三四五	一、〇〇七、九三六
民國六年	——	五六一、二六九	二七七、五九二	九四、〇一八	九三二、八七九
民國七年	——	一一七、九八七	二二九、四八四	八七、八四九	四三五、三二〇
民國八年	——	二七三、二九〇	六八、〇五二	一七〇、九〇七	五一二、二四九

各通商大埠之華商。均於上海設有分莊。專司採購。故上述進口之棉紗。大半爲客幫購去運往內地行銷。其銷行於上海本地者。約如左表。

▲近八年棉紗進口淨數（單位擔）

年份	英國紗	印度紗	日本紗	中國紗	合計
民國元年	六、九九九	四一、八五五	二二、二二六	三、九七六	七五、〇五六
民國二年	二、七一二	一四五、五五〇	一一、九四九	三、〇五六	一六三、二七一
民國三年	二、九九三	——	二八、七八九	——	三一、七八〇
民國四年	——	一一二、八五六	一九、三八〇	六、六八六	一三七、九二二
民國五年	——	——	——	二六三	二六三
民國六年	——	二五、八四一	七三、四三三	三、五〇一	一〇二、七七五
民國七年	——	九六、九六一	三、八一七	五、六二五	一〇六、四〇三
民國八年	——	三四、二二三	三七、一四七	一八、三四六	八九、七一五

備考　此表進口淨數。與前表進口總數相較。所得差額。即係復出口往他埠之數。

進口棉紗。有十支、十二支、十六支、二十支、三十二支、四十二支、六十支及各種撚紗。十數年前。十六支及二十支。進口最多。近以我國製品增加。輸入漸減。而各種細紗。需要反增。大抵十六支者。多銷湖南、安徽、江西等省。二十支者。多銷行四川。各種細紗。則銷行上海、南京、漢口等處。其主要商標如下。（本國廠紗、商標已詳前節、不贅。）

印度紗——寶星、大班、牛耕田、天主堂、夫婦老中國人、彩洋房、九星球、四洋房、手劍。

日本紗——藍魚、立馬、舟美人、三馬、雙鹿、雙女、雙虎、福島、水月、花蝶、送子、五福、紅戎軍艦、赤龍、風船、雙兔、雙喜、唐子、日烏。

年來上海附近紗廠林立。其製品不特銷行全國。兼輸出香港朝鮮俄國等處。故上海不僅爲棉紗之大輸入港。且亦爲我國最大輸出港。茲表示其輸出額於左。

▲近五年本廠紗出口總數一（經過海關者）

年份	數量	價值	年份	數量	價值
民國四年	七四四、三五六擔	三三、〇〇一、七三五兩	民國七年	一、〇八〇、七六六擔	五五、一四七、六九〇兩
民國五年	八一二、九八三	二七、〇六三、九九一	民國八年	一、一三〇、九〇六	六四、九四三、〇六一
民國六年	九九八、七一四	三五、九八五、三八四			

▲近五年本廠紗出口總數二（經過常關者）

年份	數量	年份	數量	年份	數量
民國四年	六七三、六一三擔	民國六年	九〇八、一九七擔	民國八年	九六八、三四五擔
民國五年	七六六、九〇一	民國七年	九九八、五四二		

南部諸港　閩粵桂滇諸省。完全爲印度紗之勢力範圍。本國廠紗、運銷極少。日本紗、亦惟四十二支等細紗。略有銷路。

▲南部諸港棉紗進口淨數（單位擔）

		民國二年	民國三年	民國四年	民國五年	民國六年	民國七年	民國八年
福州	香港紗	三、三三〇	三、六七九	三、〇三六	——	三	——	一三六
	印度紗	三〇、五六九	二一、六五八	一八、八八三	一八、五三〇	一三、五五七	四、〇四八	八、九四七
	日本紗	一、〇七一	四、〇四六	一、五六六	一、八七四	三、八八三	四、一五七	二、二二四
	中國紗	一二、五四九	二〇、七九九	一八、〇九七	九、五三六	九、五一四	一二、一四五	一四、六九二
	計	四七、五一九	五〇、一八二	四一、五八二	二九、九四〇	二六、九五七	二〇、三五〇	二五、九九九

廈門	外國紗	三六、二七三	二八、一五六	二〇、七三一	一四、二二二	一一、二四九	六、三七二	一二、〇三六
	中國紗	一八、三〇九	三〇、三七七	二〇、九〇六	一一、五四八	一〇、一四五	一一、三二七	一五、九二七
	計	五四、五八二	五八、五三三	四一、六三七	二五、七七〇	二一、三九四	一六、六九九	二七、九六三
汕頭	英國紗	一六	五五	六七	三八	三六	—	一八
	香港紗	—	一六九	一、一二八	八四〇	八	—	—
	印度紗	一五一、八四〇	一二九、五二四	一三八、五四二	九〇、八九一	六二、四六五	三三、一七九	七二、五〇四
	日本紗	四、四一六	三四、九四五	二二、〇八二	一〇、七三八	二三、六五一	三六、五四九	九、八〇〇
	中國紗	五〇	八一四	五、七八六	一、五四六	三、三二六	一四、二五一	五、七八一
	計	一五六、三二二	一六五、五〇七	一六七、六九五	一〇四、〇五三	八九、四三六	八三、九七九	八八、一〇三
廣州	英國紗	四二	三	—	—	—	—	—
	印度紗	七二、四三九	六六、七八一	五六、二五九	五三、三八九	五七、九八三	四〇、〇五八	五〇、六三五
	日本紗	九、八二九	二四、九九一	四〇、三七七	三〇、六五五	三三、八四五	二八、三八九	三八、〇四七
	漢口紗	不詳	不詳	不詳	不詳	三	三	—
	上海紗	不詳	不詳	不詳	不詳	一三、三八五	三二、二五五	一〇、〇三一
	計	八二、三一〇	九一、七七五	九六、六三六	八四、〇四四	一〇五、二一六	一〇〇、七〇五	九八、七一八
拱北	印度紗	五三、〇九三	四九、九九三	三八、八五三	一一、九五四	一四、二九三	三、八二一	八、二二四
	日本紗	—	—	四、四〇八	一、〇一四	六二九	一、五二九	三、三八九
	計	五三、〇九三	四九、九九三	四三、二六一	一二、九六八	一四、九二二	五、三五〇	一一、六一三
三水	印度紗	六七、九八四	六〇、一三一	四五、七三一	三一、六四一	二七、七一一	一五、一一二	一八、五九〇
	日本紗	—	—	七、二五四	三、九六二	一、八三四	一、一九一	五三四
	計	六七、九八四	六〇、一三一	五二、九八五	三五、六〇三	二九、五四五	一六、三〇三	一九、一二四

梧州	印度紗	七八、七五四	七六、四六六	七四、六七六	七六、三〇四	六〇、八七六	三二、七九九	七一、六四七
	日本紗	六、〇四三	一五、〇一八	一六、二五八	二〇、五〇九	一四、一〇九	二〇、二九八	七、五六六
	計	八四、七九七	九一、四八四	九〇、九三四	九六、八一四	七四、九八五	五三、〇九七	七九、二一三
南寧	印度紗	三〇、一四七	四三、二六一	五六、三九五	三九、八七〇	二六、三三四	一九、九八六	三七、三五〇
	日本紗	五、〇八八	八、三三三	九、〇五三	六、〇九二	三、三三五	五、四四四	一、七一二
	計	三五、二三五	五一、五八四	六五、四四八	四五、九六二	二九、六六九	二五、四三〇	三九、〇六二
瓊州	印度紗	一七、九二九	一七、六〇六	二〇、八二六	二二、四一五	八、八八七	六、五三二	八、五四八
	計	一七、九二九	一七、六〇六	二〇、八二六	二二、四一五	八、八八七	六、五三二	八、五四八
蒙自	印度紗	不詳	七六、七二三	六六、八四九	七六、八六六	七八、九七二	七七、二六七	八三、一九九
	日本紗	同	二三、四一九	一〇、五四三	一〇、一〇七	一〇、〇四四	二二、七一五	六、七三四
	東京紗	同	二六、〇七二	二五、四五六	一七、七九七	一〇、四五一	五、一八三	六、五九六
	計	同	一二六、二一四	一〇二、八四七	一〇四、七七〇	九九、四六七	一〇六、一六五	九六、五二九
騰越	印度紗	同	三〇、五一三	三七、八二一	三二、四九九	三六、九二五	三三、六五六	三九、一五〇
	計	同	三〇、五一三	三七、八二一	三二、四九九	三六、九二五	三三、六五六	三九、一五〇

茲將雲南棉紗商標及市價表示於左。（市價以一股計算、每股重八斤、四十股為一捆、故四十倍之即得一捆之市價、）

商標	支數	產地	民國九年八月上旬市價
鶴鹿	三二	日本	一四．八九元
雙鹿	同	同	一四．八九
黃佛	二〇	同	八．七〇
孔雀	一〇	東京	六．三〇

商標	支數	產地	民國九年八月上旬市價
三羊	一〇	印度	六．四〇元
國旗	同	同	六．五〇
花盤	同	孟買	六．四〇
金牛	同	同	六．六〇

刀仔	同	印度	六·八〇	刀兵	同	同	六·四〇
釣魚	同	孟買	六·四〇	古樂	同	同	六·五〇
英武	同	印度	六·六〇	拉手	同	印度	六·三〇
金錢牌	二〇	同	六·五〇	雙童	同	同	五·八〇
和合二仙	一〇	同	六·六〇	女爪花	同	同	六·三〇
趙子龍	二〇	同	六·七〇	看看花	同	同	六·三〇
天王	一〇	同	六·〇〇				

觀此、則四十二支紗。爲日本貨所獨占。二十支黃佛牌。向亦暢銷。民國八年、排貨風行。進口遂少。於是印紗金錢、趙子龍兩種起而代之。十支紗向以刀仔牌銷行最暢。英武次之。最近孔雀牌漸見流行。然比諸刀仔牌。猶遠不及之也。

第二章　棉布

一、概說

進口棉布之種類

棉布、爲進口第一大宗。民國二年、値銀一億七百八十四萬兩。民國九年、增至一億五千九百三萬兩。大致可分素布、色花布兩種。本色或漂白之市布、粗布、細布、粗斜紋布、細斜紋布、標布等。屬於前者。各種織花、染色布。屬於後者。前者進口最多。約占全數十分之七。其中大部分皆就上海、天津、汕頭等埠。加以染色。然後出售。年來奢侈日增。各種織花、染色布進口。亦有逐年增加之勢。

各國輸入狀況

更就輸入國別觀之。則主要輸入國爲英、美、日本。此外俄、法、印度、德、意、荷、奧、坎拿大等國。亦有進口。爲數較少。此觀於進口大宗之素布可知也。

近十年來素布輸入國別表（單位疋）

年份	英國	美國	日本	他國	合計
宣統三年	一一、三二七、六三〇	一、九九八、〇六一	二、八三二、六二五	二三、九三五	一六、一八〇、二五一
民國元年	九、六一八、三六八	一、九三〇、八三六	三、〇四三、七四七	二六、八〇七	一四、六一九、七七六

民國二年	一一、七〇五、四二六	二、二八一、一二三	五、七一六、五九四	九一、七一四	一九、七九四、八五七
民國三年	一〇、四七二、八九〇	一、〇四〇、一〇〇	七、七三七、八〇六	一一七、九〇〇	一九、三五八、六九六
民國四年	七、五九一、四七八	六三七、六四六	五、七一七、一六八	二〇二、一一一	一四、一四八、四一三
民國五年	五、四五三、五七三	四一三、一八四	五、五八八、八九五	三四六、九二〇	一一、八〇二、五七二
民國六年	四、三九七、四一一	七一、五三一	八、〇四五、八一六	六四九、七二五	一三、一六四、四八三
民國七年	二、六三四、四三三	一〇〇、八五四	七、〇〇七、四八八	六七八、五三九	一〇、四二一、三〇三
民國八年	四、五九二、二八三	六三三、四〇六	八、八九八、八二七	—	一四、一一三、五一六
民國九年	五、七八四、〇二六	五六三、五八三	七、〇三五、四五八	五四、五六七	一三、四三七、六三四

英國曼徹斯特機業之發達。爲世界第一。其輸送設備。異常完美。每年棉布輸入我國者。約在六千萬兩左右。其主要布類。年在百萬兩以上者。爲漂白市布、本色市布、細斜紋布、印花布、玄素羽綢、色素羽綢、玄素泰西緞、色素羽綾、織花絲羅緞、染紗織布等。年在十萬兩以上者。爲漂白織花布、漂白竹布、染色素市布、標布、（寬三十二吋）漂白洋標布、洋紅布、及染色洋標布、織花羽綢、色素泰西緞、玄素羽綾、織花羽綾、色素絲羅緞、尺九絨及尺六絨、各種細洋紗、軟洋紗、稀洋紗、洋羅布等。英國棉布。在我國市場信用最著。歐戰時。因輸送困難。一時進口頗形減退。歐戰以後。旋即恢復原狀矣。

美國棉布進口。在日俄戰爭以前。最爲發達。迨日俄戰爭以後。日本商人組織『日本棉布輸出組合。』利用探拼商略。與美商競爭。（此組合係光緒三十二年三井洋行所提倡。聯合大阪紡績會社、三重紡績會社、金巾製織會社、岡山紡織會社、天滿織物會社、每月輸出二千捆以上。由三井洋行包運包銷。最初兩年。不徵取經手費用。其後則取百分之一。南滿鐵路會社及正金銀行。同時起而援助之。舉凡裝運匯兌者。予以特別便利。俾得與美國棉布競爭。當時美國棉布。每疋値銀六兩左右。而日本棉布。則較廉一兩有奇。美國貨坐是大受抵制。其初猶僅限於東三省方面。迨後競爭之勢。竟蔓延於東三省地方以外。而美商更不支矣。）美國貨不勝其壓迫。進口逐年遞減。光緒三十一年。進口値銀四千二百萬兩。宣統元年。減爲九百萬兩。民國二年。更減爲八百萬兩。民國九年。遂減爲二百餘萬兩。其主要布類。爲本色粗布、細布、本色市布、漂白市布、粗斜紋布、細斜紋布、印花布、絨布、棉法蘭絨、染紗織布、尺六絨、尺九絨、細洋紗、軟洋紗、稀洋紗等。

日本以地理上之關係。對我國貿易居於最有利益之地位。其在東三省方面商業機關之完備。各種貿易商之支分店、及銀行金融鐵路海運等交通設備。既完美無比。而安東國境減稅及鐵路聯運二事。尤足以促其貿易之發展。英美棉布。大抵皆先運至上海。然後轉運各省銷售。而日本、則由大阪逕運大連、安東、天津、青島、漢口等處。與消費地方直接交易。其棉布貿易之大部分。最初集中於東三省及北部各省。漸次擴張於中部及南部各省。着着均奏成效。光緒二十八年進口。僅值銀二百萬兩。宣統元年、增至六百萬兩。宣統三年、增至一千三百萬兩。民國二年、更增至二千二百萬兩。歐戰期內。乘歐美來貨減少。大行輸入。民國七年進口。竟達六千萬兩。嗣值排貨風起。稍經頓挫。加以戰後歐美各國貿易。皆漸次回復原狀。現在進口價值。已降至五千萬兩以下。其主要布類。年在百萬兩以上者。爲本色粗布細布、本色市布、漂白市布、粗斜紋布、細斜紋布、標布(寬三十二吋)印花布、洋紅布、色素羽綾、織花絲羅緞、絨布棉法蘭絨、日本棉布等。年在十萬兩以上者。爲染色素市布、標布（寬三十六吋）玄素羽綢、色素泰西緞、玄素羽綾、色素絲羅緞、染紗織布等。

以下、就各種棉布分別述之。

二、本色粗布、細布 (Sheetings, Grey, Plain)

此項棉布。普通寬三十六吋。長四十碼。質料堅厚。可加染各種顏色。作尋常衣服之用。我國中流以下社會。需要甚多。民國九年進口。值銀一千九百萬兩。從前多由英國輸入。自光緒年間。美國貨進口。英國貨遂被壓倒。迨後日本貨進口。而美國貨、亦爲其所壓矣。

進口本色粗布細布原產地別表（單位疋）

	光緒三十年	民國二年	民國七年	民國八年	民國九年
美國	二、〇〇三、七九一	一、六六八、七一六	八九、九〇〇	四三六、七六九	四七九、〇七六
英國	五四七、四五七	一三三、八八三	八、八〇二	四四、〇八六	九三、六〇一
日本	三一四、三〇二	三、三九七、三六二	二、三三七、一〇二	一、九五九、六八三	一、九五三、五二六
他國	五五、三一八	九、〇八〇	——	——	三八〇

茲將近三年輸入額。表示於左。（下表係依貨物起運地計算、與前表按原產地計算者有別、故彼此不甚相符、）

地區	民國七年 數量	民國七年 價值	民國八年 數量	民國八年 價值	民國九年 數量	民國九年 價值
進口淨數	二、三二七、三五九疋	一一、〇九九、九九七兩	二、四三五、一八七疋	一三、四〇二、三八六兩	二、五三六、五八三疋	一九、一六八、四〇一兩
香港	一一、〇四二	五七、八四四	三、三〇三	一九、〇九七	四、八八八	二八、二九七
英國	七、六八〇	四八、七六八	五七、一三八	三二六、九五六	九三、一九三	六三三、八七六
朝鮮	八三、八〇七	六〇七、四六一	一一五、六五〇	八三三、〇五四	一一五、四六六	八六九、六七七
日本	二、一五九、二三七	一〇、一一九、四一一	一、八九四、五〇五	一〇、六三四、六二三	一、八五六、四一七	一四、〇一九、〇三八
坎拿大	—	—	二〇八、九八〇	一、〇一五、二一九	三三五、三八〇	二、六一三、七八七
美國	八九、九〇〇	四三八、三九〇	三三八、八二九	九六九、七一八	一四三、五四〇	一、一七五、五三五

其銷路、以北方各省爲主。長江一帶及南方各省。爲本國廠布所抵制。且氣候溫暖生活程度亦較高。此種堅厚之粗布所需較少。天津、進口最多。約占輸入總額三分之一。次則大連、安東、牛莊、青島等埠。皆年在百萬兩以上。英國貨、細布居多。皆以上等細紗織成。普通每疋重十二磅左右。價格最高。美國貨上漿極少。重十三磅乃至十五磅。品質較日本貨爲優。價格亦約高二三成。從前盛行於東三省。現時已爲日貨驅逐殆盡。然在中部各省。猶有勢力。日本貨遠不及也。紐約Pacolet織廠之鹿頭牌。及Whitney織廠之狗頭牌。銷售最多。

美國本色粗布細布商標一覽表

工廠名	商標	寬	經緯	一磅之碼數	工廠名	商標	寬	經緯	一磅之碼數
Pacolet	鹿頭	三六吋	四八×四八	二·八五碼	Langley C.	象	三六吋	四八×四二	三·二五碼
Whitney	狗頭	三六	四八×四八	二·八五	Loray	狗馬	三六	四八×四〇	三·二五
Massachusetts	飛馬	三六	四八×四八	二·八五	Pelzer	林檎	三六	四八×四〇	三·二五
Cameron	雙兎	三六	四八×四八	二·八五	Florence	海神	三六	四四×三八	三·五〇
Loray	狗馬	三六	四八×四八	二·八五	Colombo	船	三六	三六×六〇	四·〇〇
Loray	狗馬	三六	四八×四八	三·〇〇	Pelzer	野牛	三六	六〇×五六	四·〇〇
Pelzer.	地球圖	三六	四八×四八	三·〇〇	Pelzer	二鳥	三六	四八×五二	五·〇〇

備考　每磅合十二兩每碼合二尺五寸五三每英寸合七分零九。

日本貨係用下等印度棉花紡紗所織。故色黑而多疵纇。且上漿過多無耐久之力夫織布上漿。原爲機業幼稚時代、欲其耐於織造時之摩擦及緊張而起。迨後調合漿汁之法進步。凡上漿之布疋。每有一種爽滑感觸。故此法遂盛行於今日。而以英國爲尤甚。凡屬素布未有不上極濃厚之漿者。特英國之經緯紗皆使用上等棉花。紗質既優。撚度亦緊。故雖上厚漿亦無損品質。若日本之經緯紗。則使用印度棉花。紗質既劣。撚度亦鬆。一經上漿。遂浸入紗線纖維之中。外觀雖美。不耐久用。故『東洋貨』每爲市場所賤視。特其價格最廉。尚能維持銷路。從前十四磅貨銷數最多。近爲我國廠布及美國貨所抵制。十三磅貨銷行極盛。東洋紡績會社之龍C牌、及鐘淵紡績會社之九龍牌最著名。其組織、普通爲四四×四二、四八×四四。

日本粗布細布商標一覽表

商標	寬	經緯	長	重量	商標	寬	經緯	長	重量
九龍	三六吋3/8	四四×四四	四〇碼	一三磅1/2	龍C	三六吋	四四×四四	四〇碼	一三磅1/2
三角蝶	同	同	四〇	同	雙鹿	三六	四二×四三	四〇	一三5/8
雙龍	同	同	四〇	同	團雞	三六	四四×四二	四〇	一四

我國粗布色潔白。重量、組織及不多上漿之點。頗類美國貨。價格、較美國貨爲廉。而較之日本貨約高一二成。

一、本國廠布商標一覽表

湖北織布局　天字（重十六磅）

華商三新紗廠　五馬（重十六磅）　四馬（重十五磅）　三馬（重十四磅）　雙馬（重十三磅）

雙馬狗（重十六磅）

華商恆豐紗廠　人水牛（重十六磅）　一馬（重十三磅）

英商怡和紗廠　九天（重十六磅）　獅子（重十四磅）　鐵砲（重十三磅）　雙象（重十三磅）

三魚（重十一磅）

英商楊樹浦紗廠 五福（重十六磅） 雙牛（重十五磅） 五馬（重十三磅） 三兔（重十一磅）

英商公益紗廠 雙象（重十三磅） 三羊（重十一磅）

日商鴻源紗廠 單鐘（重十六磅） 雙鐘（重十五磅） 丹鳳（重十一磅） 雙魚（重十一磅）

猫蝶（重十一磅）

日商上海紡績會社 五馬頭（重十五磅半） 三馬頭（重十四磅半） 雙馬頭（重十四磅） 單牛頭（重十三磅）

單虎（重十二磅）

二、本國廠布組織一覽表

種類	寬	經緯	重	每磅之碼數	種類	寬	經緯	重	每磅之碼數
湖北織布局天字	三五·五吋	六〇×四四	一六磅	二·五〇碼	怡和獅子	三五·五吋	四八×四八	一四磅	二·八五碼
怡和頭等貨	同	四八×四八	同	同	三新雙馬	三五·〇	同	一三	三·〇七
恆豐人水牛	同	同	同	同	公益五馬	三六·〇	四八×四四	同	三·〇七
上海紡、五馬頭	同	同	一五	二·六一	恆豐一馬	三五·〇	同	同	三·八五

我國粗布產額年有增加。民國二年、由上海運出者僅四十六萬疋。民國六年增至一百一十五萬疋。七年、一百二十二萬疋。八年、更增爲一百三十五萬疋。現在進口貨受其抵制。已有逐年遞減之勢。統計外國粗布進口總數。民國二年爲五百二十萬疋。民國七年、減爲二百三十萬疋。民國九年、爲二百五十萬疋。則較之民國二年已減少一半矣。試更就主要各埠粗布貿易觀之。則其趨勢如左表。

▲各埠粗布進口國別表（單位疋）

一、漢口

年份	美國粗布	英國粗布	日本粗布	中國粗布	合計

民國元年	八、八六七	一三、二五〇	一二、三九〇	三九、二六〇	七三、七六七
民國二年	一二、六三〇	五〇、四〇八	九、一三〇	二三、三九六	九五、五六四
民國三年	七、〇三〇	三〇、一二三	八、一五五	三一、五九五	七六、九〇三
民國四年	一四、五三〇	四一、八五一	八、七六〇	三〇、四〇二	九五、五四三
民國五年	五、七三〇	三七、一三八	一一、三六〇	五五、九三〇	一一〇、一五八
民國六年	一、六六〇	四、一三一	四七、三一〇	五六、四一〇	一〇九、四一一
民國七年	——	二、三三七	四五、六七〇	七五、八四六	一二三、八五三
民國八年	四、五二二	一、〇八〇	一八、八八二	五七、六九〇	八二、一六二
二、上海					
民國二年至四年平均	一、〇三二、九三八	一〇五、八八二	一五六、九三二	五六一、九一一	一、八四六、七〇八
民國五年	四〇〇、二〇〇	五一、三八〇	一八五、七〇〇	一四、六二〇	六五一、九〇〇
民國六年	六五、一〇〇	六五、二七五	八九九、三六二	三、三九四	一、〇三三、一三一
民國七年	七七、九〇〇	七、六〇〇	五四六、七八〇	一、九六八	六三四、二四八
民國八年	四三六、四四〇	七三、四六八	四九五、四七〇	一三、八八〇	一、〇一九、二五八
三、天津					
民國元年	四九七、七九〇	一九、二九六	六三八、七八四	三〇、一六五	一、一八六、九七四
民國二年	五七三、三二四	一一、一七九	九二五、八一四	四三、〇八一	一、五六三、五七八
民國三年	三七一、四四〇	四九、六一三	九二五、四九〇	五七、三三〇	一、四〇三、九二三
民國四年	二〇八、二五六	五九、九五七	一、〇四五、〇六一	五七、〇六〇	一、三七〇、三三四

民國五年	一九七、二一四	一一、三三〇	六七五、一三七	一三九、九八〇	一、〇三三、五五一
民國六年	一三一、四三四	九七〇	八三九、七七四	三八、〇〇四	一、一九〇、一八二
民國七年	五六、〇五八	三四二	五一六、一三三	一九三、一二九	七六六、六六二
民國八年	九七、八一七	三一、〇三〇	四一九、五四三	三四九、二五六	八六九、六四六
四、青島					
民國元年	一三三、八三八	一七、九二九	一八四、三三一	一六、〇五〇	三四二、一四八
民國二年	八二、三二七	七、八三〇	一四三、五四一	二七、九七一	二六一、五七〇
民國三年	四一、四六〇	五、五〇五	一六二、三八二	六、六四〇	二一五、九八七
民國四年	三、八四六	七五	一一九、九〇九	二、二八〇	一二六、一一〇
民國五年	一五、八八〇	三一、二八三	二三九、一〇〇	三六、九三〇	二九五、一九三
民國六年	八、一八〇	一、四五〇	二四八、一九三	二八、七六〇	二八六、五八三
民國七年	二、三六〇	四、九一〇	二四一、八〇九	六八、六八〇	三一七、七五九
民國八年	六、六九〇	一、四〇〇	一〇四、〇一三	五三、八三一	一六五、九四四

備考　一、英美日本等國粗布、係直接由外洋進口之數、由通商各埠運進者、不計在內、
二、大連、安東、牛莊、三口粗布貿易最盛日本貨占大部分茲避繁不錄、

三、市布 (Shirting)

進口市布、種類極多。有本色、漂白、織花、染色等種。

本色市布 (Shirting, Grey, Plain) 供被單、褥單、襯衣、窗簾、帷幔及其他家庭用。又染成藍灰黑等色。中等以下社會。以爲常服之用。民國二年進口淨數、四百三十三萬疋。值銀一千四百十萬兩。民國九年、三百十五萬疋。值銀一千九百七十萬兩。英國貨最多。日本次之。美國又次之。英國貨普通每疋長三十八碼乃至三十九碼。寬三十八吋乃至三十九吋。間有(一)寬三十八吋半。長三十八碼半。(二)寬三十八寸半乃至三十九

吋、長四十碼。及(三)寬三十六吋、長四十碼者。其組織、通常爲五六×五六、乃至七二×七二。間有七六×七六者。重六磅乃至十五磅半不等。每疋重六—七磅者。以七十五疋爲一捆。八—九磅者以六十疋爲一捆。十—十五磅者以五十疋爲一捆。日本貨、長寬組織、均與英國貨相等。惟銷行東三省方面者。較英國貨爲寬。大致爲四十四吋。銷路、以北方各省爲最盛。南方較少。輸入港、以上海爲第一。天津、安東、大連、牛莊、青島次之。

進口本色市布原產地別比較表(單位疋)

	光緒三十年	民國二年	民國七年	民國八年	民國九年
美國	二三一、八八八	四五、九二一	七〇〇	八八、一三六	三六、〇七五
英國	三、五三八、〇三五	四、一〇九、〇一一	六九〇、五六六	一、四四八、一六五	一、六四六、五六三
日本	六、四〇一	一八四、二二八	九四九、六七六	二、〇九三、四四八	一、四八三、〇六九
他國	九、四〇五	四六、二八八	—	—	五、七五三

漂白市布 (Shirting, White, Plain) 供夏季衣服之用。民國九年進口值銀二千五百萬兩。英國貨最多。約占十分之九。日本貨次之。美國貨又次之。銷路、以生活程度較高之長江一帶爲主。北部各省及廣東方面次之。東三省方面需要較少。主要輸入港爲上海、漢口、天津、九江、蕪湖、廣州。

漂白織花布 (Shirting, White, Figured) 有提花、條子、點子等花紋。作婦女衣服之用。每年進口值銀六十萬兩內外。英國貨約占十分之九以上。日本美國、有少數進口。主要輸入港爲上海、漢口、天津、廣州等。

漂白竹布 (Shirting, White, Irishes) 寬三十五吋乃至三十六吋。長四十碼乃至四十二碼。每年進口值銀十餘萬兩。全屬英國貨。主要輸入港爲上海、寧波等處。

染色素市布 (Shirting, Dyed, Plain) 寬三十六吋、長四十三碼。民國九年進口值銀一百九萬兩。民國二年以前。英國貨最多。歐戰以還。日本貨逐年增加。今已占第一位。英國貨次之。印度、俄國、略有進口。銷路以北方各省爲最盛。中部各省次之。主要輸入港爲天津、安東、大連、漢口、重慶等處。

香港染色素市布 (Shirting, Hongkong-dyed, Plain) 普通長二十碼。大部分係香港製品。其餘類似者。亦稱是名。民國二年以前。每年進口十萬乃至十二萬疋。民國七年、減爲七萬疋。民國九年、更減爲五萬疋。香港貨占十分之九以上。安南、印度、有少數入口。銷行長江以南地方。北部各省。幾全無銷路。

玆將最近三年各項市布輸入額列表於左。

本色市布 (Shirtings, Grey, Plain)

地區	民國七年 數量（疋）	民國七年 價值（両）	民國八年 數量（疋）	民國八年 價值（両）	民國九年 數量（疋）	民國九年 價值（両）
進口淨數	一、六三九、○六六	七、八○四、六一三	三、六○二、二七六	一七、七五九、一五九	三、一五九、四六○	一九、七○四、九三六
香港	三三三、八三六	九八三、八七七	三六四、五三五	一、六五九、○六七	二八八、二八八	一、五七九、二七二
印度	一三、四九六	一○○、八四五	三二一、六六九	二○一、九五六	一六、八九六	一六一、○七八
英國	四七七、四一四	二、五四七、八七四	一、○六三、二八○	四、七八三、七四八	一、三五九、六六六	八、三○五、一九一
朝鮮	三、七三○	一八、五七六	一一、○八六	六四、二二四	一六、○九五	一一三、七九四
日本	九五一、一一三	四、二九二、四三四	二、○八六、三四一	一○、九一六、一四四	一、四六六、八二八	九、四五七、○五八
坎拿大	—	—	七三、九六○	三三三、一四八	一二、九○○	一○五、七三八
美國	二七	一○八	一四、一一○	六六、九一七	一三、○七五	六二、九六八

漂白市布 (Shirtings, White, Plain)

地區	民國七年 數量（疋）	民國七年 價值（両）	民國八年 數量（疋）	民國八年 價值（両）	民國九年 數量（疋）	民國九年 價值（両）
進口淨數	二、一七九、七三○	一三、○一三、四七八	三、七七一、三○八	一三、四三八、○一五	三、五七八、七七○	一五、五七二、九一一
香港	三三一、四九九	二、二七二、○五七	四一五、五四一	二、八一一、八三七	三三三、一九一	二、二六二、四○五
英國	一、三一四、四七五	七、六一○、四○四	二、二三一、五二七	一二、四三一、一○九	二、七六二、○○九	一○、○五二、四六七

地區	民國七年數量	民國七年價值	民國八年數量	民國八年價值	民國九年數量	民國九年價值
朝鮮	二〇、八九四	一三三、五一三	一八、八〇四	一三八、七三六	五八、〇五四	四〇三、〇〇七
日本	六四六、二〇八	三、七七九、五四〇	一、二〇三、九四〇	七、七三八、六九二	六一六、二九三	四、二〇一、三七一
美國	二〇	六一	一、一一〇	九、九五六	一、三七九	一五、一一三

漂白織花布 (Shirting, White, Figured)

地區	民國七年數量	民國七年價值	民國八年數量	民國八年價值	民國九年數量	民國九年價值
進口淨數	一二三、〇六三疋	六二五、八九九兩	二四、二三三疋	一九七、七八六兩	一二〇、八五三疋	六九三、三八四兩
香港	二〇、一七八	一五五、二一三	三〇、九三七	三三七、八五三	一三、九七七	八〇、三五六
英國	九三、九四二	四七七、二七六	一九、六一五	一二六、二一八	一〇九、〇一九	六〇〇、三七五
日本	二、〇四三	一〇、三九五	四、七三三	三一、三三九	一、五五三	一一、〇四三

漂白竹布 (Shirtings, White, Irishes)

地區	民國七年數量	民國七年價值	民國八年數量	民國八年價值	民國九年數量	民國九年價值
進口淨數	一八、五四〇疋	一三一、八三四兩	九、二三三疋	六四、七七四兩	一六、八三一疋	一四九、二〇七兩
香港	二七六	一、七四八	八八	六一〇	二八	二六
英國	一八、二六四	一三〇、〇八六	九、一八五	六四、一六四	一六、八〇三	一四八、九九一

染色素市布 (Shirtings, Dyed, Plain)

地區	民國七年數量	民國七年價值	民國八年數量	民國八年價值	民國九年數量	民國九年價值
進口淨數	六九、八〇九疋	四三八、八五五兩	一〇六、一一〇疋	六二〇、三五二兩	一四四、七三一疋	一、〇九二、四七四兩
香港	一八、五〇五	一一九、二二五	八、九三三	五九、七九九	一〇、七四七	七〇、四三八

英國	二、七二七	一六、八二六	三、九九〇	一六、八七七	三三、五二八	一八九、六九九
日本	四五、六八八	二八二、六四一	九三、二〇七	五三八、三二一	一一四、一七〇	八三五、三六五

香港染色素市布 (Shirting, Hongkong-dyed, Plain)

地區	民國七年 數量	民國七年 價值	民國八年 數量	民國八年 價值	民國九年 數量	民國九年 價值
進口淨數	七三、三一一疋	二〇一、六九六兩	五四、三三三疋	一八五、〇五六兩	五七、六〇〇疋	一九六、六七三兩
香港	六七、四〇四	一八四、七一五	五一、九二二	一七三、四六一	五三、六七六	一七六、四三六

我國織廠。現已仿製市布。(Shirting) 民國六年、本國市布及漂白布由上海運出者。共八萬一千一百七十三疋。(復出口在內) 七年、七萬七千四百十六疋。八年、十一萬五千二百九十六疋。茲將各國市布在市場競爭之狀況。表示於左。

▲各埠本色市布進口地區表(單位疋)

年份	美國市布	英國市布	日本市布	中國市布	合計
漢口					
民國三年	—	四六二、二〇七	一五、五三九	一、二〇〇	四七八、九四六
民國四年	三、六三〇	四六四、五七八	七六、一六〇	一、六〇五	五四五、九七三
民國五年	一四〇	三五一、四一九	二一一、〇三三	六四〇	五六三、二三二
民國六年	八〇〇	一八〇、〇五五	五〇一、六〇八	五六、四一〇	七三八、八七三
民國七年	二四〇	八四、七二九	二二八、三二七	四、一六二	三一七、四五八
民國八年	一、七二六	一一三、一〇五	七四三、六三三	三、二五一	八六一、七一五
上海					
民國二年至四年平均	一五、四五六	三、〇四六、六〇二	七一、一〇九	三六、三四二	三、一六九、五〇九

民國五年	二五	一、二五八、七二六	二一九、六五三	四六、一二〇	一、五二四、五二四
民國六年	—	一、二五二、五六二	六五五、一二六	二九、三三〇	一、九三七、〇〇八
民國七年	二七	四八六、三三二	四〇〇、九五二	三四、六〇二	九二一、九一三
民國八年	五六、四八〇	一、一五四、八〇二	六五八、六一三	七六、三三三	一、九四六、二二八
天津					
民國二年	五、一六〇	四六六、二八〇	七八八	五八〇	四七二、八〇八
民國三年	一〇、二七〇	二六一、三四四	四、三六〇	二六〇	二七六、二四四
民國四年	一〇、四〇五	二〇二、三二五	二三、二六一	六三一	二三六、六〇四
民國五年	七、一三〇	二三二、〇一四	九三、六七九	八、二三〇	三四一、〇五三
民國六年	三、五二〇	一三四、五四二	二〇一、一三四	一五、一三〇	三五四、三二六
民國七年	七、〇〇〇	八一、四二五	七五、一六一	一三、二七〇	一七六、八五六
民國八年	一七、四〇〇	一一八、三〇四	二八九、〇六二	二一、〇五〇	四四五、八一六
青島					
民國五年	—	九二、二四九	二五、三七三	二二〇	一一七、八四二
民國六年	—	五七、六〇一	八六、七四四	三〇二	一四四、六四七
民國七年	—	一八、八六九	六九、八一八	五、一九〇	九三、八七七
民國八年	—	二一、三〇四	七五、五三二	五、六六八	一〇二、五〇四

安東、大連、牛莊、三口市布貿易。以日本爲第一。英美有少數進口。中國市布最少。其輸入統計。玆避繁不錄。

四、斜紋布

斜紋布、有粗細兩種。

粗斜紋布（Drills）普通每疋長四十碼、寬三十吋。可染成黑、藍、茶等色。供軍警服裝及男女常服之用。亦有作鞋、襪等用者。北方各省。需要最多。中部各省次之。南部各省又次之。主要輸入港。爲天津、大連、安東、牛莊、上海、漢口、南京、寧波、廣州等。民國二年進口。達二百二十九萬疋。值銀八百八十三萬兩。嗣因本國廠製粗斜紋布日形發達。加以內地生活程度日高。多改用細斜紋布。進口遂漸見減少。民國九年進口。五十萬疋。值銀三百九十一萬兩。較民國二年。數量減爲四分之一矣。從前英國貨最多。光緒年間。爲美國貨所壓倒。民國二年以來。日本貨又壓倒美國而居第一位。美國貨次之。英國貨又次之。印度、荷蘭、俄國、坎拿大等。有少數進口。

進口粗斜紋布原產地別表（單位疋）

	宣統元年	民國二年	民國七年	民國八年	民國九年
美國	一、〇一六、二三九	五二五、二九一	—	八四、一九〇	三七、七三二
英國	一二八、九一四	八五、七〇八	一八、三二七	二八、四三七	二八、七二四
日本	五九八、八九六	一、六七七、二一一	九二九、五三三	一、〇三二、三〇二	四三五、〇八二
他國	二三、一七七	三、三二七	—	—	四、一二六

茲將近三年來輸入額表示於左。

地區	民國七年 數量	民國七年 價值	民國八年 數量	民國八年 價值	民國九年 數量	民國九年 價值
進口淨數	九三四、四一一疋	四、三七二、六三三兩	一、〇八二、三二四疋	五、九六五、一二三兩	五〇五、六七〇疋	三、九一二、八六七兩
香港	一七、〇〇〇	九七、二八一	二四、五八〇	一五八、九六五	二七、五七八	二一八、六〇三
印度	一、〇四七	九、〇五三	一、二四二	九、五四一	一、八四二	二二、二五八
英國	三、七三三	二九、一四三	四、九九〇	五〇、四二四	三、五一〇	三三、七九二
俄國	二、六四五	一六、七二八	九一八	七、六二三	九、二一八	五九、六一六
日本	九三一、六三七	四、三五六、八九〇	一、〇六六、九一〇	五、九六四、一四九	四三三、二九二	三、三三五、五一一

坎拿大	—	—	三三、七三〇	一八六、六一六	三五、五〇〇	一九〇、七一〇
美國	三〇	二〇六	四二、六〇二	二三三、二七一	一一、一三〇	一一〇、〇二九

英國粗斜紋布品質最佳。價亦最昂。每疋重十二磅七二左右。其漂白粗紋布寬三十一吋、長四十二碼。尤爲他國所無。

美國粗斜紋布品質較日本貨爲優。價格、亦較高一兩二錢左右。組織有七二×四四、七〇×四六六八×四四等。重量、每磅二・八五碼乃至三・五〇碼。Pepperell 工廠之龍牌。銷路最旺。

日本粗斜紋布價格最廉。普通分兩種。第一種組織、爲七〇×四八、七二×四六、七二×四八。每疋重十三磅半乃至十四磅。（每磅二・九六碼乃至二・八五碼）第二種、組織爲六〇×三八乃至六〇×四二。每疋重十二磅半乃至十三磅。（每磅二・二碼乃至三・〇七碼）東洋紡績會社鵜牌及富士瓦斯紡績會社鳳凰牌、銷行最暢。

本國廠製粗斜紋布品質頗類美國貨。價格、較之日本貨約高一錢五分乃至三錢。上海三新、恆豐、怡和、公益及日商上海紡績等廠。出貨年有增加。民國二年由上海運出者。凡十三萬七千疋。民國七年、爲四十二萬疋。八年、爲二十九萬五千疋。（以上復出口貨不在內）普通每疋長四十碼、寬二十九吋乃至三十吋。重十四磅或十三磅三分之一乃至四分之三。（每磅二・八五碼乃至三三碼）組織爲六八×五六、或六八×四四。經紗十二支。緯紗、十四支或十六支。

▲本國粗斜紋布組織一覽表

商標	寬	經緯	重	每磅之碼數
三新香爐	二九・〇吋	六八×四四	一四磅	二・八〇碼
怡和雙龍	三〇・〇	同	同	二・八五
上海紡、雙虎	二九・五	同	一三¾	二九・〇
怡和燒香	三〇・〇吋	六八×四四	一三½磅	二・九六碼
三新人塔	同	六八×五六	同	同

▲美國粗斜紋布組織一覽表

廠名	商標	寬	每磅之碼數
Pepperell	龍	三〇吋	二・九五碼
[illegible]	[illegible]	[illegible]	[illegible]

Pacolet	Centaur	同	同	Langley F. F.	水牛	同
Pelzer J.	Unicorn	同	三·〇〇	Pelzer M.	馬及雞	同

▲日本粗斜紋布組織一覽表

商標	寬	經緯	重	商標	寬	經緯
龍	二九吋5/8	七二×四八	一四磅	鵝	三〇吋7/8	六〇×四〇
蝙蝠	三〇 7/8	七二×四六	一三 1/2	鳳凰	三〇 1/2	六〇×四二
李太白	三〇	七〇×四八	同	芝莖	同	同
象	三九 5/8	六〇×四〇	一三 3/4	獅子	二九 5/8	六〇×三六

茲將各國粗斜紋布競爭狀況表示於左。

▲各埠粗斜紋布進口國別表（單位疋）

一、漢口

年份	美國粗斜紋布	英國粗斜紋布	日本粗斜紋布	中國粗斜紋布	合計
民國元年	五四、一七一	四、一八〇	一一二、八〇九	四、八八五	一七六、〇四五
民國二年	四八、九九四	八八〇	二七八、七四八	三四、〇二〇	三六二、六四二
民國三年	一五、五〇〇	一、〇四五	三三一、四九四	二八、八四八	三七六、八八七
民國四年	一四、二三五	三、四二二	二二一、三〇九	三二、〇一二	二七〇、九七八
民國五年	一六、八七五	一、〇一〇	一五四、七一七	五四、九七〇	二二七、五七二
民國六年	八、三七七	二七〇	三六五、四二一	五七、七三六	四三一、八〇四
民國七年	五七	三五〇	八六、〇二二	一六、一一六	一〇二、五四五
民國八年	四、九七五	一一〇	一二二、四〇六	四〇、七五七	一六八、二四八

二、上海					
民國二年至四年平均	二五〇、三二一	三三、八一一	二三五、八四六	二二四、〇四四	七三三、〇八三
民國五年	七四、五三五	三、七一七	一四一、六六五	六〇	二一九、九七七
民國六年	二、二五〇	六、〇九七	二六三、七七五	一四、二七五	二八六、三九七
民國七年	三〇	三、七六三	一九〇、九六〇	四二八	一九五、一八一
民國八年	八六、九一五	四、八七二	二〇二、六一一	八七〇	二九五、二六八
三、天津					
民國元年	五六、六三七	二七七	三九五、六九一	一、二九〇	四五四、二四〇
民國二年	一〇一、三〇四	一、一九五	八五七、一五一	八、二七〇	九六七、九四〇
民國三年	六六、一八〇	一三六	一、三六七、二七三	四六、六九五	一、四八〇、七八四
民國四年	三七、九七〇	六四六	七六一、八六二	三八、六三〇	八四七、一七三
民國五年	五三、〇〇九	二三三	四三三、九一〇	六〇、四九〇	五四七、六三二
民國六年	二九、四七五	—	五九〇、七二三	一五五、五〇一	七七五、六九八
民國七年	九三〇	—	四一五、九〇一	一五九、一一一	五七五、九四二
民國八年	七、五三五	—	四三三、九七〇	一〇八、〇八八	五四九、五九三
四、青島					
民國元年	一八、四六〇	二、九六一	九、六九五	二二五	三一、三四一
民國二年	二三、八一四	四、三三三	四、七一〇	一、六二〇	三四、四七七
民國三年	五、〇二五	一、一一二	七、六二〇	一、八三〇	一五、五八七
民國四年	八五五	九三〇	九、八七九	六七〇	一二、三三四

民國五年	二、四七二	二六七	一一、〇六三	六、六六九	二〇、四七三
民國六年	七三〇	一、八二七	二五、一八九	一、五五四	二九、二九〇
民國七年	—	二、七三〇	一三、二八三	八、五一〇	二四、五三三
民國八年	一、三四〇	二、一七〇	二、二六七	一、四七九	七、二五六

細斜紋布（Jeans）普通寬二十九乃至三十吋。經紗、每吋約需九十線乃至二十三線。緯紗、每吋約需六十線乃至十四線。重量、每磅約三・二五碼乃至四碼。長三十碼或四十碼。組織似粗斜紋布而質密紗細。外觀較美。夏期可作單衣。冬季可作棉衣。銷路遍於全國。北方各省。需要最多。中部次之。南方又次之。主要輸入港。爲上海、安東、大連、牛莊、天津、漢口。民國二年、進口一百七十二萬疋。值銀五百七十八萬兩。以後逐年均有增加。民國九年、達二百三十七萬疋。值銀一千四百二十二萬兩。從前英國貨最多。歐戰以還。日本貨盛行輸入。遂壓倒英國而居第一位。英國次之。美國又次之。荷比、義、俄等國。有少數進口。

進口細斜紋布原產地別表（單位疋）

	宣統元年	民國二年	民國七年	民國八年	民國九年
美國	九六、一八一	四一、二〇一	一〇、二五四	一三、三一一	二〇、七〇〇
英國	七二一、〇六六	一、五五四、六八八	一一六、五一三	二四〇、五一五	六一五、一九二
日本	四〇〇	八六、四五四	一、九六四、〇五三	一、四六三、八七四	一、七二一、六四四
他國	三四、二九二	三八、五二五	一九三	—	八九、九〇八

茲將近三年來細斜紋布輸入額表示於左。

地區	民國七年 數量	民國七年 價值	民國八年 數量	民國八年 價值	民國九年 數量	民國九年 價值
進口淨數	二、〇九一、〇一〇疋	九、六三〇、四八六兩	一、七〇五、六三三疋	八、四一六、八一七兩	二、三七七、四四四疋	一四、二二六、二二五兩
香港	一三、一八二	八七、四二三	二五、二〇四	一七九、八一三	二九、六三三	二一八、四三七
英國	一〇三、五四一	五四八、四二五	二二四、五七一	九八一、九七七	五九五、六八八	三、六七〇、四二七

日本	一、九七〇、七五〇	八、九六〇、二九八	一、四六九、一〇〇	七、二五七、〇八一	一、七四七、五五一	一〇、三三五、三三二
坎拿大	—	—	一〇、〇〇〇	五九、〇六〇	六、〇〇〇	五四、五三三
美國	二一、八四〇	五五、六四三	二、五八四	一四、七七一	一五、六六〇	一四三、七〇四

英國細斜紋布長三十碼者重七磅三分之一、乃至八磅四分之三。長四十碼者。重十磅乃至十三磅。銷行最盛者、爲曼徹斯特之利疾得號士廠所製三鹿頭牌。此牌貨寬二十九吋半。組織爲九三×六四。重量每磅三·六八碼。其每吋之經紗較美國海狸牌少三線。且上漿較稠。質地稍遜。然因行銷年久。牌號已普及全國。故價格反較美國貨爲高。蓋英國商人往往爲與美國貨競爭之故。特將貨價放低。俟其牌號既已賣出。然後逐漸抬高其價。以致今日其質雖較美國貨稍遜而價反大也。

美國細斜紋布銷路最大者。爲 Pepperell 廠所製海狸牌。此牌貨寬二十九吋。組織爲九六×六四。重量每磅三·五五磅。（卽三十碼者重八磅半。四十碼者重十一磅又四分之一。）價較英國三鹿頭牌約高一錢。

日本細斜紋布頗類英國貨。而價格更廉。銷路最大者爲鐘淵紡績會社竹虎牌、東洋紡績會社軍人牌及三象牌、天滿紡績會社塔象牌、服部商店雙童等。

我國細斜紋布普通長四十碼者、重十三磅。三十碼者、重九磅。價格較日英貨稍高。民國二年、由上海運出三千疋。民國六年、七萬一千疋。七年、五萬疋。八年、四萬七千疋。

五、標布（T-Cloths）

標布、爲價格低廉之一種棉布。由英國、日本、印度三國輸入。每疋重六磅以下者。專作麵粉袋用。重七磅乃至八磅者。多作衣裏用。布面寬狹不同。狹者寬三十吋乃至三十二吋。長二十四乃至二十五碼。重三磅乃至七磅。此項窄布每年進口在百萬疋左右。價値百萬乃至四百萬兩。其中日本貨最多。英國次之。印度又次之。寬者三十六吋。長二十五碼或四十碼。重七磅乃至八磅。此項寬布每年進口在九萬疋左右。値銀二十七萬乃至四十三萬兩。英日兩國貨居多。此外漂白標布長四十碼。寬三十二或三十六吋。專作衣料用。民國九年進口二十八萬疋。値銀一百九十四萬兩。英國貨最多。日本次之。

英國標布品質最佳。價亦較昂。多作衣料用。日本貨多作麵粉袋用、銷行最多者爲大阪紡績會社金魚牌、服部商店菊牌等。皆寬三十吋乃至三十二吋。長二十四碼。重五磅半。粗織爲四八×四八、或五八×五二。作衣料用者、以東洋紡績會社龍牌及雞牌、內外棉會社旗牌等。銷行最盛。印度貨品質較日本貨爲優。價亦較高而色澤稍遜。不適於作麵粉袋之用。故爲日貨所壓。年來進口漸少。

我國標布品質優於日貨。民國八年、由上海廠運出者凡二萬九千疋。直隸高陽一帶製造尤多。將來銷路擴大或可抵制外貨也。

玆將近三年來洋標布輸入額表示於左。

標布、寬三十二吋（T-Cloths, 32 Inches）

地區	民國七年 數量	民國七年 價值	民國八年 數量	民國八年 價值	民國九年 數量	民國九年 價值
進口淨數	一、〇五〇、三八九疋	三、九六三、六八五兩	一、一一九、八四二疋	三、九八四、二五八兩	九二九、九六九疋	四、〇四九、九九九兩
香港	九九、四七二	二九八、五九七	一二八、四六七	三九五、〇五五	一〇五、八三八	三三〇、三三四
印度	二	一〇	一	六	一四、五五五	五九、七八五
英國	四三、三九三	一五六、二二五	二七、七二五	一一四、〇九六	六三、五七八	二九七、五三七
朝鮮	六、五〇二	一九、五一一	三、六一一	一一、二五七	八、三一七	四二、〇七〇
日本	九〇一、四三〇	三、四九〇、八三七	九九五、〇一八	三、五九七、六一七	七四七、三〇二	三、三五〇、〇八五

標布、寬三十六吋（T-Cloths, 36 Inches）

地區	民國七年 數量	民國七年 價值	民國八年 數量	民國八年 價值	民國九年 數量	民國九年 價值
進口淨數	六九、九七五疋	二八〇、九二六兩	九七、七八三疋	四三〇、六三一兩	五四、二四二疋	二七二、五六五兩
香港	三一、五三三	七五、〇六〇	一七、七九五	六六、〇四八	一八、六二七	八〇、〇七六
英國	—	—	五八八	一、九七四	五、五四二	三一、八一一
日本	五五、二八〇	一九五、一三八	七七、二二〇	三五一、九四六	三〇、四一三	一六二、六一三

漂白洋標布寬三十二吋長四十碼 (T-Cloths, Bleached, 32 Inches 40 Yards)

地區	民國七年 數量	民國七年 價值	民國八年 數量	民國八年 價值	民國九年 數量	民國九年 價值
進口淨數	一〇三、〇三四疋	四五二、五一五兩	一八五、四九四疋	八四〇、二四〇兩	二八八、六六五疋	一、九四六、五五〇兩
英國	一〇一、〇三七	四四四、五六三	一五七、〇九四	七四四、八九九	二七七、九九五	一、八八三、三八四
日本	二、四〇〇	九、七三五	二〇、八八〇	六八、四八四	一〇、二五二	六〇、六九四

主要輸入港爲上海、天津、膠州等。

六、印花布 (Plain Cotton Prints)

印花布、爲婦女小孩衣服之用。夏季使用最多。由英日俄美等國輸入。民國二年進口淨數。一百十三萬疋。值銀二百七十九萬兩。民國九年增至一百五十九萬疋。值銀七百十八萬兩。

英國印花布大抵寬二十八乃至三十吋。組織、六〇×六〇、乃至七二×七四。重量、每磅五・五乃至八碼。寬二十八吋者、長三十二碼。寬二十九吋者、三十一碼。寬三十吋者長三十碼。光緒年間、曾獨占市場。宣統間、爲俄國貨所抵、漸趨衰減。歐戰以後、進口轉增。民國九年、達八十五萬疋。

俄國印花布大抵寬二十四乃至二十五吋、或二十六吋。長三十碼。共分八種。銷路最廣者爲四號與八號。四號貨寬二十五吋。組織、八八×六四。重量、每磅六・九一碼。八號貨、亦寬二十五吋。組織、八八×六八。重量、每磅六・二三碼。民國二年、進口達六十二萬疋。約占輸入總數二分之一。

俄亂以來、進口頓少。民國九年、僅三萬一千疋。

日本印花布普通寬二十八吋。長三十碼。民國二年、進口僅六千餘疋。歐戰期內。乘機推廣銷路。進口大增。民國八年、竟達一百二十萬疋。嗣值排貨風起。民國九年、減爲七十一疋。

銷路、以北方各省需要最多。中部次之。南方又次之。主要輸入港爲天津、大連、上海、漢口、安東、烟台、膠州、重慶、南京等。

地區	民國七年 數量	民國七年 價值	民國八年 數量	民國八年 價值	民國九年 數量	民國九年 價值
進口淨數	八三九、四六九疋	三、四一六、八二六兩	一、七四一、三〇二疋	七、〇〇二、五〇六兩	一、五九四、八五一疋	七、一八二、六六九兩
香港	五三、八九六	二三三、三一三	六九、四九九	三三三、六七二	七〇、〇一八	三四八、〇四四
印度	九三一	四、一一六	二、九九〇	一二、九四三	一、六四六	一三、九三六
英國	二〇五、七三四	八三五、一八一	五〇九、四九三	二、〇〇四、九一一	八五五、六一四	三、七八七、一六五
俄國	五、五七九	二〇、〇八二	七、〇〇二	四九、九四八	三一、四九三	一五六、八二七
朝鮮	七、七三六	三八、九一六	一一、四三一	五四、五〇七	二、五三三	一〇、六〇七
日本	六四五、七〇九	二、六二七、七九九	一、二〇〇、三〇〇	五、一一四、九六〇	七一六、五九一	三、三三八、〇四二
菲律賓	—	—	六〇、二二九	二〇九、四一一	六、五五八	二七、六八四
坎拿大	二二、八〇五	八八、七四五	九、八三一	四一、六〇七	—	—
美國	二一、九一五	八九、一九四	一〇六、五六二	四〇八、五一六	三六、二三九	二五三、九四九

此類紅布供婦女衣服㡘帷幔幃家庭雜用以及喜事裝飾之用。多由英日兩國輸入。民國二年、進口淨數九十八萬疋、值銀二百五十三萬兩。英國約占十分之七。歐戰時、因英國貨來源滯阻、民國五年進口減爲四十七萬疋、價值一百三十萬兩。迨後日本貨大行輸入、加以英國貿易復興。民國八年、增至一百十五萬疋、價値四百六十四萬兩。

七、洋紅布、染色洋標布 (Turkey Red Cottons & Dyed T-Cloths)

此類紅布之原料、有用標布者、有用市布者。英國貨市布居多。普通寬三十吋、長二十五碼。組織自五六×五六乃至八〇×八〇、或八八×八八。重三磅半、四磅、四磅半、五磅、五磅半或六磅不等。大都爲蘇格蘭地方所織。價格較昂。日本貨標布居多、市布不過十分之二。普通寬二十八吋、長二十四碼。惟銷行於哈爾濱者、寬二十八吋、長二十碼。標布貨有七磅、六磅、五磅、五磅半三種。市布貨有五磅、四磅、三磅三種。其銷數最旺者、爲標布六磅及五磅半貨、市布五磅貨。彼國商人極力擴張銷路、以期與英國競爭。民國二年、由日本進口者、僅二十三萬疋。民國六年、增至五十一萬疋。然其品質原較英貨爲遜、加以排貨事起、民國九年卒減爲三十八萬疋。現在此項貿易已成英日兩國互相角逐之勢。銷路、以北方需要最多中部次之。南方又次之。主要輸入港爲天津、膠州、大連、上海、煙台、漢口。

地區	民國七年 數量	民國七年 價值	民國八年 數量	民國八年 價值	民國九年 數量	民國九年 價值
進口淨數	五四二、一五六疋	一、八〇三、三五四兩	一、一五三、六六九疋	四、六四一、九一九兩	六一三、六八六疋	二、五七四、五一三兩
香港	二七、三八七	八五、九六二	四七、二三一	一五〇、七八八	三一、二三〇	一一九、六〇三
英國	一四九、九八二	六三七、四八一	一八九、一八三	七五四、九四六	二三七、四一四	一、三三八、九一一
朝鮮	二、〇〇一	六、二八九	七、〇九五	二六、六三四	二、三九四	一〇、〇二〇
日本	三七四、六四二	一、一一八、〇五七	九七四、〇八五	三、九七四、九五七	三八五、六三一	一、三八四、五九三

八、棉羽綢、泰西緞、棉羽綾、絲羅緞 (Cotton Italians, Venetians, Lastings Poplins)

此類精巧之棉布。年來因奢侈日增。需要甚多。民國二年進口、僅三百六十八萬三千疋。（連綯布在內）民國九年、增至四百六十六萬三千五百八十四疋。（除綯布不計）價值三千七百二十六萬九千二百十三兩。其中棉羽綢棉羽綾兩項最多。泰西緞次之。絲羅緞又次之。

棉羽綢 (Cotton Italians) 民國九年進口。合玄素、色素、織花三項。共計一百六十六萬八千二百五十七疋。價值一千三百十七萬二千二百十六兩。其中玄素最多。色素次之。織花又次之。從前專由英國輸入。現在日本貨漸興。然品質較遜。究不足與英國貨競爭。玄素、羽綢、以長江以南地方需要最多。北方次之。主要輸入港爲漢口、上海、鎮江、九江、蕪湖、南京、寧波、廣州。色素、羽綢、多銷行北方。中部次之。南方需要最少。主要輸入港爲天津、膠州、重慶、漢口、南京、上海、大連、廣州。織花、羽綢、上海進口最多。天津、漢口次之。

泰西緞 (Venetiane) 民國九年進口。合玄素色素織花三項、共計五十四萬四千七百七十九疋。價值六百一萬九千三百四十六兩。其中玄泰最多。色素次之。織花又次之。亦英國貨居多。玄、素泰西緞、多銷長江一帶。主要輸入港爲上海、漢口、蕪湖。北方惟牛莊最多。色、素、泰、西緞、主要輸入港爲天津、上海、漢口、膠州、重慶、廣州。織、花、泰、西、緞、多由天津、上海、漢口輸入。

棉羽綾 (Lastings) 民國九年進口、共一百七十三萬一千八百二十五疋。價值一千二百六十八萬五千四百十三兩。其中色素居多。玄素次之。織花又次之。從前爲英國所獨占。現時日本貨競爭甚烈。其色素羽綾一項。已壓倒英國。法義兩國。向有織花羽綾進口。今已絕迹。玄、素、羽、綾、多由漢口、上海、大連、廈門輸入。色素羽綾多銷北方。主要輸入港為大連、安東、天津、漢口。織花羽綾多由上海、廣州、天津輸入。

絲羅緞 (Poplins) 民國九年進口共七十一萬八千七百二十疋價值五百三十九萬二千六百零八兩。貨色以色素居多。織花次之。亦英日兩國貨為多。色素絲羅緞多由上海、大連、天津、漢口、廣州輸入。織花絲羅緞多由上海、天津、漢口、安東、膠州、寧波輸入。

玄素羽綢 (Dyed Cottons, Plain, Fast Black : Italians)

地區	民國七年 數量	民國七年 價值	民國八年 數量	民國八年 價值	民國九年 數量	民國九年 價值
進口淨數	六八二、七三七疋	四、八六四、〇四七兩	六〇一、八九五疋	四、三三三、四〇三兩	九八〇、三三四疋	八、〇二九、二五一兩
香港	九八、二九二	八六七、一六三	一一〇、三〇五	九〇五、八二三	六二、〇七〇	四九三、一三一
印度	五、四七八	五五、七九八	五七六	七、三三〇	一、八〇一	二七、二三七
英國	五五〇、七六六	三、七二五、七四〇	四九三、八八七	三、三九九、四四三	八九五、五五八	七、三三〇、三四五
朝鮮	二、四〇八	二八、八九六	一二、六五九	一五七、九六八	八、〇三一	八〇、三一〇
日本	三〇、二九二	二〇六、六二五	三六、〇四五	二八三、四五六	一六、四九七	一二七、二四〇

色素羽綢 (Dyed Cottons, Plain, Coloured : Italians)

地區	民國七年 數量	民國七年 價值	民國八年 數量	民國八年 價值	民國九年 數量	民國九年 價值
進口淨數	三三三、二四四疋	一、九一九、九七四兩	二七九、一二八疋	一、八〇三、四五八兩	四四三、一〇二疋	三、三三七、七二四兩
香港	四九、五〇三	三九五、一二五	五三、七八五	四三三、二二八	五六、四六九	四二六、三七五
印度	一、二二四	一一、三三七	六六〇	六、四六九	一、七三六	二八、六六八
英國	二一七、八九九	一、二二九、八四五	一三〇、三一九	七五六、四四八	三三四、三五八	二、四七二、六八二
朝鮮	九四六	七、七三三	一、二四一	七、七六七	九〇	七四七
日本	六八、一〇四	三七四、三五三	一〇九、七五六	七〇七、一九一	五二、六七六	四一八、七九七

織花羽綢 (Dyed Cottons, Figured : Italians)

地區	民國七年 數量	民國七年 價值	民國八年 數量	民國八年 價值	民國九年 數量	民國九年 價值
進口淨數	九六、八七八疋	五七七、八〇五兩	九九、六九四疋	五六二、六八七兩	二四四、八一二疋	一、八一八、二四一兩
香港	一二、四五五	八六、〇三六	二五、一二四	一六六、二〇九	七、八四八	五七、八八八
英國	八八、六一七	五〇六、四八三	七五、七三七	四〇一、六三六	二二八、八〇八	一、五七〇、一三三
日本	八、七六一	五一、七六〇	五、六二七	三八、五三二	二六、八〇五	二三五、〇二八

玄素泰西緞 (Dyed Cottons, Plain, Fast Black: Venetians)

地區	民國七年 數量	民國七年 價值	民國八年 數量	民國八年 價值	民國九年 數量	民國九年 價值
進口淨數	二三八、四八四疋	二、五一七、八〇〇兩	二九一、九八七疋	二、八四五、二三七兩	三一〇、二八一疋	三、五六二、〇三五兩
香港	一一、三四一	一四八、六九九	三〇、〇四三	二七二、五三八	一三、八七一	一五二、六一〇
英國	二三五、八三〇	二、三五五、四〇六	二六〇、三三五	二、五五四、三七一	三〇五、八〇五	三、四〇三、七九九
日本	三、四八二	三六、三一八	三、二七三	三四、四八一	二、〇七二	二〇、八三二

色素泰西緞 (Dyed Cottons, Plain, Coloured : Venetians)

地區	民國七年 數量	民國七年 價值	民國八年 數量	民國八年 價值	民國九年 數量	民國九年 價值
進口淨數	二〇四、八四二疋	一、四一七、二四六兩	二七六、六五五疋	二、一一三、三七二兩	一七七、二六七疋	一、九〇二、六三六兩
香港	四三、〇三四	二三六、七五六	六八、〇五八	五二八、六八四	三二、二七六	三三九、二八二
英國	一〇四、一六五	八七四、八六九	一一六、九八九	一、一二二、一〇四	一四〇、一六六	一、五一〇、〇一六
日本	五九、五五八	三三一、一三五	九一、九四四	四六三、九四六	五、七四七	六一、三四〇

織花泰西緞 (Dyed Cottons, Figured : Venetians)

地區	民國七年 數量	民國七年 價值	民國八年 數量	民國八年 價值	民國九年 數量	民國九年 價值
進口淨數	二六、三四〇疋	二四四、一七三兩	九、九三六疋	一三〇、九一四兩	四七、二三一疋	五五五、六九五兩
香港	八三三	七、六二九	一、一七六	二一、七九二	一、九一八	二四、五八七
英國	二四、四三五	二三六、五一三	八、三六九	一〇〇、一九九	四四、三六七	五三二、六四九
日本	一、二四七	一一、五五九	六〇	八三	九四二	八、三四六

玄素羽綾 (Dyed Cottons, Plain, Fast Black : Lastings)

地區	民國七年 數量	民國七年 價值	民國八年 數量	民國八年 價值	民國九年 數量	民國九年 價值
進口淨數	七三、三九〇疋	四九〇、四七四兩	一七四、七二一疋	一、一四〇、七九八兩	一四九、五五〇疋	一、一三八、七七一兩
香港	一三、二六八	八三、五六一	四五、一四五	二八一、六九七	一一、〇〇四	九〇、八四一
英國	四七、三六六	三三四、二一一	四九、五三二	三七〇、四八一	一〇〇、一一八	九四五、四一一
朝鮮	九四九	七、一一七	五、四一五	四八、七三五	二、六三一	二三、六七九
日本	一六、二三三	一〇八、〇六五	九〇、二八七	五六〇、〇九四	四六、四三一	三一〇、三四七

色素羽綾 (Dyed Cottons, Plain, Coloured : Lastings)

地區	民國七年 數量	民國七年 價值	民國八年 數量	民國八年 價值	民國九年 數量	民國九年 價值
進口淨數	五九七、三六二疋	三、八〇六、五一八兩	一、一三二、九二八疋	七、四四一、四一四兩	一、四七七、七二二疋	一〇、七一四、一六九兩
香港	三一、四四七	二四二、四七七	四〇、三六九	三一二、一七九	四五、八二五	三五三、四八三
英國	一七二、七一一	一、一九一、二五四	七七、〇一二	四六八、〇三四	三三八、七七二	二、五五四、四五〇
日本	四三一、六九三	二、六一四、七七四	一、〇三七、〇七八	六、八六三、三五二	一、一二八、四二八	七、九七一、〇一二

織花羽綾 (Dyed Cottons, Figured: Lastings)

地區	民國七年 數量	民國七年 價值	民國八年 數量	民國八年 價值	民國九年 數量	民國九年 價值
進口淨數	一四六、一三〇疋	九五六、〇七三兩	八三、九九八疋	五六四、八四九兩	一〇四、五五四疋	六三二、一〇三兩
香港	二八、八四九	一九九、二七九	一九、五四四	一三〇、八六二	一一、一〇六	七一、三一八
英國	九七、五六三	六〇七、一七〇	三七、四九六	二〇八、七二七	九一、二六三	五三七、五三五
日本	一五、二八四	一一四、九七七	二二、二二七	一六二、五〇二	四、〇九〇	三三、二四三

色素絲羅緞 (Dyed Cottons, Plain, Coloured: Poplins)

地區	民國七年 數量	民國七年 價值	民國八年 數量	民國八年 價值	民國九年 數量	民國九年 價值
進口淨數	九三、三一七疋	八四六、一七〇兩	二七四、四六五疋	一、六三〇、五〇九兩	四九八、六四七疋	二、八四八、五二四兩
香港	一四、一六一	一〇八、一四七	二七、四八〇	二〇四、九五六	三九、〇四五	三〇六、七五一
英國	六二、七九	五六五、〇八一	七七、二六二	三六七、六八九	二六〇、五七九	一、五五八、二五一
日本	一九、〇二四	一九七、八八七	一七二、九二三	一、〇七一、八八八	一八七、六〇六	一、〇四二、〇二七

織花絲羅緞 (Dyed Cottons, Figured: Poplins)

地區	民國七年 數量	民國七年 價值	民國八年 數量	民國八年 價值	民國九年 數量	民國九年 價值
進口淨數	四八〇、六六五疋	四、七八三、〇四四兩	二六六、四九六疋	二、九七五、二六九兩	二三〇、〇七三疋	二、五四四、〇八四兩
香港	一八、二八四	一六五、〇七四	三五、五八七	二九一、一九一	二四、一七六	二六六、五六二
英國	二三〇、二九二	二、二五二、八九六	一〇七、四五九	一、三六四、一六四	一一一、九二三	一、四〇三、五六九
日本	二三七、〇九九	二、四四一、九〇三	二二六、一六四	一、三五〇、二五〇	八七、九五〇	九一九、七四五

棉羽綢、泰西緞、均寬三十九吋乃至三十吋。長三十碼。泰西緞、乃棉羽綢之精巧者。例如棉羽綢、普通組織爲七二×八八。而泰西緞則爲一〇〇×一四〇。棉羽綾、則爲棉羽綢之下等者。英國貨、大半皆經 Bradford Dyeis Association 染工聯合會染色。能耐久不褪。日本貨不及之也。絲羅緞、亦長三十碼。寬二十八乃至二十九吋。或三十吋。大都以絲光紗織成。間有攙用絹絲者。織花式様、有 Dobby 及 Jacquard 兩種。後者銷路最廣。我國此項織造。尚未發達。年來北京方面。仿織各種花緞。異常優美。視如眞緞。銷路頗暢。(詳見京都市工商業改進會營業調査報告)惟資本過小。所用電光紗。亦購自外國。

九、絨布、棉法蘭絨(Cotton Flannel or Flannelette)

絨布、棉法蘭絨、爲片面起毛或兩面起毛之斜紋布。寬二十四吋、乃至三十六吋不等。重量、每磅一・九五乃至四碼。長三十碼。間有四十五碼者。貨色有素、染色、印花、柳條、先染後織等種。民國二年進口總數、共八十八萬二千三百七十三疋。價値三百二萬四千一百七十五兩。民國九年、爲六十四萬六千三百五十六疋。價値四百三十九萬二千四百五十五兩。(進口總數係未除去復出口之數)從前美國貨最多。英國次之。日本又次之。歐戰以還。日本貨驟見增加。在各國中居第一位。銷路最暢。英美受其壓迫。大形退縮。主要輸入港爲上海、天津、漢口、大連等。

素、染色、印花絨布棉法蘭絨 (Flannelettes, Plain, Dyed, or Printed)

地區	民國七年 數量	民國七年 價值	民國八年 數量	民國八年 價值	民國九年 數量	民國九年 價值
進口淨數	三七四、一九二疋	一、八一六、〇一三兩	六三一、四二九疋	三、三四九、九一二兩	五一六、五三五疋	三、七六九、八四三兩
香港	六〇、七〇九	二六七、六〇一	二八、六三四	一三〇、九六五	三〇、五八〇	一四九、六三三
英國	七五四	三、五七四	九、四八六	五〇、八五五	五五、六九八	三二一、四六二
日本	三三三、八二六	一、五八三、三六〇	四九五、三五〇	二、六九一、五三一	二七一、五三四	一、七九三、六八六
坎拿大	—	—	九八、五〇〇	五一二、七九五	一三五、四〇〇	一、二七三、〇七六
美國	四三〇	二、〇三八	一九、八七三	八七、二三三	二七、五一七	一三六、六〇四

染紗織絨布、棉法蘭絨 (Flannelettes, Yarn-Dyed)

地區	民國七年數量	民國七年價值	民國八年數量	民國八年價值	民國九年數量	民國九年價值
進口淨數	一四〇、七五八疋	五四七、九七六兩	七〇、一四五疋	三三四、一九六兩	一一三、四三七疋	五一五、九三五兩
香港	九八、七五三	三七三、六六三	一七、四四六	八三、〇〇二	六〇、五八三	一八五、二〇〇
英國	二、一四九	一四、五三一	二、三〇一	一三、四三九	二八、八〇四	一九六、〇一三
日本	四二、三六二	一六九、一九八	四九、一一三	二三八、一一三	三五、一八〇	一五〇、三九七
美國	三一	一、三六〇	二七三	一、四一〇	一一四	一、〇九四

美國貨在中國銷行最久。其銷路最旺者。爲左列各種。

商標	寬	每磅之碼數
Cooleemee A	三〇吋	二·九五碼
Cooleemee C	二六	三·六〇
Cooleemee D	同	四·〇〇
Ellerton A	三一	二·二五

商標	寬	每磅之碼數
印度人頭	二九吋	二·八〇碼
Trement G. E.	三三	二·一〇
Trement G.	三六	二·〇〇
Trement G. A.	同	一·九五

英國貨一面起毛者。普通寬二十八吋。組織爲六八×五二。兩面起毛者。普通寬二十七吋。組織爲四四×四四。其染色無花者。普通二十七吋。組織爲四八×三〇。

日本貨最暢銷者。爲二十九吋以下之貨。其二十四吋貨。類屬先染後織。其中柳條最多。色貨次之。從前多用手機織。近來改用鐵機。二十九吋貨、類爲無花或印花。三十吋貨則柳條、染色、漂白皆有。大半爲和歌山市產。

廣東柳條絨布。發達甚早。品質亦佳。惟爲釐稅所苦。不能運出外省。然在其本省無稅。因之成本較廉。外國貨不能與之競爭。上海怡和紗廠自民國二年製造片面起毛之絨布。成績甚佳。其組織如左。

商標	寬	長	組織	重	每磅之碼數
虎牌	二八吋	三〇吋	七二×四四	八·八〇磅	三·三〇碼
蝶	同	同	七二×四〇	七·七四	二·八五
鳩	三〇	同	七六×四四	三·〇〇	四·一〇
獅子	同	同	七二×四〇	三·一八	四·三〇
輪船	三三	同	七六×四四	三·一五	四·九〇

本國貨產額無多。民國六年、由上海運出者二萬一千八十七疋。七年、二萬五千九百七十九疋。八年、三萬九千一百十六疋。

一〇、染紗織布（Cottons, Yarn-Dyed）

染紗織布由英國輸入最多。日本貨、在歐戰時曾壓倒英國。近復退減。

地區	民國七年 數量（疋）	民國七年 價值（兩）	民國八年 數量（疋）	民國八年 價值（兩）	民國九年 數量（疋）	民國九年 價值（兩）
進口淨數	八、五〇八、三七四	一、五五〇、八四六	一六、三三六、〇四七	二、九二八、一〇二	九、五三三、四四一	二、二四四、九三八
香港	二、三三七、五七四	三四〇、五二五	一、八五四、七三七	二九六、三一六	一、三一五、二二〇	三三三、七八三
英國	四、七九三、〇四二	九六九、六七七	八七〇、六〇四	一九八、三九三	六、二七八、三三三	一、四八三、三六四
俄國太平洋各口	七二、一七〇	七、四七六	一三七、五五七	三三、一六六	七八、六四九	一五、三五六
法國	六、九五〇	四、二七七	二、〇四〇	一、五五〇	九二、六五四	五三、五五三
義國	一七九、六〇〇	四二、一五二	二五、二〇〇	四、三三二	三一、五三八	七、二二〇
朝鮮	一〇八、〇九五	三三、〇四三	四五一、二九三	七一、六六五	六九、〇五九	一六、五七〇
日本	五、二八〇、九五二	六七五、五二四	一七、一五三、八九四	二、八九四、五八二	三、四三五、〇一一	七一八、一八一
菲律濱	—	—	四七九、八九〇	七八、七六五	五、六六一	一、〇八三
美國	九三、四九七	二〇、六五〇	一八五、八七二	三六、七三六	一〇七、五九六	二六、三九六

此項棉布以寧波布及膠布兩種爲最多。前者寬二十七吋。長二十碼。後者寬二十八吋。長二十四碼或四十碼。亦有寬三十二吋者。

一一、日本棉布(Japanese Cotton Cloth)

此項棉布全屬日本貨產於名古屋及泉州地方民國二年進口、一千三百三十一萬碼價值九十一萬兩民國九年、增至九千八百四十五萬碼。價值一千零十萬兩。

地區	民國七年 數量(碼)	民國七年 價值(兩)	民國八年 數量(碼)	民國八年 價值(兩)	民國九年 數量(碼)	民國九年 價值(兩)
進口淨數	八三、八七二、七六九	六、一九一、五六八	九八、五三七、〇八二	八、八五八、九二八	九八、四五八、〇二一	一一、〇一六、五四六
香港	一〇六、五八一	一一、九四三	七三、一七〇	七、〇六四	三一、五三四	四、三五四
俄國太平洋各口	六、三〇〇	三四三	六、三〇〇	二五九	二五、三八〇	二、五三八
朝鮮	二四九、五六五	二九、九二七	七八六、三五六	六一、〇二七	七二七、七一八	五〇、二一九
日本	八三、九八三、六〇八	六、一八三、七六九	九七、八八六、八六六	八、八〇六、三四五	九七、七三九、二六三	一〇、九六四、七九七

銷路以北部各省爲主。東三省銷行最多。長江一帶及南方各省需要較少。有大尺布、中尺布、套布及小幅棉布等數種。大尺布最多。占十分之八。中尺布次之。套布極少。大尺布、寬十八吋長二十一乃至二十二碼重四十八兩乃至六十兩。中尺布、寬十四吋。長二十四乃至二十五碼。重三十八九乃至四十兩。套布、寬十三吋半。長六碼四分之一。重十三兩五錢。

大尺布在東三省勢力極大。此外各處。則爲上海土布所抵制。行銷極少。東三省之銷場。以南滿鐵路沿線爲主。其四分之三。由安東進口。轉往奉天、鐵嶺、開原、長春、哈爾濱一帶行銷。由大連營口輸入者不過四分之一。輸入營口者。大抵就本地銷售。輸入大連者。概轉往內地行銷。中尺布銷路以安東、哈爾濱爲主。套布銷路以哈爾濱爲主。現在我國土布在東三省之銷數。逐年增加。運入營口大連者。每月約二三萬梱。年在三十萬乃至三十五六萬梱左右。價較日本大尺布爲廉。誠能積極設法推廣銷路。不難挽回利權矣。

一二、尺六絨尺九絨(Velvets and Velveteens)

尺六絨、尺九絨、亦曰棉剪絨。民國二年、進口淨數六百五十七萬碼。價值一百九十萬兩。民國九年、減爲三百五十四萬碼。價值一百四十五萬兩。

蓋此項貿易變動極大。有時需要甚多。銷路頗佳。而有時因商況不振。致進口銳減。普通每疋長三十五碼。寬狹不等。貨色則有無花、花點、印花或拷花等類。無花者銷數最多。而無花之中又有寬十八吋、二十二吋、二十六吋之分。二十二吋貨銷行最多。此項貿易向以英國爲最。俄德荷比奧美等國次之。歐戰以還。俄德比奧等國或絕或減。日本起而代之。然大部分仍爲英國所占也。主要輸入港爲大連、牛莊、天津、上海。銷路以北方爲最。中部次之。南方需要無多。

地區	民國七年 數量	民國七年 價值	民國八年 數量	民國八年 價值	民國九年 數量	民國九年 價值
進口淨數	三、五四二、二五〇碼	一、四五四、二七四兩	一、〇三六、八七三碼	四九一、六〇九兩	一、六四三、三六一碼	八一八、五三二兩
香港	二〇八、三三三	八六、七三一	一六七、五八六	六八、八一八	二三五、二〇七	五四、六六九
英國	三、二二五、五七〇	一、三一六、四九二	八八五、五七三	四〇八、八六八	一、六四五、〇五六	八二〇、九七六
俄國	一、七〇六	一、一七三	—	—	一四、五九七	五、六三五
日本	二九一、九三二	一三三、一八七	八二、七六四	五四、〇〇〇	五三、五七九	二七、九三九
美國	八、〇五〇	三、二八一	二一、七八六	八、六六四	九、二一〇	一、七六一

一三、其他棉布

進口棉布。除上述數種外。其輸入額不甚顯著者尚多。茲就各項進口淨數及其國別分表於後。以資參考。

冲毛呢、寬六十四吋 (Cotton Spanish Stripes)

地區	民國七年 數量	民國七年 價值	民國八年 數量	民國八年 價值	民國九年 數量	民國九年 價值
進口淨數	一三、七九六疋	一六〇、五七九兩	四、九五七疋	三〇、一九二兩	八、七六八疋	八八、三三三兩
香港	二、八七九	二三、一一二	一、九七九	一四、〇六五	一、〇四一	五、八〇七
英國	五、三一八	三六、六九四	一、三九八	六、四五三	五、七一五	五一、〇五四

荷國	—	—	—	—	一、八二六	二〇、六九二
日本	一五、四二六	一〇六、四八一	一、五九四	九、六五二	一三六	一、二四二

主要輸入港上海。

漂白染色印花細洋紗、軟洋紗、稀洋紗、長十二碼 (Cambrics, Lawns, and Muslins, White, Dyed, or Printed, 12 Yards)

地區	民國七年 數量（疋）	民國七年 價值（兩）	民國八年 數量	民國八年 價值	民國九年 數量	民國九年 價值
進口淨數	一七〇、六七三	三〇三、三三三	一三三、一一〇	一八三、一八七	九〇、九三〇	一六六、五〇七
香港	一四、九三四	二六、二〇三	一三、二六一	三一、四二六	一七、一〇四	四〇、五五三
英國	一二四、九四二	二二〇、九八四	五三、三四九	五二、六三三	八六、〇三七	一一八、八三〇
日本	五〇、八〇六	六五、二〇六	八三、三三九	一一〇、八三七	二九、七五三	五三、〇三〇

主要輸入港爲上海、天津、大連、安東、膠州、福州。

漂白染色印花細洋紗、軟洋紗、稀洋紗、長三十碼 (Cambrics, Lawns, and Muslins, White, Dyed, or Printed, 30 Yards.)

地區	民國七年 數量（疋）	民國七年 價值（兩）	民國八年 數量	民國八年 價值	民國九年 數量	民國九年 價值
進口淨數	一四、〇三二	六八、八四八	四七、四一五	一五七、八〇五	一四八、九七七	六八四、五九二
香港	五、八三三	二七、六四〇	八、六三一	四三、九五三	一一、九〇三	六六、六四二
英國	四、三一九	二三、一六一	三五、〇五四	一〇五、五九三	一三八、四四四	六三〇、五三九
日本	三、二二五	一四、九七一	二、七九〇	一〇、四六一	二、九九四	一〇、八七七

主要輸入港爲上海、廣州、天津、漢口、大連。

漂白染色印花細洋紗、軟洋紗、稀洋紗、長四十碼 (Combrics, Lawns, and Muslins, White, Dyed, or Printed, 40 Yards.)

地區	民國七年 數量	民國七年 價值	民國八年 數量	民國八年 價值	民國九年 數量	民國九年 價值
進口淨數	一一〇、二九〇疋	六六八、七三一兩	一一三、二七一疋	七六〇、五七〇兩	三六九、三九五疋	一、四七二、八四四兩
香港	二〇、〇九九	一一〇、一四五	三一、二五九	一七八、一一六	一二、五〇八	八六、六六九
英國	八八、六六八	五一四、六六七	八八、五〇八	五五七、八三三	二五八、七一〇	一、三九二、一一三
日本	二、一六九	八、〇三四	二、七六八	一八、四〇〇	五三	三七九
美國	—	—	一、六六八	一三、一四四	二、一三一	一五、二〇八

主要輸入港爲上海、漢口、廣州、天津、寧波。

漂白染色印花洋羅、洋羅布 (Lenos and Balzarines, White, Dyed or Printed)

地區	民國七年 數量	民國七年 價值	民國八年 數量	民國八年 價值	民國九年 數量	民國九年 價值
進口淨數	五二、一二三疋	一六九、六三一兩	七五、六七三疋	二三八、七三三兩	八〇、八八三疋	三三八、六六一兩
香港	四六、九三一	一五七、九七一	六八、五三八	二一九、一五一	五七、七四二	一四五、九四七
英國	二、七三七	二六、八七六	一〇、四一四	二六、六五三	三三、七八五	一一一、三〇〇

主要輸入港爲廣州、上海、南寧、梧州、瓊州。

花稀洋紗 (Fancy Muslins)

地區	民國七年 數量	民國七年 價值	民國八年 數量	民國八年 價值	民國九年 數量	民國九年 價值
進口淨數	九五、九三六疋	一七、一七四兩	一一七、一六三疋	九、五四五兩	一三、一三三疋	二一、二六七兩
香港	四〇	二八	—	—	一一、五一三	二、一一四

地區	民國七年數量	民國七年價值	民國八年數量	民國八年價值	民國九年數量	民國九年價值
英國	九〇、八四一	一六、一五五	七、一三一	一、九九三	—	—
日本	五、一八六	一、〇四三	二〇、〇三一	七、五五三	一、六二〇	一五三

主要輸入港爲大連、上海、寧波、膠州、天津。

他類花稀洋紗、印花布（Art Muslins and Cretonnes, Unenumerated）

地區	民國七年數量	民國七年價值	民國八年數量	民國八年價值	民國九年數量	民國九年價值
進口淨數	二九八、九〇三碼	六〇、〇八六兩	一、六四一、〇九五碼	二九一、〇三〇兩	一、八五〇、〇一七碼	五四九、五三五兩
香港	七三、九四二	一〇、九八一	四八、四七七	六、六九八	一一四、八〇〇	二六、〇一三
英國	一二〇、二二九	三六、五八四	一二三、六四二	三〇、〇九七	一、三九四、六八六	四五〇、六八六
日本	九三、六三三	一三、一五五	一、四六五、五六一	二五三、四五五	三八六、三三六	七一、六二二
美國	一、二三〇	三七四	二、一二五	六四三	五三、四六六	一六、九一八

主要輸入港爲上海、天津、廣州。

印花粗斜紋布、斜紋布、斜羽綢（Printed Drills, Furnitures and Twills）

地區	民國七年數量	民國七年價值	民國八年數量	民國八年價值	民國九年數量	民國九年價值
進口淨數	四、〇四三疋	二一、一五九兩	二、三二一疋	一三、六八六兩	二〇、七〇一疋	一三一、一二九兩
香港	五二七	二、二四三	七四八	三、三三六	二、八九一	一五、五五一
英國	二、九五八	一五、九一四	一、一一一	七、二一五	一六、四五七	九五、七四五
日本	一、一六四	六、二六三	一、五四四	九、五八八	七四六	四、一九〇

主要輸入港爲天津、上海、南京。

印花縐布 (Printed Crape)

地區	民國七年 數量	民國七年 價值	民國八年 數量	民國八年 價值	民國九年 數量	民國九年 價值
進口淨數	九、六二三疋	三八、三二二兩	九、九五三疋	三四、八六九兩	二七、七六八疋	一四五、二三六兩
香港	六八	二九〇	一、二〇一	五、〇九九	三、二六七	二六、四一四
英國	九、一六一	三六、三六九	九、八四四	三四、三九九	二四、四五三	一一八、五三八
日本	五四四	二、一八四	六八	三四二	三三七	一、六八五

主要輸入港爲上海、天津。

印花羽緞蔴法布等 (Printed Satteens, Repps, Etc.)

地區	民國七年 數量	民國七年 價值	民國八年 數量	民國八年 價值	民國九年 數量	民國九年 價值
進口淨數	五八、六一八疋	三四六、七五八兩	二五、五九六疋	一五二、六五七兩	一三一、一五二疋	八三八、一七一兩
香港	三、五〇五	二三、二八二	二、五二〇	一五、九三七	七八六	五、四四〇
英國	五一、二八四	三〇四、二八八	二三、九六四	一二八、七〇五	一三一、三五二	八三九、八六九
日本	一一、五七七	六三、二〇二	七、六六三	四九、七一三	四八〇	二、八三四

主要輸入港爲上海、天津、九江。

縐地洋紗、縐絨布 (Crimps and Crêpons)

地區	民國七年 數量	民國七年 價值	民國八年 數量	民國八年 價值	民國九年 數量	民國九年 價值
進口淨數	二、〇四五、九一二碼	三八八、三九五兩	四七七、七六七碼	五二、八〇五兩	二八、八六八碼	四一、四四八兩

地區	民國七年數量	民國七年價值	民國八年數量	民國八年價值	民國九年數量	民國九年價值
香港	一八二、〇六三	二九、三四二	一四四、五四九	二五、五一六	一五一、五七四	二九、九九六
英國	六二一、四四三	一三一、一三五	二九二、六九六	四一、三二七	四三、四二四	八、一四二
日本	一、二六九、二五八	二四一、二二三	四八八、九三四	七一、六五八	二〇、一二三	三、三八七

主要輸入港爲大連、重慶、漢口。

此外有以疋計者。民國九年、進口六一、九七二疋。價值三七一、九八五兩。由英國進口六〇、八七三疋。價值三六五、三四九兩由日本進口二〇〇疋。價值一、二〇〇兩。輸入港爲天津、上海。

日本縐布 (Japanese Cotton Crape)

地區	民國七年數量	民國七年價值	民國八年數量	民國八年價值	民國九年數量	民國九年價值
進口總數	六二五、一三〇疋	七六、六一七兩	四、六九六、三三四疋	六四五、六三四兩	四八一、〇五二疋	七三、九六四兩
日本	五四九、二七一	六三、九五〇	四、六四五、三五四	六三四、八八五	三四四、九五四	四五、四二七

他類棉布 (Cotton Goods, Unenumerated)

地區	民國七年數量	民國七年價值	民國八年數量	民國八年價值	民國九年數量	民國九年價值
進口總數	七、九二一、九三五碼	一、五九六、五三一兩	八、四〇九、六八〇碼	一、八五八、三三三兩	八、八六三、七七三碼	一、八九三、〇一四兩
香港	一、五〇九、九三三	三三九、八四九	一、五五九、六〇四	三一四、七二四	一、五八六、〇四一	三五三、六五九
印度	二一、三三三	二、〇九七	二六、三四七	三、六〇二	一九、八八七	二、三〇四
英國	七五四、八七三	二六五、九七六	一、三三三、五七九	三七六、九七四	二、九七四、五六四	八五五、八五四
法國	一、五八八	一、八四三	一五、五一六	四、八九五	一四、四七九	五、六六九

俄國 由陸路	九一四、五八八	七一、二五五	一一、二六〇	一、九二八	二六九、八三二	一五、二六六
俄國 太平洋各口	一三〇、〇三五	一九、一一六	二四二、四四一	六二、三三八	九一七、七三六	一九七、六九七
朝鮮	七七五、九九〇	一〇七、二一七	五六二、一二五	九五、一〇一	三一三、六四一	五一、七一一
日本	三、六七五、二二六	七五七、九〇五	三、八一七、八〇八	七六九、七五九	二、三一〇、二五四	三四〇、九三三
美國	一〇八、九二三	二二、九一三	六九四、九一一	二一八、八〇六	三八四、七四五	五六、一九七

此外有以擔計者。民國九年進口五、一九〇擔。價值四三〇、九二二兩。其中由日本進口五、一七七疋。價值四三〇、〇六四兩。

第三章　其他棉貨

一、棉毯（Cotton Blankets）

棉毯一物。民國二年進口淨數。爲一百一十萬四千九百二十四條。價值六十三萬八百五十一兩。民國九年、爲二十三萬二千三百二十條、又四千四百八十六擔。共值六十萬八千九百九十八兩。從前法國最多。日、英、印、荷、奧、德等國次之。歐戰以還。日本貨獨占市場。西洋貨進口已在若有若無之間。主要輸入港爲大連、安東、天津。

地區	民國七年 數量	民國七年 價值	民國八年 數量	民國八年 價值	民國九年 數量	民國九年 價值
按條進口淨數	五三八、四八四條	四八八、七五九兩	六三〇、六八一條	五四二、二四九兩	二三二、三二〇條	二五三、一七九兩
香港	一三〇、一三三	一二七、五〇五	六五、九一四	六八、七七七	四〇、三〇二	五九、三八〇
印度	三三、一五〇	一、六三八	三三、三三六	一、一六五	三三、五一三	三三、三〇九
法國	六〇〇	六一八	二、一一〇	二、四四二	一、六二〇	一、六六九
日本	三九九、四八七	三五三、一一一	五四八、四〇九	四五七、三六五	二〇九、三三五	二二九、一九六

按擔						
進口淨數	—	—	七七六擔	五一、五〇九兩	四、四八六擔	三五五、八一九兩
香港	—	—	二八五	一九、二六三	二、三九三	一九五、五〇〇
日本	—	—	四八八	三一、八九九	一、九四九	一四〇、三一三

西洋貨大都寬六十六吋。長七十八吋。重三磅半。或寬六十吋。長八十吋。及六十八吋見方。重五磅。上等者。或織花或有絲邊。下等者爲以碎棉花爲緯之廉價品。由歐美進口者。上等貨居多。價格較高。其銷路不若廉價品之大。廉價品多屬日本貨。其中寬五十吋。長七十五吋。重二十兩者。占十分之八。此外寬六十吋。長八十吋。重三十兩或三十六兩者亦多。產於該國泉州、大津、及大和、河內地方。我國上海天津等處。彷製棉毯。成績頗佳。民國八年由上海運往外洋及本國各埠者十五萬三千條。價值十九萬兩。

二、手帕(Cotton Handkerchiefs)

手帕進口。民國二年爲一百二十八萬四千六百八十四打。値銀四十四萬九千八百九十九兩。民國九年。增爲一百四十六萬一千九百六十二打。値銀九十萬三千八百五十八兩。其中英國貨約占八成。餘由日、美、法、德、俄等國輸入。貨色有素、染色、印花、鑲邊等。大小花色。種類極多。不勝枚舉。白素及鑲邊者。大多自十×十吋乃至二十×二十吋。染色及印花者。多自二十×二十吋乃至三十六吋。主要輸入港爲上海、漢口、天津、廣州。其中上海輸入最多。約占全數十分之五。銷數以印花抽絲夾邊者爲最多。就尺碼大小而論。則十三×十三吋乃至二十×二十吋。銷路最旺。而尤以十六×十六吋爲最。歐戰時。日本貨盛行。大都以東洋紡績會社及尼崎紡績會社之市布 (Shirting) 製成。排貨以來。銷路已大不如前矣。

地區	民國七年 數量	民國七年 價値	民國八年 數量	民國八年 價値	民國九年 數量	民國九年 價値
進口淨數	一、〇一九、九五四打	五二五、一九六兩	一、五二七、六四一打	八五五、九五八兩	一、四六一、九六二打	九〇三、八五八兩
香港	一四七、八三三	六七、四一八	一五八、三六三	七四、二六六	一五八、〇六二	一〇三、〇九六
英國	二五五、七〇〇	一七九、二三九	六二六、四〇〇	四二一、九八三	八二五、三八六	五七八、五二一

日本	五三三、七五三	二三九、三五八	七二七、九〇九	三四五、六二三	四七八、九七二	三三二、二九五
美國	七二、四三七	三七、四八四	一七、四二九	一五、四六〇	七、四五二	九、〇六五

三、面巾、浴巾、床巾（Cotton Towels）

此項進口。民國二年、價值九十五萬八千八百九十三兩。其後民國六年、增至一百零八萬六百四十二兩。七年、更增至一百十一萬三千六百十九兩。民國八年以來。排斥日貨。國貨流行。進口大減。民國九年、僅值六十二萬餘兩矣。最初進口。多屬英國貨。民國以來。日本貨勢力擴大。至占輸入總額十分之九以上。香港次之。英國印度等又次之。而由香港進口者。亦多屬日貨也。貨色有毛巾（Turkish）及方眼、蛇皮（Honeycomb or Huckaback）等類。普通爲長四十吋、寬十八吋之小件。由日本進口者。多寬十三吋、十六吋或十八吋。長有寬之二倍。著名商標爲牡丹、桃、雞、馬頭、月兎、（均浪華紡織會社製）鐵錨、鹿頭、風鈴、（均稻岡會社製）三狐、喇叭、月琴、（均蔭山會社製）尖頭、鍵印及馬珠、英哥、水車、砲車、蟹等。輸入港、以漢口爲第一。大連、安東、天津、廣州、上海、梧州次之。

地區	民國七年 數量	民國七年 價值	民國八年 數量	民國八年 價值	民國九年 數量	民國九年 價值
按打 進口淨數	一、五五五、五九七打	一、一一三、六一九兩	一、〇九九、六〇六打	八二一、八四六兩	四二一、一三四打	三六九、四〇四兩
香港	四八六、九七三	三六八、四四七	二六四、二七九	一七九、四三三	八一、六八七	六九、七二九
英國	二、四四八	八、七六一	三一、〇四五	一一、四九七	八四	一八三
日本	一、〇六四、三八五	七六八、五六八	八三〇、一三六	六二五、九三〇	三三一、八七六	二八八、二九五
按擔 進口淨數	—	—	八一六擔	六三一、九九〇兩	三、〇〇六擔	二五一、一二九兩
香港	—	—	三一四	三四、二〇三	八七四	一〇五、四二五
英國	—	—	—	—	八九	一〇、一八四
日本	—	—	五〇〇	三〇、〇三八	二、一一七	一四三、七四四

我國毛巾近甚發達。自北京、天津、上海、漢口、以迄全國各大埠。莫不有製造者。大小工廠。指不勝屈。玆略舉其著名者於左。

北京

習藝所 西福記 首善工廠
永順成 教養工廠 楊瑞之
福記 華林工廠 祥泰和
裕豐厚 豐順祥 田記
玉豐厚 玉記

天津

民益工廠等十餘家

上海

大綸毛巾廠 物華毛巾廠 愼成毛巾廠
華綸毛巾廠 豐裕毛巾廠 啓豐毛巾廠
中華毛巾廠 捷章毛巾廠 永新
振藝工廠 乾錩 華麗
景綸公司 隆茂毛巾廠 同信商號

松江

華積 華盛 松鎬
積善堂

南匯

恆興公司 天華公司 綸華公司

漢口

自新工藝廠 成章 承記
順昌 同康 錦標

長沙

彩霞公司

宜昌

貧民工廠

廣州

巧新公司 維新織布廠

營口

永懋增工廠 中華興工廠

奉天

瀋陽模範監獄工廠 奉天女子傳習所

吉林

習藝工廠

四、棉線(Cotton Thread)

進口棉線。有棉線球、(Cotton Thread, in Ball) 捲軸棉線 (Cotton Thread, on Spools) 兩種。其輸入額年年增加。民國二年進口淨數。共值一百四十七萬三千八百九十兩。民國九年、增至二百二十三萬六千二百零七兩。其中、捲軸棉線、需要最多。

捲軸棉線大都供針織之用。普通長五十碼、百碼、二百碼乃至千碼。原料、爲八支乃至六十支之棉紗。其中三十支、四十支、五十支、銷路最廣。從前英國、比國輸入最多。日本、德國次之。現時日本東京、京都。製造發達。輸入急激增加。已次於英國而占第二位。銷路、以廣東方面爲最大。上海、天津次之。

棉線球大都供縫衣之用。向以日本貨爲最多。北方需要較夥。南方極少。

棉線球 (Cotton Thread, in Balls)

地區	民國七年 數量	民國七年 價值	民國八年 數量	民國八年 價值	民國九年 數量	民國九年 價值
進口淨數	四、七八五羅	四五五、六六五兩	五、一六六羅	四七六、九五三兩	二、二三八羅	二五五、〇四二兩
香港	九六五	八八、一九九	七二三	七六、三二六	七六七	九五、〇三四
英國	四九	八、六〇八	九〇	一五、一三一	四七	一一、五三四
日本	三、八三四	三六三、〇四五	四、三五八	三六八、九八〇	一、四六三	一五三、〇四一

捲軸棉線 (Cotton Thread, on Spools)

地區	民國七年 數量	民國七年 價值	民國八年 數量	民國八年 價值	民國九年 數量	民國九年 價值
進口淨數	四八八、八二一羅	一、五六七、九五七兩	六五四、八五〇羅	二、〇二四、三九四兩	九六〇、四〇二羅	一、九八一、一六五兩
香港	一三一、三一七	四一六、六九七	一六五、四一四	四五三、四三三	一九〇、七五一	四五一、五一四
印度	六一八	四、三七二	二七八	二、〇五七	二、七五五	二六、六四〇
英國	一六三、六八四	五二八、一一三	二四四、三〇三	八九四、四九九	四七一、二五三	一、〇二二、五八五

比國	—	—	一三五	三三三	八、五四四	一六〇、〇五三
俄國太平洋各口	二、〇四〇	一一、八二一	三、一七六	一〇、二五八	二、五八三	二一、一四八
朝鮮	五、九〇六	二四、〇〇四	四、八六八	二三、〇一五	五、八四一	三〇、六九七
日本	一九五、五三四	六三八、三七二	二三七、五七九	六八八、五一〇	二八五、五三七	四七〇、七三三

備考　羅（Gross）即一百四十四個

五、腿帶（Ankle Bands）

腿帶一物。需要極多。我國關册未列專項。無從調查。據日本關册所載。其輸出我國者。年值日金二百萬圓左右。如次表。

地區	大正七年 數量	大正七年 價值	大正六年 數量	大正六年 價值
輸出總額	二、三三〇、五六〇打	二、〇七〇、一三二圓	二、一〇五、二〇三打	一、四〇六、〇〇九圓
中國	一、九一二、〇〇六	一、六〇五、六七五	一、六九〇、五八六	一、〇三七、五三六
關東州	四〇一、二一五	四五五、八七一	三九〇、三五三	三五八、五八九

日本貨、皆產於其國之岡山縣兒島郡。有佐籐工廠、尾崎株式會社、尾崎工廠、與田工廠、柏野工廠、古市工廠等。其製品最初僅行銷於東三省。其後漸次推廣至北部各省。到處暢銷。於是川、鄂、雲、貴、閩、粵等省。亦成日本貨之尾閭。其寸法以八分、一寸、一寸二分、一寸四分、一寸六分、一寸八分等居多。此外有二寸、二寸三分、二寸七分等。大抵北方各省俗尚寬帶。南方則尚窄帶。黑色居多。約占十分之九。現在我國織造業。亦漸見發達。著名工廠。上海有源昌機織廠、華興布廠、鴻裕邊帶廠等。寧波有振華工廠。（商標爲仙女、老鹿）天津有勸益與公司。（民國七年創辦。商標爲壽星）此外各地家庭工業甚多。亦一有望之事業也。

第四章　絨貨（Woollen Goods）

進口絨貨。有毯、氈 (Blankets and Rugs) 哆囉呢、冲衣著呢、中衣著呢、哈喇呢 (Broadcloth and Medium, Habit, and Russian Cloth) 羽毛、旗紗布、(Camlets and Bunting) 衣料 (Coatings and Suitings) 法蘭絨、(Flannel) 羽綾、(Lastings) 嗶嘰、(Long Ells) 小呢、(Spanish Stripes) 及絨線 (Woollen and Worsted Yarn and Cord) 等類。民國二年進口共值銀四百八十七萬九千二百八十一兩。中間受歐戰影響。無甚進步。民國九年、為四百七十九萬五百十二兩。其中、衣料絨線兩項最占多數。

絨質衣料、供男女衣服及軍警服裝之用。民國九年進口、值銀二百十四萬兩。其中英國貨最多。約占十分之八。餘由日、法、美等國輸入。

絨線、供婦女頭繩針織品及各種編物之用。民國二年、進口一萬四千六百四十六擔。價值一百五十九萬三千九百八十九兩。向多來自德、奧、比、英等國。歐戰時、來源或減或絕。進口大減。民國九年、為六千四百二十二擔。價值一百二十二萬二千八百零八兩。英國貨最多。日本次之。英國貨、細線居多。日本貨、在歐戰期內。進口最盛。現已漸減。其貨多屬粗線。普通為 4/17 4/20 3/20 等。現時我國婦女手工。如結製衫襪手套等類。逐漸發達。此項貿易當必日趨興盛也。

絨毯、絨氈。向來自俄、法、英、德等國。俄亂以來。輸入銳減。民國二年、進口淨數為一百六十一萬九千磅。價值六十一萬三千兩。民國九年、為二十七萬四千磅。價值四十三萬九千兩。現時我國已有仿製者。

哆囉呢、冲衣著呢、哈喇呢、向多來自德、奧、英、法、俄等國。民國二年、進口淨數三十五萬二千一百三十一兩。民國九年、減為七千九百五十碼。英國貨居多。

羽毛、旗紗布兩項。民國二年進口、共為一萬八千九十一疋。民國九年、減為五千四百七十五疋。其中、羽毛居多。旗紗布次之。向多來自英國。

法蘭絨、民國二年進口、七萬九千四百三十碼。九年減為四萬七千六百零六碼。向多來自法、德、英、比等國。現由英國日本輸入。

羽綾、民國二年三萬二千一百六十八疋。九年減為五千二百六十九疋。由英國輸入。

進口絨貨。(Woollen Goods) 年值四百萬兩內外。其中衣料 (Coatings & Suitings) 及絨線最占多數。蓋由年來生活程度漸高。男女衣服及軍隊服裝。需用絨貨甚多。而絨線一項。則為婦女頭繩及編物所必需。現在婦女手工。如結製衫襪手套等類。發達甚著。所用絨線。精細者來自英國。粗者來自日本。從前進口絨貨。以德國貨為第一。英國次之。日本又次之。最近則英日兩國特多。茲將各項絨貨輸入額分別表示於左。

衣料 (Wollen Coatings and Suitings)

地區	民國七年 數量（擔）	民國七年 價值（兩）	民國八年 數量（擔）	民國八年 價值（兩）	民國九年 數量（擔）	民國九年 價值（兩）
進口淨數	七三二、二九三	一、五二一、三二五	六六九、八九三	一、五七八、六八一	九一三、九七六	二、一四八、一二六
香港	二九、六一九	五〇、九六四	六二、九七七	八五、六三三	四九、六〇四	九一、一四三
英國	四三二、一一八	九四四、五六八	四六六、七三一	一、一三三、八三八	六九一、九三〇	一、六六五、四一三
法國	六八三	一、六四六	五七八	一、二七一	三、〇六〇	八、二三〇
日本	二四五、五四九	五一二、六四九	一四一、七九一	三七六、八一四	一九三、二七七	四四七、〇四八
美國	六、九九六	一〇、六七九	一六、七八一	三八、七六六	三、九三一	六、六五一

主要輸入港爲上海、大連、天津、廣州、漢口。

毛粗細絨線、鬆絨線 (Woollen and Worsted Yarn and Cord)

地區	民國七年 數量（擔）	民國七年 價值（兩）	民國八年 數量（擔）	民國八年 價值（兩）	民國九年 數量（擔）	民國九年 價值（兩）
進口淨數	三、四四七	八一八、〇一〇	三、九五六	一、〇三五、八三五	六、四三二	一、三二三、八〇八
香港	七三五	一七一、九四五	五六五	一三七、五三五	四四一	一一九、三五三
英國	四二一	七三、六三五	三三四	四四、二六四	三、九六〇	六三八、一九七
日本	二、五七八	六二五、三三〇	三、〇三五	八五二、九一六	一、五一五	三五五、四八二

主要輸入港爲上海、天津、大連。

毯、氈 (Woollen Blankets and Rugs)

地區	民國七年 數量	民國七年 價值	民國八年 數量	民國八年 價值	民國九年 數量	民國九年 價值

地區	民國七年數量	民國七年價值	民國八年數量	民國八年價值	民國九年數量	民國九年價值
進口淨數	一七五、三七三	二一三、〇〇〇	一五三、七二五	二〇二、六三五	二七四、六六八	四三九、一三一
香港	九三、九八〇	一三一、八九七	六九、五四一	一〇七、六九八	一二九、七九一	二三八、七二三
英國	二二、八二九	二一、六二七	三〇、三九七	三四、六一五	一〇三、七六一	一三二、二二四
日本	五五、〇三五	五四、四八一	三九、七八四	四七、八〇二	三二、九一四	六一、八二〇
美國	四、五二七	四、九六四	一三、六一二	一二、二九五	一三、一三五	一九、二九六

主要輸入港爲上海、廣州。

哆囉呢、冲衣著呢、中衣著呢、哈喇呢 (Broadcloth and Medium, Habit and Russian Cloth)

地區	民國七年數量	民國七年價值	民國八年數量	民國八年價值	民國九年數量	民國九年價值
進口淨數	一一、三〇六碼	一七、二三九兩	二三、六三〇碼	四六、四五八兩	七、九五〇碼	二七、八六三兩
香港	四、五八七	九、七九三	七五六	一、四九九	一、三五四	二、八四三
英國	五、〇一一	六、〇四八	九、三五八	一八、五二四	七、八五八	二六、四六七
日本	一、六八五	一、七五七	一五、七一六	二七、七六四	二九五	八八八

主要輸入港爲上海、漢口。

羽毛、旗紗布 (Camlets and Bunting)

地區	民國七年數量	民國七年價值	民國八年數量	民國八年價值	民國九年數量	民國九年價值
進口淨數	六一、一四八疋	一四二、二三九兩	一一、一四七疋	二〇二、一九〇兩	五、四七五疋	八三、八八六兩
香港	二六、一〇三	五一、四六二	三、六一七	九〇、七二四	二、三一三	四六、七四六
英國	三二、二七二	六八、二八二	七、〇二四	一〇三、九五二	三、〇七五	三六、二七五
日本	七六八	二二、五八〇	五〇九	六、六九二	八六	七三一

法蘭絨（Woollen Flannel）

地區	民國七年數量	民國七年價值	民國八年數量	民國八年價值	民國九年數量	民國九年價值
進口淨數	三三、九一九碼	二〇、五八二兩	二一、七〇五碼	二二、一七四兩	四七、六〇七碼	四七、八三一兩
香港	一、八五七	一、四三九	三、一七九	三、四〇三	三三、八六八	三〇、七九五
英國	八、六五二	七、七七七	一〇、九一七	一〇、八〇三	一〇、〇九六	一二、三九三
日本	一三、三三六	一一、三〇九	七、六〇九	七、五五八	五、〇〇三	五、〇二五

主要輸入港爲上海、廣州。

毛羽綾（Woollen Lastings）

地區	民國七年數量	民國七年價值	民國八年數量	民國八年價值	民國九年數量	民國九年價值
進口淨數	三、六二六疋	一〇一、三〇三兩	四、四五四疋	一〇四、七六三兩	五、二六九疋	一三〇、四四〇兩
香港	二、八四〇	八〇、一九六	二、八二六	七二、七五四	二、四四五	五六、六〇〇
英國	一、六二〇	四三、四一六	一、六一九	三一、七五七	二、八六四	七四、九四六

主要輸入港爲上海、廣州。

嗶嘰（Long Ells）

地區	民國七年數量	民國七年價值	民國八年數量	民國八年價值	民國九年數量	民國九年價值
進口淨數	三、四一三疋	四五、三九二兩	五、七四七疋	七〇、七〇九兩	一一、三六三疋	一三四、九九〇兩
香港	一、九八一	三五、一〇〇	二、七二四	四〇、四三九	四、〇九〇	四八、一六五

主要輸入港爲上海、廣州。

英國	一、三四〇	九、五五四	三、〇三七	三〇、〇三七	七、二三〇	八六、七八七

主要輸入港爲牛莊、上海。

小呢 (Woollen Spanish Stripes)

地區	民國七年 數量	民國七年 價值	民國八年 數量	民國八年 價值	民國九年 數量	民國九年 價值
進口淨數	一一、〇四二碼	一一、七七六兩	一六、九四一碼	一四、九三四兩	一六、三九四碼	二六、〇四七兩
香港	二、〇三二	一、七一七	八七二	九〇六	二、二三〇	二、六一六
印度	八四〇	一、九一一	二一七	六五一	一、九三六	六、七七六
英國	七、六三四	七、五二七	一六、五六三	一三、九七五	一三、二四一	一六、六三六

主要輸入港爲上海、天津。

他類呢絨 (Woollen Goods, Unenumerated)

地區	民國七年 數量	民國七年 價值	民國八年 數量	民國八年 價值	民國九年 數量	民國九年 價值
進口淨數	一八六、三九八碼	三三〇、四七一兩	二二五、一九四碼	三三六、〇八六兩	三一二、四四九碼	五二九、三八七兩
香港	三、四〇七	一三、八五六	三〇、九三五	二七、四三一	二三、七五六	三四、三四五
英國	九五、八二三	二〇五、一〇〇	一〇九、三一九	二一四、九八五	二三一、七四八	三七八、八八四
俄國太平洋各口	八、七七三	八、六八三	四、五七〇	一五、〇六六	二五、五一〇	五〇、三三八
朝鮮	一四、一三七	二五、八二〇	一四、二〇〇	三〇、七三三	七、六四一	一一、六一七
日本	一二三、四六四	一九九、〇〇七	一八八、五六九	二四三、二九一	一四一、九〇八	三〇八、八六〇
美國	五、八六九	四、九八一	六、九九〇	六、〇五九	六、三六〇	二三、二四九

主要輸入港爲上海、安東、天津、漢口。

我國毛織物工業始於光緒十年。甘督左宗棠、設甘肅織呢廠於蘭州。購買外國機器。聘比國人爲技師。其後上海、武昌、北京、天津等處。相繼設廠。然皆以措置失當。不數年而以倒閉破產聞。民國七年。日商石塚（東洋拓殖會社代表）加藤（東京千住製絨所長）等以中日合辦名義。創設製絨會社於奉天。資本千萬圓。最近中國農牧公司在張家口設立機器毛絨製造工廠。資本一百二十萬元。要之我國毛織工業尚未達發展之時期。出品不患無銷路。原料不虞其缺乏。是在企業家急起而圖之耳。茲將全國主要毛織工廠附表於後。以備參考。

所在地	廠名	資本	設立年月	備考
北京	溥利呢革公司	三00,000兩	光緒三十二年	民國元年二月八日核准出品免稅
同	京師毛織公司	二00,000	未詳	
同	興華呢服公司	四0,000元	宣統三年	專織衣料
同	北京工藝局	100,000兩		專織毛布
同	市滙織絨廠	四00,000	光緒卅四年	織造軍用毛呢、日出七百八十四碼、工人二百五十名
同	錦和織絨廠	四00,000	同	規模同市滙
同	北京開源呢絨工廠	不詳	民國八年	製造各種呢絨及毛織油甆（火車電車用共三十餘式）
天津	北洋實習工廠	不詳	光緒卅一年	官辦
同	萬益製氈有限公司	四00,000元	同	專製毯氈、織機十四架
奉天	製絨會社	10,000,000元	民國七年	中日合辦
蘭州	甘肅織呢廠		光緒十年	宣統二年核准出品免稅
同	蘭州織絨廠			
武昌	湖北氈呢廠	六三二,000元	宣統元年	織機十八架日出一千碼
上海	日輝氈呢廠	五00,000兩	光緒卅四年	兼製絨線

此外重慶、湘潭、南京、溫州等處皆有氈呢廠。規模極小。

第五章　絨棉貨 (Wool and Cotton Unions)

絨棉貨卽毛棉交織品。有呢、駱駝毛布、棉毛布 (Alpacas, Lustres and Orleans) 毯、氈、(Blankets and Rugs) 衣料 (Coatings and Suitings) 企頭呢、斜紋呢 (Union and Poncho Cloth) 毛羽綢、(Union Italian Cloth) 毛棉呢 (Union Shirting) 等類。民國二年進口共值三百四十六萬一千五百二十六兩。九年增爲五百七十五萬五千五百七十三兩。其中、衣料一項。最占多數。

絨棉質衣料、民國九年進口價值三百八十四萬兩。英國貨最多。日本貨次之。

呢、駱駝毛布、棉毛布三項。民國二年進口共七十四萬六千五百五十六碼。九年爲六十一萬二千四百五十二碼。英國貨最多。餘由日美等國輸入。

絨棉質毯、氈、民國九年進口十一萬七千一百八十八磅。由英、日、美、法等國輸入。

企頭呢、斜紋呢、民國二年進口共二百三十九萬八千九百七十四碼。九年僅十六萬九千二百五十二碼。亦由英、日、法、美等國輸入。

毛羽綢、民國二年進口價值一萬四千二百二十七兩。九年增爲三十八萬九千三百九十六兩。全由英國輸入。

毛棉呢、民國九年進口二十萬六千七百七十六碼。大部分屬英國貨。日本有少數進口。

茲將各項絨棉貨輸入額表示於左。

衣料 (Wool and Cotton Coatings and Suitings)

地區	民國七年 數量	民國七年 價值	民國八年 數量	民國八年 價值	民國九年 數量	民國九年 價值
進口淨數	八九九、〇二七碼	一、〇五三、八二八兩	一、二〇八、六〇六碼	一、七七九、二〇六兩	二、三八〇、四九九碼	三、八四六、七五二兩
香港	一四一、〇一九	九八、九三五	九八、一〇六	一二〇、一一五	七五、三六四	九二、〇二四
英國	六二五、一四二	八〇九、〇八二	一、〇〇三、二四一	一、四六五、九五七	二、四八九、九二一	四、〇〇七、六二五
朝鮮	六、八三二	九、五四一	五、九〇五	一一、〇四八	五、七二九	七、八三三

地區	民國七年數量	民國七年價值	民國八年數量	民國八年價值	民國九年數量	民國九年價值
日本	二九、三七五	二五一、一一九	一四六、四三一	二五四、二〇九	六一、五七六	一〇五、三九六
美國	五、一五四	二、八三九	九、八四八	一五、五八三	三、六七〇	三、一九九

主要輸入港爲上海、大連、天津、漢口、廣州。

呢子、駱駝毛布、棉毛布 (Alpacas, Lustres, and Orleans)

地區	民國七年數量	民國七年價值	民國八年數量	民國八年價值	民國九年數量	民國九年價值
進口淨數	七六五、九七四碼	三五七、三六二兩	二四六、九六八碼	一六一、八〇三兩	六一三、四五二碼	三八七、八四九兩
香港	一三三、四二八	六一、三六二	六八、二四〇	三一、一三三	五九、九〇八	二九、七七七
英國	六三八、五一六	二六七、二〇三	一九二、〇一三	一三八、七三〇	五七七、四三六	三七三、一三五
日本	一七、四三九	一三、七八四	二〇、八二八	一四、四九七	二一、三四〇	一四、三〇六
美國	三、一五九	三、七三四	六一六	五一三	二、四四八	三、〇九七

主要輸入港爲上海、漢口、廣州。

毯、氈 (Wool and Cotton Blankets and Rugs)

地區	民國七年數量	民國七年價值	民國八年數量	民國八年價值	民國九年數量	民國九年價值
進口淨數	一六四、七七八條	五九、四三〇兩	一八四、〇七七條	一六七、四九一兩	一一七、一八八條	一四九、三〇一兩
香港	六、三八五	五、七〇八	一一、九三三	六、八〇八	一、一二五	九二一
英國	一三、三八七	一八、八六六	三一、三九七	三〇、八三九	八五、〇四四	一〇三、〇三七
法國	一五、四八五	四、五一三	六、〇四〇	三、八一八	一、〇三五	二、四三四
日本	一三四、一五一	七一、〇六七	一三五、八六七	一一七、四六二	二八、九三一	三〇、九四二
美國	四、一〇九	一、八七一	六、一四八	一七、五九七	二、四八〇	一〇、四三〇

主要輸入港爲上海、大連。

企頭呢、斜紋呢（Union and Poncho Cloth）

地區	民國七年 數量	民國七年 價值	民國八年 數量	民國八年 價值	民國九年 數量	民國九年 價值
進口淨數	一三八、七三二疋	一三二、九八七兩	八七、四八〇疋	一一五、五二六兩	一六九、二五二疋	一九八、八九八兩
香港	五、九〇五	八、四八一	四五、一四〇	七二、〇三五	四七、二七四	五九、五九四
英國	一四三、〇四九	一三三、三〇八	一〇八、四九四	一〇七、五〇九	一八七、四三二	二〇五、〇五五
日本	七、九七六	六、八七一	六五五	七八四	七、四六六	一〇、六二一
美國	—	—	一、六四六	二、一八九	五、六四四	九、五七七

主要輸入港爲上海、天津、廣州。

毛羽綢（Union Italian Cloth）

地區	民國七年 數量	民國七年 價值	民國八年 數量	民國八年 價值	民國九年 數量	民國九年 價值
進口淨數	九七、九九〇疋	八三、六九〇兩	一九四、六五二疋	二八九、一九三兩	二七九、七七三疋	三八九、三九六兩
英國	一〇〇、六四五	八五、九三四	一九四、二三七	二八八、九〇八	二六九、四四六	四〇二、七四五

主要輸入港爲上海、漢口。

毛棉呢（Union Shirtings）

地區	民國七年 數量	民國七年 價值	民國八年 數量	民國八年 價值	民國九年 數量	民國九年 價值
進口淨數	一四四、〇一六疋	七三、八二三兩	二二〇、二七一疋	八七、七三三兩	二〇六、七七六疋	一三五、〇五五兩
香港	二五、五三八	一〇、二〇五	一一三、六八二	三一、九七〇	一〇八、二三三	六五、六〇六
英國	八九、五五九	四九、八〇九	九七、二二四	五五、〇六一	九三、〇三二	六四、二三一

日本	三九、一五五	一三、九七二	一、二三九	九三二	一〇、七四六	七、五三七

主要輸入港爲上海、廣州。

他類毛棉呢 (Wool and Cotton Unions, Unenumerated)

地區	民國七年		民國八年		民國九年	
	數量	價值	數量	價值	數量	價值
進口淨數	三四九、七七二碼	三六四、八四三兩	六六一、三七二碼	五六一、〇三二兩	六三七、〇七七碼	六四八、三三三兩
香港	六四、六八四	五〇、一四〇	五九、四七五	二八、五四三	四七、二〇〇	三〇、二三三
英國	八八、三一〇	一一〇、四四九	一六一、四七三	二七四、九四二	四三二、三四七	六二九、一三三
日本	二三四、〇四八	二四七、二三九	五七五、九八九	四六二、四〇七	三三三、四一一	二四一、九六五
美國	六、一三三	七、七四四	一五、九五七	二四、九三五	五、五五〇	一一、五五三

主要輸入港爲上海、大連、安東、天津。

第六章　雜質疋貨 (Miscellaneous Piece Goods)

雜質疋貨。有綢緞、(Silk Piece Goods) 絲兼雜質織綢緞、(Silk Piece Goods Mixtures) 帆布、細帆布、(Canvas and Cotton Duck) 蔴蔴袋布、洋線袋布、(Gunny and Hessian Cloth) 細蔴布、棉蔴布、(Linen Goods and Mixtures) 絲絨、剪絨、(Plushes and Velvets) 人造絲織綢緞、(Silk Piece Goods Artificial) 絲織・毛織・棉織假皮、(Imitation Fur Cloth, Silk, Wool or Cotton) 裝飾傢具布料 (Upholstery Fabrics) 等類。民國二年進口、共值三百四十三萬五千七百八十四兩。八年增爲六百七十一萬五千一百八十九兩。九年稍減。爲五百七十六萬九千八百九十一兩。其中綢緞、絲兼雜質織綢緞及帆布三項最多。綢緞、原爲我國特產。每年出洋。價值在千萬兩以上。外國綢緞。價格並不低廉。特其顏色花紋。優於國貨。爲上流社會及娼妓等人所樂用。每年輸入、價值百萬兩以上。(民國二年綢緞進口值銀一百十萬一千七百六十八兩、八年增至一百五十六萬二千二百二十一兩、九年、因排斥日貨、減爲八十七萬餘兩、從前法國貨居多。約占進口十分之五。義國次之。日本又次之。中經歐戰。法義兩國貨或減或絕。（民國八九兩年、義國貨全無進口、法國貨亦較戰前大減）日本乘時推廣銷路。輸入大增。民國二年、日本綢緞進口僅值八萬八千兩。迄民國八年、竟增至一百十三萬兩。假令無排貨風潮突然而起。則日本貨勢力之增漲。正不知伊於胡底也。年來國內志士。提倡國貨。而蘇杭一帶機業家。亦翻然覺悟。知舊式機織改良之不可以已。多已採用外國機器。成績漸著。新出之貨。頗不亞於舶來品。而華絲葛一項。尤足抵制外貨。

絲兼雜質織綢緞。外觀優美。不亞於絲貨。而價復低廉。最爲各界所歡迎。民國二年進口、僅值銀六十四萬六百五十兩。九年、增至一百零一萬九百三十七兩。此項貿易在十數年前。爲法國所獨占。迨後日本貨進口漸多。法國貨不勝其壓迫。一落千丈。迄至今日。幾完全爲日本所支配。日本貨、以絲經棉緯之『東洋緞』爲最多。普通寬三十三吋二分之一、乃至三十五吋二分之一。長二十五碼乃至三十碼。其中黑色居多。紅、紫、黃等色次之。黑色者供男女衣帽鞋靴之用。紅紫等色。供刺繡、演劇衣服及禮物餽贈之用。黃色者。多由天津運往蒙古。供喇嘛衣服之用。大都爲該國兩毛盤織會社及帝國撚絲會社所製。價較歐美貨爲廉。

帆布、細帆布、民國二年進口共三百零二萬七千碼。價八十萬二千兩。九年、爲二百五十四萬七千碼。價值一百零三萬九千兩。多由英、日、美及香港等處輸入。從前德、法、比三國貨亦不少。歐戰以還。進口已減。現時此項貿易以日本居第一位。向來進口最多之英國。反降居第二位矣。日本貨、普通每疋長四十碼。寬二十八吋乃至三十吋。重三十一磅乃至三十二、三磅。大都爲該國帝國製麻會社所製。我國產麻豐富。品質極佳。能紡八十支以上之細線。如帆布所用之十六支乃至三十支之粗線。尤易於紡製。倘能廣爲仿製。本可無待洋貨之供給。惜此項製造。尙不甚發達。以中國之大。僅有左列數廠。製品寥寥。不足以供市場之需求。坐令利源外溢。良可惜也。

▲本國帆布工廠調查表

廠名	所在地	廠名	所在地
天津宜彰帆布公司	天津小西關	恆源帆布工廠	天津河北四馬路
宜昌帆布公司	天津西關外	竹記帆布工廠	北京崇文門外下頭條
協和帆布工廠	天津秋山街	立興林記帆布工廠	天津
華新帆布工廠	天津河北二馬路	湖北製麻官局	武昌

此外日本人在大連、奉天設有兩廠。上海有東亞製麻會社。係日人安部幸之助等發起。

茲將各項雜質疋貨輸入額表示於左。

綢緞 (Silk Piece Goods)

地區	民國七年 數量	民國七年 價值	民國八年 數量	民國八年 價值	民國九年 數量	民國九年 價值
進口淨數	一二三、九六二斤	一、〇五六、四一九兩	一五〇、〇四九斤	一、五六二、三二二兩	九五、五〇九斤	八七七、一五二兩
香港	二〇、一八八	一三一、五八三	一八、一四七	一二八、四〇〇	二三、三三八	一五〇、〇五五
英國	二、四七七	二八、八一一	一、六五八	二〇、八八一	一、六七八	一五、七〇八
法國	三〇、三三三	三五七、六一三	一七、〇四八	二五五、七八六	一八、七五五	二二六、五三四
日本	四七、九〇四	四七〇、三三五	一〇六、一九〇	一、一三〇、四〇二	三四、七六三	三七三、八七〇
美國	三八四	三、八四三	一、一六三	一五、二七一	一五〇	二、四七八

主要輸入港爲上海、大連、安東。

絲兼雜質織綢緞 (Silk Piece Goods, Mixtures)

地區	民國七年 數量	民國七年 價值	民國八年 數量	民國八年 價值	民國九年 數量	民國九年 價值
進口淨數	三一九、八四二斤	一、〇五九、七九二兩	三五二、八七四斤	一、〇八四、四三八兩	三三八、八七六斤	一、〇一〇、九三七兩
香港	五、〇五四	一九、二八〇	五、三四〇	一八、八二三	八八三	四、〇一〇
英國	四、一八六	一四、〇二七	五、〇二四	二一、六九三	四八、六八〇	一七七、三六五
法國	一三、二〇九	六〇、六一三	六、〇八二	三四、〇〇七	三、〇〇九	二一、七一一
日本	三〇二、〇〇六	九六六、〇五五	三四〇、二三二	一、〇一五、七一九	三〇九、九五二	八九九、一四七
美國	六五三	二、三五四	二、七一二	九、二三二	一、三六七	六、〇一五

主要輸入港爲上海、大連、膠州、蘇州、天津。

帆布、細帆布 (Canvas and Cotton Duck)

地區	民國七年 數量	民國七年 價值	民國八年 數量	民國八年 價值	民國九年 數量	民國九年 價值
進口淨數	一、七八七、五六七擔	五四五、〇四四兩	二、一六三、五八二擔	七八九、九七五兩	二、五四七、三九七擔	一、〇三九、五三四兩
香港	八二七、三五二	二七三、二五〇	七九二、〇四九	二六四、〇八六	六三五、五四八	二六四、四〇七
英國	三五七、五四七	八八、八六三	三五六、〇三四	一二三、三九二	八五四、七九九	二九二、五七四
日本	六二〇、九〇五	一六二、七八六	九四八、四三八	三七一、八六四	八〇二、二〇六	三五二、二三一
菲律濱	—	—	三二、六三一	七、四六九	五、七一三	二、二八五
美國	九、七八九	五、九五三	六二、二五二	三四、七四〇	二八三、三八三	一四二、六五〇

主要輸入港爲上海、大連、廣州、天津。

絲蔴袋布、洋線袋布 (Gunny and Hessian Cloth)

地區	民國七年 數量	民國七年 價值	民國八年 數量	民國八年 價值	民國九年 數量	民國九年 價值
按碼						
進口淨數	四、四五四、五六八碼	五六〇、五二三兩	六、三三六、八七二碼	七三三、七五八兩	三八三、三三三擔	四四、八八九兩
香港	九四四、一五七	一一七、一三三	二、四二七、四八一	二七三、三九三	七五、四四五	八、六五九
印度	一、九〇五、一〇四	二四六、一五三	三、五五三、〇〇〇	四三九、〇五一	三〇〇、八八八	三五、四九〇
日本	一六七、四一四	二〇、三八七	九三、四九四	九、八一九	七、〇〇〇	七四〇
按擔						

地區	民國七年 數量	民國七年 價值	民國八年 數量	民國八年 價值	民國九年 數量	民國九年 價值
進口淨數	—擔	—兩	五、〇七八擔	七八、七〇五兩	二〇、三三五擔	三九一、〇七五兩
香港	—	—	一、二九五	二一、五〇七	三、八四八	七八、〇〇六
印度	—	—	二、九一五	四〇、一二九	一四、八二一	二七六、一〇四
日本	—	—	八五四	一六、六九二	一、四四七	二九、一三〇

主要輸入港爲上海、漢口、天津、膠州。

細蔴布、棉蔴布 (Linen Goods and Mixtures)

地區	民國七年 數量	民國七年 價值	民國八年 數量	民國八年 價值	民國九年 數量	民國九年 價值
進口淨數	二〇八、一八二碼	七七、五一〇兩	一六八、五三〇碼	七六、四八〇兩	一三五、六六七碼	六三、八三一兩
香港	三、三三八	一、二七五	四、四三四	四、一一二	四、五三三	二、三八一
英國	一二三、一三五	五四、八五三	六一、六〇三	三六、五七〇	六四、六六六	三八、四一二
日本	四八、一四二	一七、四二三	五八、九二〇	一八、九二九	五四、四七〇	一九、八五八
美國	二、四五八	三八三	三八、七二二	一四、六四〇	九、五六〇	三、三一六

主要輸入港爲上海、大連。

絲絨、剪絨 (Plushes and Velvets)

地區	民國七年 數量	民國七年 價值	民國八年 數量	民國八年 價值	民國九年 數量	民國九年 價值
進口淨數	四三、〇九八斤	一七〇、四五九兩	二四、八二四斤	一一六、一〇四兩	一二、五一四斤	七〇、八五六兩
香港	一、〇八二	三、九八三	五九	三、六六二	七三三	三、九八七
英國	三五、七九九	一三四、二〇七	二三、七三八	九五、六五六	一八、七九一	七六、八一五
法國	五、三九七	二五、六六一	一、〇八一	一三、一四一	八五〇	一四、六七四

地區	民國七年 數量	民國七年 價值	民國八年 數量	民國八年 價值	民國九年 數量	民國九年 價值
日本	六〇四	三、八三二	一、三八八	八、四四二	一、〇九五	五、二二五
美國	三〇〇	三、〇七六	三五八	一、九三二	六四一	九、四九二

主要輸入港為天津、上海、漢口。

人造絲織綢緞 (Silk Piece Goods, Artificial)

地區	民國七年 數量	民國七年 價值	民國八年 數量	民國八年 價值	民國九年 數量	民國九年 價值
進口淨數	一、二五一、四六八碼	四八五、九二一兩	二九八、九〇九碼	一八三、四〇九兩	四一五、五六四碼	一九三、七二三兩
香港	五四、七四六	二三、三八七	一四、五八二	八、七三五	一四、三三一	五、一一五
英國	九五六、五五七	三六四、四三五	二二六、五二一	一〇九、二六四	三八〇、九二一	一六八、〇六五
法國	九四、四一八	三九、三七五	三七、一六四	四八、六九二	一三、一五三	一三、三一八
義國	五七、五九五	二六、四二〇	——	——	一二、七二二	七、五六四
日本	一〇六、七二四	三九、九二九	七四、八三二	四五、一三五	一七、五七九	一一、七〇五
美國	一一、〇四二	三、六九七	一一、二七二	六、一九八	三八七	四九九

主要輸入港為上海、天津、漢口、廣州。

絲織、毛織、棉織假皮 (Imitation Fur Cloth, Silk, Wool or Cotton)

地區	民國七年 數量	民國七年 價值	民國八年 數量	民國八年 價值	民國九年 數量	民國九年 價值
進口淨數	二六八、二八五碼	六六四、二七五兩	四五四、四四一碼	一、三三三、七六四兩	四一四、一六六碼	九六八、二〇八兩
香港	四八三	一、三八二	七九九	二、六二四	四八二	一、九二四
英國	二六六、四一三	六六〇、六一八	四五五、二六四	一、三三八、〇六五	四三七、六七九	一、〇三三、三八五

地區	民國七年數量	民國七年價值	民國八年數量	民國八年價值	民國九年數量	民國九年價值
日本	一、四七二	三、〇三四	六五九	七五一	八、九九〇	二〇、一四一
美國	二三二	三二八	五二九	一、七四五	一、九三九	四、六六一

主要輸入港爲上海、安東、大連、天津、漢口。

裝飾傢具布料 (Upholstery Fabrics)

地區	民國七年數量	民國七年價值	民國八年數量	民國八年價值	民國九年數量	民國九年價值
進口淨數	五五、三七〇碼	七三、七九三兩	六二、三九一碼	一一一、三四九兩	八三、一一三碼	一四五、二六五兩
英國	三七、二三九	四六、五六四	三七、〇〇一	七一、四六二	六一、五三二	一一九、一一三
日本	七、七四三	一〇、〇九一	一七、二七九	二四、四五三	一九、七三二	二六、八〇六
美國	三、七一九	七、一五一	六、五一五	一二、四八九	二四九	一、〇三三

主要輸入港爲上海、大連。

他類雜質疋貨 (Miscellaneous Piece Goods, Unenumerated)

地區	民國七年數量	民國七年價值	民國八年數量	民國八年價值	民國九年數量	民國九年價值
進口淨數		三四三、五〇一兩		六四四、七八六兩		九六四、四二二兩
香港		四七、八三九		四〇、七七八		五七、七五八
英國		九五、九四六		四二三、二四六		四四四、〇一一
俄國由陸路		二六三		——		二八三、四五九
日本		一八〇、二九九		一四六、七六六		二一五、一四一
美國		七、六三三		二六、五一三		五三、六六九

主要輸入港爲上海、大連、漢口、天津。

第七章 紫銅

進口紫銅。年値九百萬兩上下。其中錠、塊最多。條、竿、片、板、釘、絲次之。

紫銅錠塊大部分供鑄造銅幣之用。其輸入額。視造幣廠之需要如何而有伸縮。民國九年進口值銀九百三十萬兩。原貨來自日本、美國、澳洲。然日本貨最多。常獨占我國市場。光緒二十九年。日本有足尾銅山風潮。產額減少。美國貨乘時推銷於中國。曾極一時之盛況。其後日本產額復原。美國貨復被其壓倒。直至今日。日本貨常占進口四分三以上。蓋我國銅價。雖常視日本及倫敦市價爲伸縮。然當造幣廠需要過多之時。則銅價異常增漲。美國貨因市價之關係。乃能輸入於中國。否則不能輸入也。美國貨。以純分九九・九之尼古拉斯銅及E.L.C.牌爲主。澳洲貨之輸入。其原因與美國大抵相同。然無論市價如何。每年必有少許進口。蓋在上海市場。久有信用。且較之日本銅。富於延性。上海機器局。多使用之。澳洲銅。純分約九九・八。屬於電氣分銅一種。至進口最多之日本銅。則有毛銅、精銅、電氣分銅三種。毛銅。專製合金。輸入不多。價値極廉。但紀州大和丸銅。品質較佳。價與精銅略同。精銅與電氣分銅。皆供鑄幣之用。兩者價値。不相上下。其中以古河公司之足尾銅。進口最多。住友公司之別子銅次之。此外則三菱之尾去澤銅。藤田之小阪銅。久原之日立銅。山中及佐渡島之電氣分銅。亦有少數進口。純分皆在九九・五以上。

年來我國電報電話事業。漸形發達。銅絲之需要。因以加多。此項銅絲。亦以日本貨爲最多。大部分爲住友電線製造所、藤倉電線製造會社、橫濱電線株式會社所製造。由六、十、十六、二十五平方糎之單線。以至二十五、三十五、五十平方糎之合股線。無不具備。每年交通部購買最多。前年政府曾與日商住友、古河兩公司訂立借款。設銅線工廠於北京。今後電氣事業日益發展。此項進口之增加。當無止境矣。

最近三年各項紫銅輸入額如左。

紫銅錠、紫銅塊 (Copper: Ingots and Slabs)

地區	民國七年 數量	民國七年 價值	民國八年 數量	民國八年 價值	民國九年 數量	民國九年 價值
進口淨數	三二、四〇八擔	四、三七三、九二四兩	三一七、七六九擔	七、四〇七、九一四兩	四一六、六九八擔	九、三〇三、一四六兩
香港	一、七八六	八五、七二八	七、一六八	一三三、九一八	一三、五八〇	三六四、六二六

英國	—	—	二、五〇八	六五、二三三	一五、〇〇七	三〇七、九一六
日本	一三、七九九	四、二六二、六一六	二九一、五九〇	六、六八三、一七八	三四四、九二六	七、六四五、五六八
美國	一七	一、〇二〇	一六、八〇一	四四二、一四四	五九、五五四	一、二四四、五〇八

主要輸入港爲漢口、長沙、南京、大連、安東、上海、廣州。

紫銅條、紫銅竿、紫銅片、紫銅板、紫銅釘、紫銅絲 (Copper: Bars, Rods, Sheets, Plates, Nails, and Wires)

地區	民國七年 數量	民國七年 價值	民國八年 數量	民國八年 價值	民國九年 數量	民國九年 價值
進口淨數	一〇、三八二擔	四一三、一二四兩	三九、八八四擔	一、三三一、七二四兩	五九、四九七擔	一、九〇二、一六九兩
香港	五三三	二八、六〇九	四三三	一五、一三三	八〇九	二六、三〇八
英國	二	八二	九八	三三、六七一	三、一六七	九四、〇五七
日本	九、七八一	三七八、〇八五	三六、〇〇三	一、二〇九、〇〇五	五五、二八二	一、七六八、三三九
坎拿大	—	—	九一七	二九、二三三	一三三	二、九七一
美國	一九五	八、九五四	一、四五八	五〇、四六六	五七七	二二、四三二

主要輸入港爲上海、漢口、長沙、大連、天津。

他類紫銅 (Copper: Unenumerated)

地區	民國七年 數量	民國七年 價值	民國八年 數量	民國八年 價值	民國九年 數量	民國九年 價值
進口淨數		二六四、三三八兩		二〇〇、二七六兩		二〇九、六五一兩
香港		一三、四六九		二八、二六二		二七、九七一
澳門		四、八九〇		三、八八三		一〇、四五八
英國		三三、一四六		三一、九〇二		六八、四九三

日本		二二一、五七一		三七、七二四		八六、八九五
美國		一三、五二五		四、九〇四		一五、五九七

第八章　鋼鐵類

我國鐵礦豐富。每年生鐵及鐵礦出口約值千萬兩以上。然以國內製鐵業不甚發達。所需鋼鐵。仍仰給外國。每年進口價值四千萬以上。其中進口最多者。爲鐵條、鐵釘、鐵管、鐵板、鐵軌、鍍鋅鐵片、鋼材及馬口鐵片等。

鐵條爲建築房屋、橋梁、造船之用。民國二年進口五十三萬三百零二擔。價值一百六十四萬兩。九年、增至一百三十二萬五千七百三十三擔。價值七百七十九萬兩。由美國輸入最多。日本英國等次之。歐戰以前。比國貨最多。今已大減。

鐵釘、合鐵方釘、鐵絲元釘、小釘、鍋釘（兩頭釘）等項。民國二年進、共口三十二萬九千二百九十擔。價值一百四十四萬兩。民國九年增至三十四萬六千七百九十擔。價值三百零六萬兩。由美國輸入最多。日本次之。

鐵管爲水道、烟突、蒸汽管、火管、瓦斯管、及建築物支柱等用。民國二年進口六萬三千八百六十一擔。價值三十七萬兩。七年增至二十四萬六千九百七十擔。價值二百七十萬兩。亦由美國輸入最多。日本英國次之。

鐵片、鐵板民國二年進口、三十五萬七千七百七十四擔。價值一百二十五萬兩。九年、增至六十七萬二千六百零二擔。價值四百六十二萬兩。從前多由比國輸入。現時由美國輸入最多。日、英次之。

鐵軌民國二年進口、二十九萬二千八百五十五擔。價值八十九萬兩。八年、增至九十七萬四千七百四十九擔。價值五百三十三萬兩。九年稍減爲三十萬九千一百七十九擔。價值二百零六萬兩。向由美國輸入最多。

三角鐵、丁字鐵民國二年進口、六萬六千八百五十三擔。價值二十萬兩。八年增至二十一萬八千八十七擔。價值一百三十一萬兩。九年稍減爲十五萬九千四百四十三擔。價值一百萬兩。向多由英、比輸入。現以美國爲最多。

鍍鋅鐵片民國二年進口二十二萬五千六百四十六擔。價值一百四十一萬兩。九年爲二十六萬一千一百零七擔。價值二百五十六萬兩。多由英美輸入。由日本進口者。多屬美國貨。

鋼材合竹節鋼、鋼條、鋼箍、鋼片、鋼板、鋼料、鋼絲、鋼絲繩等項。民國二年進口共十四萬九千七百零一擔價值八十二萬兩。九年、十六萬二千六百七十六擔價值一百六十三萬兩。歐戰以前多由德、英、比三國輸入。近由美國輸入最多。

馬口鐵片有花、素兩種。除英美兩國外。世界各國無製造者。民國二年進口三十六萬三千三百六十六擔。價值二百四十三萬兩。九年增至五十八萬九千三百八十八擔。價值五百四十一萬兩。由美國來者最多。英國次之。

茲將各項輸入額表示於左。

鐵條 (Iron and Mild Steel, New: Bars)

地區	民國七年 數量	民國七年 價值	民國八年 數量	民國八年 價值	民國九年 數量	民國九年 價值
進口淨數	擔 三八、三〇八	兩 三、一三四、五五三	擔 八〇六、七三八	兩 四、五一八、四四八	擔 一、三三五、七三三	兩 七、七九三、四六五
香港	五〇、九八九	四三五、七二七	一四九、四〇四	七六一、〇四五	一一三、五三三	六九二、九五七
英國	七、三七九	五二、九五三	四一、七六〇	三三七、三三〇	一五三、四〇七	九一八、九〇五
比國	—	—	二、三一九	六、七四〇	四七、一一三	三三八、七一九
法國	—	—	一	一三	三二、五〇五	一七八、七六一
俄國太平洋各口	三、三三九	一七、三三五	二、〇三七	一七、四五五	六、八三七	六四、二六八
日本	一四四、六五四	一、一六六、二〇二	三三〇、三五八	一、三五四、一三〇	三三一、七六六	一、三九〇、八〇一
坎拿大	四五、二〇〇	三六四、九七八	九八、七七七	六三六、八一六	四一、九三四	二三九、九一一
美國	一五二、五七四	一、二二七、二九六	二七六、八二三	一、四七二、九七七	七〇一、〇二七	三、九八七、五七九

主要輸入港爲上海、大連、天津、漢口、廣州、膠州。

鐵釘、鍋釘(兩頭釘) (Iron and Mild Steel, New: Nails and Rivets)

地區	民國七年 數量	民國七年 價值	民國八年 數量	民國八年 價值	民國九年 數量	民國九年 價值

地區	民國七年 數量	民國七年 價值	民國八年 數量	民國八年 價值	民國九年 數量	民國九年 價值
進口淨數	一九八、八〇四擔	一、七七二、四三四兩	三〇〇、四七五擔	二、一七三、一九〇兩	三四六、七九〇擔	三、〇六一、九一四兩
香港	三四、八八五	三〇六、〇三五	六一、四五一	四一三、六四八	四〇、六七三	三六三、五五二
英國	四、四〇九	三九、七九七	一四、八二五	一〇七、三六六	二〇、四二九	一七五、四七一
日本	四四、六八八	四〇一、八六五	四九、六七二	四〇三、八〇二	五六、九六七	五五四、八八九
坎拿大	三九、六八九	三四七、五四七	一九、八六九	一六四、〇二二	二四、一二四	二一九、一五三
美國	一一一、七三三	一、〇〇一、五七六	一五六、二〇二	一、一二六、三九六	二〇一、七八五	一、六九八、四四四

主要輸入港為上海、漢口、大連、天津。戰前德比兩國輸入不少。中間進口阻絕。民國九年。各有四五十萬兩進口。

鐵管子 (Iron and Mild Steel, New: Pipes and Tubes)

地區	民國七年 數量	民國七年 價值	民國八年 數量	民國八年 價值	民國九年 數量	民國九年 價值
進口淨數	二八五、一六六擔	二、八八七、六一二兩	二五五、四六六擔	二、二九九、九五六兩	二四六、九七〇擔	二、七〇六、四七八兩
香港	三、六二七	四二、三〇一	三、一二九	三八、八六三	七、五三九	七七、五六三
英國	四四、九七一	三一七、五七〇	一六、一七三	一二九、〇九八	六三、一四一	五九五、三二五
日本	五八、四〇四	六七一、四八九	九九、二二二	八九六、一六四	七三、三九八	九五一、一五二
坎拿大	九、八〇九	一一五、四七五	六、一八八	六二、三七九	九、〇七六	八三、九四八
美國	一六九、二八六	一、八四九、二一九	一三〇、五一四	一、一六六、三五四	八四、五八四	九五七、一八二

主要輸入港為上海、大連、天津、漢口。

鐵片、鐵板 (Iron and Mild Steel, New: Sheets and Plates)

地區	民國七年 數量	民國七年 價值	民國八年 數量	民國八年 價值	民國九年 數量	民國九年 價值

進口淨數	二三一、五五六擔	三、〇三三、六一〇兩	六八八、五九四擔	四、三七一、一一一兩	六七二、六〇三擔	四、六三三、八五四兩
香港	一一、二三五	一二八、三六二	一五、七九九	一二二、七〇六	二四、八四六	一九三、四二一
英國	四七、七二七	六三〇、四七四	一七三、一六三	八八三、六六四	一七八、九六四	一、一九九、四四五
日本	六三、四八六	八三九、四七三	一一二、三七一	七六一、八四〇	一六六、九七九	一、二九九、七八三
坎拿大	九、七四八	一二八、七七一	一四九、二一〇	九四九、二〇四	二七、九一九	一七一、一五二
美國	二二、二二九	一、六〇一、三〇三	二四二、六〇二	一、六三〇、〇九六	二六五、五四九	一、六七二、三一五

主要輸入港爲上海、大連、天津、漢口。

鐵軌 (Iron and Mild Steel, New: Bails)

地區	民國七年		民國八年		民國九年	
	數量	價值	數量	價值	數量	價值
進口淨數	三〇、〇一四擔	一、九六二、五二六兩	九七四、七四九擔	五、三三三、八五一兩	三〇九、一七九擔	二、〇六三、七二六兩
英國	九	三九	二四、七五七	一一三、五一八	二六、五九〇	一三二、〇八四
俄國太平洋各口	一〇七、一六一	五〇五、三九八	二二八、〇七六	一、〇九二、六一四	六九、二七七	六九二、七七〇
日本	二〇四、八二一	一、三三五、二七一	七九、四〇三	四〇三、一二九	三四、七〇五	二〇八、九六四
坎拿大	—	—	九、二八五	四六、一四六	三三、四六一	一九八、八〇二
美國	一八、八五七	一二三、九四七	七三〇、六一二	三、六四五、九一〇	一二七、九六三	七六〇、〇六五

鐵錨、鐵砧、翻砂鐵器胚、練條、鍛成鐵器胚 (Iron and Mild Steel, New: Anchors, Anvils, Castings, Chains, and Forgings)

主要輸入港爲上海、漢口、大連。

三角鐵、丁字鐵 (Iron and Mild Steel, New: Angles and Tees)

地區	民國七年 數量（擔）	民國七年 價值（兩）	民國八年 數量（擔）	民國八年 價值（兩）	民國九年 數量（擔）	民國九年 價值（兩）
進口淨數	一三、六五八	二〇四、二九〇	三二、一三五	四三八、八二二	三八、五五五	四九〇、三七六
香港	一、八九三	二九、二六四	一、四八四	二五、四八〇	三、一三七	五二、五八五
英國	二、六二八	三三、五四一	一四、六四一	一五四、三四二	一九、一五九	二三五、五五一
日本	三、七七七	六〇、五三一	四、五五三	一〇五、三一六	二、〇二九	二八、七六九
坎拿大	三、二二三	五二、三七六	三、二四八	三三、〇〇二	四、四二二	六一、二〇二
美國	三、一七〇	四三、三七五	八、三八〇	一三一、八五五	九、五五二	一〇六、九一六

主要輸入港爲上海、大連、天津、漢口。

圈鐵、鐵絲段 (Iron and Mild Steel, New: Cobbles and Wire Shorts)

地區	民國七年 數量（擔）	民國七年 價值（兩）	民國八年 數量（擔）	民國八年 價值（兩）	民國九年 數量（擔）	民國九年 價值（兩）
進口淨數	八九、七九〇	七三二、一五二	二二八、〇八七	一、二二四、二九二	一五九、四四三	一、〇〇一、六一七
香港	一、一六二	九、六二四	二、九三二	一五、九九二	三、〇二三	二五、四八七
英國	二二、三九四	一八一、九一七	二六、八四三	一一五、八六六	三七、四五六	二二七、二四〇
日本	一四、四七九	一一八、二二五	一一一、二三九	五八五、八一六	二七、六四五	一七九、三九四
坎拿大	一九、四六四	一五八、八二七	三九、九八〇	二七二、八四八	一〇、一一一	六六、四三九
美國	三五、四四八	二八九、三四九	三五、六七六	二二六、九九二	八〇、九三七	五〇九、三二三

主要輸入港爲上海、漢口、天津。

鐵箍 (Iron and Mild Steel, New: Hoops)

地區	民國七年 數量	民國七年 價值	民國八年 數量	民國八年 價值	民國九年 數量	民國九年 價值
進口淨數	九七、九五九擔	四八九、二六一兩	一八三、三七二擔	七二三、五二九兩	三六七、一九二擔	一、四四〇、六八五兩
香港	一三、六一九	七四、〇八六	三二、七四九	九二、五八五	二一、五六七	八九、一一九
英國	三五、五四二	一五三、二五八	六二、一二七	一九八、九八二	一六五、七五四	六〇四、三二五
日本	三九四	一、六九八	二、三二〇	一一、〇一九	三、九九六	一七、七五八
坎拿大	一五、九二五	八八、五〇二	一九、一〇一	八七、五七六	二七、一一四	一二四、八六五
美國	三五、二九八	一八六、七三一	七六、二八二	三三〇、〇二五	一四七、九八一	六〇〇、七九〇

主要輸入港爲天津、上海、漢口。

工字鐵 (Iron and Mild Steel, New: Joists)

地區	民國七年 數量	民國七年 價值	民國八年 數量	民國八年 價值	民國九年 數量	民國九年 價值
進口淨數	七三、二五四擔	六四四、四四六兩	八六、八四九擔	八〇〇、九八五兩	一一九、六九〇擔	七六九、三四九兩
香港	一、九五八	一四、八七三	一三、二五〇	一九、五三七	四、九八九	三七、六三三
英國	二六、五〇一	二三四、〇〇四	六三、三〇七	四一五、一一六	七一、八五八	四五九、〇六六
日本	一三、二六二	二六、八〇五	二、四三五	一七、四一〇	一、五三〇	一一、一一〇
坎拿大	八、六六六	七六、一六八	二、五五六	一五、六八四	——	——
美國	三六、八二五	三二五、一六四	二八、二七三	二一八、三三七	四三、八三六	二七五、一九二

地區	民國七年 數量	民國七年 價值	民國八年 數量	民國八年 價值	民國九年 數量	民國九年 價值
進口淨數	一八、〇一七擔	一九〇、七八九兩	三〇、〇九一擔	二〇一、〇三三兩	二四、四三九擔	一五九、三八五兩
英國	三	二九	二、七六五	一六、四二七	七、六三三	四八、四三五
日本	六、五六四	七〇、三三九	六、〇〇三	三九、八七三	七、三七六	四九、一〇四
美國	一〇、五三五	一一一、〇六七	二〇、三七八	一三八、三三九	六、九六二	四七、〇九四

釘條鐵 (Nail-rod) 年值五萬餘兩。

生鐵及鐵磚 (Iron and Mild Steel, New: Pig and Kentledge)

地區	民國七年 數量	民國七年 價值	民國八年 數量	民國八年 價值	民國九年 數量	民國九年 價值
進口淨數	一〇七、三三九擔	六六三、五七三兩	二九二、三三三擔	一、〇九九、四一七兩	一八一、〇一六擔	四五〇、九八三兩
英國	一〇、一六四	六一、二〇四	三七、六〇七	一〇九、八一三	五九、四一九	一四四、二六九
日本	七九、一〇六	四八一、一三〇	一三七、八三三	四九八、六一七	六九、八〇五	一七〇、四八七
美國	八八六	五、四三三	二八、八八一	一〇八、一三七	一三、〇八〇	三七、三〇二

主要輸入港爲上海、大連。

剪口鐵 (Iron and Mild Steel, New: Plate Cuttings)

地區	民國七年 數量	民國七年 價值	民國八年 數量	民國八年 價值	民國九年 數量	民國九年 價值
進口淨數	四四、七〇九擔	三一八、〇八二兩	二四四、三七九擔	八八四、一九七兩	五〇〇、五三六擔	一、七〇三、四六〇兩
香港	三八、六八九	二八六、七五五	七一、五〇九	四四二、九二九	一一一、五一六	四三九、七〇五
英國	五	二五	六五、一一三	一八三、二七九	一二六、八四七	三六三、九九八

地區	民國七年 數量	民國七年 價值	民國八年 數量	民國八年 價值	民國九年 數量	民國九年 價值
日本	三、九二一	一九、五八七	三二、七九九	八二、九五七	一〇、六二六	四〇、五四一
坎拿大	—	—	一一、五〇六	二〇、五六七	四、一三三	一三、三五八
美國	一、八七六	九、三九〇	六二、四八二	一四七、三八二	一三七、三七八	八〇七、〇三七

主要輸入港為上海、鎮江、梧州。

鐵螺旋釘 (Screws)

地區	民國七年 數量	民國七年 價值	民國八年 數量	民國八年 價值	民國九年 數量	民國九年 價值
進口淨數	七、〇二八擔	二三四、七二八兩	八、九八六	二五四、三四二	五、〇二三	一四九、八〇九
香港	二〇七	一九、二九四	八九七	二七、一八一	四九〇	一三、八九〇
英國	一五三	五、〇九七	一、〇一三	二六、四〇三	二、一六八	六四、六三三
日本	一、〇七一	三五、五〇九	九九五	二九、九四四	八二六	二〇、八二六
美國	六、九一九	二三二、五一二	六、一八三	一八一、一九七	一、五九四	五四、一四六

主要輸入港為上海、大連、漢口、廣州。

鐵絲 (Iron and Mild Steel, New: Wire)

地區	民國七年 數量	民國七年 價值	民國八年 數量	民國八年 價值	民國九年 數量	民國九年 價值
進口淨數	一六、〇三七擔	一五二、七二二兩	二七、五六三	二〇六、五五九	六八、二七三	四九九、一七八
香港	四、七一六	五二、五〇一	七、八四五	五六、三七七	五、六〇六	四九、四八七
英國	六一二	五、四二八	六三二	五、二六〇	二〇、六一八	一三三、六六一
日本	五、四九二	四八、五九六	六、五四八	五九、九一六	九、八四一	一〇〇、二七三

地區	民國七年數量	民國七年價值	民國八年數量	民國八年價值	民國九年數量	民國九年價值
坎拿大	九七一	八、六一三	五一四	一、五五八	三、三五九	二一、五四〇
美國	四、七四三	四三、〇五一	一一、八八六	八三、五〇三	二七、六六一	一八七、八九〇

主要輸入港爲上海、大連、漢口、天津。

他類鐵 (Iron and Mild Steel, New: Unenumerated)

地區	民國七年數量	民國七年價值	民國八年數量	民國八年價值	民國九年數量	民國九年價值
進口淨數	六六、五六三擔	六六九、四〇九兩	一八〇、四六四擔	一、三六三、六一七兩	一三五、〇九〇擔	一、七一八、四五三兩
香港	一、八三〇	二三、八三二	一、九七八	二四、八七六	三、六九三	六二、〇六二
英國	一、〇七一	四、八七〇	七、二六五	七〇、七六四	四七、四九六	五四五、四〇七
比國	—	—	三、三五七	七、五一七	二、四〇六	一六、二五六
俄國太平洋各口	一七、五七四	一三一、〇三〇	一二、三四三	一〇三、八〇六	一二、一六〇	一七九、四九五
日本	二六、七二七	三六七、〇四五	二六、九一〇	二八六、九三八	一五、四九九	二九一、三八九
坎拿大	一六四	一二、一一六	六、七二六	五三、一二三	一〇、九六二	九三、三三一
美國	一九、八九八	一七五、六二三	一三五、九九八	八五八、八八一	一三三、三〇三	六一五、八三七

鍍鋅鐵片 (Iron, Galvanized: Sheets)

地區	民國七年數量	民國七年價值	民國八年數量	民國八年價值	民國九年數量	民國九年價值
進口淨數	六九、七四二擔	一、〇八七、四五七兩	一二八、四二三擔	一、二五四、二六八兩	二六一、一〇七擔	二、五六四、四一二兩
香港	二、六〇一	三〇、九四八	四、三一四	四三、二六四	六、四一四	五二、八三四
英國	三	四四	三九、二七二	三三一、三三三	一八九、三〇六	一、八六八、五三三

日本	三一、〇九六	四七八、六八五	四〇、七六八	四三七、四八八	二四、四七四	二四六、六二四
坎拿大	四、七二〇	七八、六二一	八、〇〇二	八二、五七一	四、一九八	四〇、〇四七
美國	三一、〇八四	四七九、三三一	三五、七九七	三四七、七七五	三九、五六四	三八一、六三七

主要輸入港爲上海、大連、天津、漢口。

鍍鋅鐵絲 (Iron, Galvanized: Wire)

地區	民國七年 數量	民國七年 價值	民國八年 數量	民國八年 價值	民國九年 數量	民國九年 價值
進口淨數	八〇、五九三擔	九二三、八〇五兩	八八、五二〇擔	九〇三、一七六兩	七八、〇八五擔	七八〇、三一四兩
香港	一〇、七六一	一六八、七三九	一五、〇六六	一四七、二九〇	一七、五六一	一八三、八〇四
英國	五六	九九四	三、八一〇	六六、八四三	一三、四九五	一一五、九六〇
日本	二三、六八四	二五九、一八七	一五、五三二	一五九、三七八	二〇、四五五	二一四、八四四
坎拿大	九、八四一	一〇四、〇一九	五四四	六、七八〇	四、〇七九	四五、八三四
美國	四一、二七二	四三六、二七七	五三、六九六	五一七、七八九	二三、二六七	二〇四、四三二

主要輸入港爲上海、大連、漢口、天津。

竹節鋼、鋼條、鋼箍、鋼片、鋼板 (Steel: Bamboo, Bars, Hoops, Sheets, and Plates)

地區	民國七年 數量	民國七年 價值	民國八年 數量	民國八年 價值	民國九年 數量	民國九年 價值
進口淨數	一九三、〇八八擔	二、五九四、一六〇兩	一八二、二三〇擔	一、五五七、五〇五兩	一三一、七一五擔	一、一〇七、四九七兩
香港	二二、〇七二	二二一、〇四六	九、四〇二	一〇六、〇四七	一三、〇二七	一四九、一二八
英國	一五三	二、五八七	三三、二八七	一七六、三六五	一九、八三二	一五八、一六五

地區	民國七年數量	民國七年價值	民國八年數量	民國八年價值	民國九年數量	民國九年價值
日本	五六、二四五	八一五、九八七	三七、五八二	三三〇、一四七	二三、五一五	二一七、三七七
坎拿大	四、七七八	七一、七二七	五、四五九	八〇、六八八	一、二七六	一四、四五六
美國	一三一、四二三	一、五一三、二〇七	一〇一、七八七	七八三、五六六	六三、三三九	四六六、五五六

主要輸入港爲大連、上海、天津、漢口、南京。

鋼料、鋼絲、鋼絲繩 (Steel: Cast, Wire, and Wire Rope)

地區	民國七年數量	民國七年價值	民國八年數量	民國八年價值	民國九年數量	民國九年價值
進口淨數	三五、六五一擔	六一八、六三三兩	三一、八二一擔	五三三、二八三兩	三〇、九六一擔	五三〇、三〇一兩
香港	三〇八	八、四六二	七五六	一三、四四〇	一、四五五	二三、〇〇〇
英國	二、二九九	五一、〇六一	二、二九三	一九七、〇〇三	一五、七一八	二七二、七七四
日本	一九、〇二三	四七五、七〇四	二二、七二九	二一七、八九六	九、九三四	一八二、七三五
坎拿大	一、七九九	三九、九九二	二三一	七、五二四	二五四	五、一六六
美國	二、六一六	五四、六五二	六、〇八三	一〇一、〇〇三	一、七四一	二七、一四六

主要輸入港爲大連、上海、天津。民國九年德、比、奧、瑞典各國略有進口。

馬口鐵 (Tinned Plates)

地區	民國七年數量	民國七年價值	民國八年數量	民國八年價值	民國九年數量	民國九年價值
進口淨數	三一五、七三六擔	四、二三四、二三四兩	四一九、〇二四擔	三、八二四、八二一兩	五八九、三八八擔	五、四一〇、五三五兩
香港	五〇、四二三	一、〇八四、六八二	七六、七一三	六六八、三五六	七四、三八四	六〇八、四六三
英國	六四、九一七	七六二、一七六	六一、七五一	五七五、三五二	一八九、六九七	一、九一四、四九七

日本	三六、七六	四五一、一〇六	一六、九五四	一七五、六〇七	六三、八二三	六三三、六〇六
坎拿大	四〇、九九三	四八一、二五八	一一、〇八五	九九、六二五	三八、二八五	二九五、一二四
美國	一六〇、四八五	一、八八九、〇一〇	二七〇、九一九	二、四五九、七三六	二三六、七四六	二、〇九三、八九九

主要輸入港爲上海、天津、漢口、鎮江、大連、膠州、廣州。

此外進口舊鐵。衹合改造之用者。年值二百萬兩左右。又未列名鋼鐵製料一項。年值五十萬兩左右。均由香港、英國、日本、美國、坎拿大等處輸入。

第九章　各種包袋

各種包袋。爲荳類、雜糧、油餅及各類種子包裝之用。此等出口貨增加。則包袋進口亦隨之而增。光緒二十九年。進口包袋共二千一百萬個。民國元年增至四千萬個。價值四百十六萬兩。迄民國九年。更增至四千五百萬個。又三十三萬七千擔。共值一千十一萬兩。多來自印度、日本。由印度進口者。多屬麻袋。日本則洋綫袋居多。由香港進口者。概屬印度貨。又關册所載。每年自日本、俄國、朝鮮等處進口者。其數甚鉅。此係裝送農產物出洋後。退回其空袋也。主要輸入港。爲大連、安東、上海、漢口、天津。此外九江、蕪湖、汕頭、牛莊、秦皇島、膠州、烟台等埠。亦進口不少。蓋由此等商埠出口土貨較多。故需用包袋亦多。

地區	民國七年 數量	民國七年 價值	民國八年 數量	民國八年 價值	民國九年 數量	民國九年 價值
按個 進口淨數	四三、三六八、五〇七個	四、三七九、七二一兩	六七、三〇三、七〇一個	九、三六六、一三四兩	四五、四七〇、九二六個	六、一三三、五九二兩
香港	一三、七七〇、九八一	一、二四三、四〇八	一六、四三六、六九三	一、七三五、九一五	一三、六八七、六一四	一、三三一、三五六
印度	三一、〇三七、三〇〇	四八三、八七九	一〇、八八〇、二一一	二、二六四、二三九	三三、六四一、一三〇	七二二、九三八
俄國 由陸路	四四、〇〇三	五、七四五	八二、七八九	八、六五四	六八、七一六	二〇、六〇五
俄國 黑龍江各口	八七、九八二	一四、四八三	五四、五二八	三、四八七	七五、七〇五	七、八二一
俄國 太平洋各口	二〇九、〇四四	五五、三五三	七〇〇、五四八	一四六、四一六	一三一、一八〇	一、八五四

朝鮮	一、三三五、〇三六	一七四、	一、二七四、三三一	一八五、五一七	一、一三三、八八五	一二八、七九九
日本	二四、九二〇、九八六	二、四〇九、八八七	三九、四五四、五〇四	五、三六八、〇四四	二七、九〇九、九七一	四、一三七、二四三
按擔						
進口淨數	—擔	—兩	一七、四五九擔	一七三、六七八兩	三三七、二三〇擔	三、九八七、五二七兩
香港	—	—	八、三七七	七三、六〇〇	一三七、四〇〇	一、四一九、三八三
印度	—	—	七、八〇六	八五、〇一一	一七一、七九〇	一、八七四、五七一
日本	—	—	八、四一六	八六、八三六	五三、〇九〇	八四六、二五八

現在麵粉袋。國內布廠。多能製造。專製麻袋者。僅有天津之萬興麻袋股分有限公司。（在天津金家窰民國元年成立資本三十萬元）及武昌之製麻局。此外上海有日商東亞製麻株式會社（在勞勃生路民國七年成立）大連有日商滿洲製麻株式會社。（民國八年發起）此項事業。確有利可圖。惜國人尚未注意及之也。

第十章　水泥（Cement）

年來國內實業發達。建築繁興。因之水泥一項。需要大增。民國二年進口。僅六十一萬擔。價值六十萬兩。九年增至一百七十五萬擔。價值一百八十六萬兩。其中由日本進口最多。香港、澳門、安南次之。俄、英、義、瑞典、奧國雖有進口。其數無多。輸入港以上海、大連、安東、廣州為主。

地區	民國七年數量	民國七年價值	民國八年數量	民國八年價值	民國九年數量	民國九年價值
進口淨數	八六二、三三〇擔	九五三、八二〇兩	一、五一五、一八九擔	一、六二二、三五一兩	一、七五一、八五四擔	一、八六〇、一七〇兩
香港	一一七、六三七	一三五、六〇二	一五〇、八八三	一六七、六四七	二五二、五六九	二六七、九六〇
澳門	九八、三八〇	一〇八、二二八	一五一、一五二	一五四、一七五	二四八、三五八	二七三、一九四
安南	一一、〇八〇	二二、九三三	一〇九、六六五	一〇一、一三〇	三三二、五二七	三三九、四八二

朝鮮	五、二五五	九、〇三三	五、〇二二	七、六五六	三三〇、九五八	二九四、八三三
日本	五九一、一一四	六五八、八六九	一、〇五六、二五五	一、一三九、四九二	六八四、三五六	七三九、〇三六

日本水泥。爲淺野、小野田日本櫻、土佐等水泥會社所製造東三省及上海漢口九江等埠。銷行最多。

香港、澳門水泥。均係英商 Green Island Cement Co., Ltd. 所製造。先是光緒二十五年英商設水泥廠於澳門灣內之 Green Island 島。後更添設工廠於香港資本共四百萬元年產九十萬桶。（每桶三百斤）專行銷內地俗名青州灰或青州英泥是也價格較其他水泥爲昂。

安南水泥。係海防法商 Indo China Portland Cement Co., Ltd. 所製造在市場上之勢力不及香港水泥。

現在國內水泥工廠漸見發達其最著者爲唐山啓新洋灰公司、湖北水泥廠、廣東水泥廠、上海水泥股份有限公司。

直隸唐山啓新洋灰公司。創辦最早自光緒三十二年出貨在市場上聲價極著資本五百八十五萬元年產六十萬桶。

湖北水泥廠在湖北大冶自宣統二年出貨年產三十六萬桶最初係借日本款與辦該地原料豐富交通尤極便利如經營得宜。不難發達也。

廣東水泥廠在廣州河南從前聘用德國技師後改聘英人每日出貨二百桶規模甚小。

上海水泥股份有限公司係朱葆三、張退庵、張啇庵等發起民國九年十二月設立資本一百二十萬元總廠設上海龍華分廠設杭州、蘇州、鎮江、湖州、無錫等處。

此外日商小野田水泥會社有分工廠在大連自宣統二年出貨年產二十萬桶全部運銷內地煙台、有華商闞蓋臣之洋灰公司。（民國十一年四月創辦資本五十萬元）

北方冬季氣候嚴寒水泥用途極少且其性質又不宜於長期儲藏故大連、唐山所出水泥每值冬令將屆必有大批運往中部各省廉價出售加以中部各省有湖北水泥廠南部各省有香港、廣州等廠較之外洋水泥物美價廉故年來外洋進口貨頗受其抵制夫以我國原料之豐富稍能經營固不難於自給然而每年仍須以百餘萬兩之金錢換取外洋之水泥可惜孰甚我國自造水泥每年運銷菲律濱、爪哇等處雖間有成數可觀然出口終不及進口之多茲以最近八年之進出口數比較列表於左以備參考。

●最近八年水泥進出口數比較表　單位擔

年份	進口	出口	進口超過
民國二年	六一八、〇一九	三九六、四三五	二二一、五八四
民國三年	九〇一、二六三	四七一、八八二	四二九、三八一
民國四年	七〇一、一一九	五一八、二七八	一八二、八四一
民國五年	八二六、八七八	二三九、三二八	五八七、五五〇
民國六年	七〇五、七三四	三九四、六八四	三一一、〇五〇
民國七年	八六二、三三〇	五〇三、〇九一	三五九、二三九
民國八年	一、五一五、一八九	一七〇、一三二	一、三四五、〇五七
民國九年	一、七五一、八五四	一七三、七九二	一、五七八、〇六二

第十一章　磁器

進口磁器。向以日本英國及德國貨爲主。俄國貨、亦有若干進口。中經歐戰。繼以俄亂。德英俄各國。均形減少。日本貨則特別增加。茲表示其趨勢於左。單位兩

各地輸入額	民國二年	民國三年	民國四年	民國五年	民國六年
香港	三七一、〇四七	三五二、九八六	二六七、一九三	二四四、四六九	三一八、二一三
英國	一〇二、六二七	九二、五三九	六六、六五六	四九、三七八	五三、〇二四
德國	二二二、七〇四	一〇七、七九二	一、一二四	——	——
俄國	七四、四四九	五三、〇四〇	五七、六八三	四〇、三五一	一三、〇一八
日本	三四七、〇五八	三六二、六五六	三四三、二九九	六〇四、五八一	九〇〇、三五八

更將最近三年輸入額。表列於左。

地區	民國七年 數量	民國七年 價值	民國八年 數量	民國八年 價值	民國九年 數量	民國九年 價值
進口淨數		一、二五五、二九九兩		一、二六七、〇三〇兩		九五三、二二七兩
香港		三〇三、六〇二		二七〇、八五九		一七、一七六
英國		七三、七一二		五六、五八四		六九、七四六
俄國		三、三五五		五、九〇四		九九〇
日本		八四七、〇五五		九二一、〇九〇		六七一、一三二
美國		二、七三八		八、〇三五		一三、四三二

備考　德國貨久經斷絕。民國九年。始有四、〇八一兩進口。又日本貨最近略形減少。係受排貨影響。

就各國進口貨之品質觀之。英德兩國。全用機器製造。規模極大。且其技術極爲巧妙。不但成本較廉。（機器能節省生產費）製品樣式。亦多至不可勝數。德國貨品質堅實。價格低廉。最受市場歡迎。即英國貨。亦有相當之聲譽。反之、日本貨全用手工製造。磁質甚劣。徒以模仿西法。以極廉之價値。與德英等國貨相競爭。乘各國來源減少之時。卒能普及於市場。

更就一般銷路觀之。則南北各省。大不相同。長江以南各省。磁業夙極發達。以故外洋磁器。惟精巧者。頗有銷路。粗劣者。極少行銷。北方各省。磁業極其幼稚。因之輸入品亦粗劣者居多。南方各省。盛行洋磁碗、碟等食具。英德所製乳白色質。加有藍色緣邊者。銷售最多。此外則茶碗、茶壺、罈、罐、花瓶等。亦有相當之銷路。一般嗜好。固注重品質。而其形狀、配色、花樣等。尤大有關係。大抵喜好顏色明瞭者。花樣之中。西洋花草。如薔薇類。尤受歡迎。如松竹梅等之色彩暗淡者。頗不合式。日本貨尤不能行銷。至北方各省。則爲日貨之勢力範圍。日本貨運至上海者。以咖啡碗爲最多。茶碗、茶壺等次之。其運至天津者。碗、碟、杯、盤、茶壺等種類甚多。大抵由上海輸入者。概屬上等貨。由北部各口岸輸入者。概屬價値極廉之劣等貨。現時日人在大連方面。設窰製造。由南滿鐵路會社經營。成績已著。是誠我國磁業之勁敵也。我國原爲世界著名產磁器之國。現計國內主要產地及其產額如下。

產地　種類　產額

江西景德鎮	磁器	四、〇〇〇、〇〇〇兩
湖南醴陵	磁器	不詳
江蘇宜興	磁器及粗磁器	六〇〇、〇〇〇
山東博山	磁器	三〇〇、〇〇〇
廣東潮州	磁器及粗磁器	不詳
福建德化	磁器及粗磁器	不詳

年產總產因無確實統計。莫能查考。每年出口往香港、暹羅、新嘉坡、菲律濱等處者約在二百萬內外。（參觀第二編第二十章）近來各處磁窰業多能進求改良。此種特產。一旦發達。不難雄飛於世界。正不獨能抵制外貨已也。

國內磁業之現況

附我國陶磁業之現狀

江西省

▲景德鎮

▲景德鎮　古稱中國四大鎮之一。位於江西浮梁縣西南昌江南岸。磁業始於陳。中興於宋。至元明而最盛。人口三十萬。從事於製磁者。約三分之二。離鄱陽一百八十里。有萬利公司輪船。往來其間。十一小時可到。下流附近數里。皆為燒窰破片碎屑所堆積。變成邱阜。高凡數丈。市街由南至北。有街道數條。全市店鋪。幾全為磁器行。日用下等之碗皿類。又幾占其半。分業盛行。自做坯、燒窰。以至瓷行管理發賣。各有專業。窰數共五十餘所。所用原料。大都產於附近各縣。約可分為土石兩類。

種類	品名	產地	性質	用途	熔度	價格
土類	浮梁高嶺	浮梁縣東港	粘力弱不能單用	與釉果混合作上等坯	一七二〇度	每小塊銀六分
	星子高嶺	星子縣	同上	與祁門混合作普通坯	一六九〇	每塊銀三分
	樂平老山	樂平縣	粘力強可以單用	作中等坯	一七五〇	每塊銀五釐
	耐火土	同上	粘力強	作匣鉢及耐火品	一七〇〇	每萬斤銀六十元

石類				
釉果	浮梁縣東鄉	粘力稍弱	作釉果及上等坯	一四一〇	每塊一角三分
祁門	祁門縣	粘力可以單用	上等坯用之	一四七〇	每塊六分
餘干	餘干縣	同上	中下等坯用之	一五一〇	不詳
三寶蓬	景德鎮東北二十里	粘力弱不能單用與祁門星子混合作中等坯		一四一〇	每塊五分

製品之種類。自屏風花瓶帽筒等裝飾品。以至碗碟杯鐘等日用品。色色俱全。惟粗貨居多。不知仿效西法。製造細貨。其繪畫色彩。亦墨守古法。絕少研究。以故大件如屏風大花瓶等。雖極紅黃藍綠各色之鮮艷。而優雅不足稱也。裝飾品如花插帽筒等類之圖案。亦極彩色之鮮明。而美術不足道也。食器則分華洋兩種。其專銷內地者。多屬素磁。或內面白色。外面略帶暗紅色。猶有稍近雅致者。若運往外國之洋式食器。則於白磁之上。繪畫紅綠花彩。或於其中央。畫一彩團龍。或於白地上。描成青花。大都使用多量之顏料。色彩過艷。近於粗鄙。加以形狀外面。均不甚講求。海外銷路。益難望推廣。現惟南洋一帶。尚能暢銷。美國紐約有一蘇瑞記公司。爲輸出景德鎮磁器之最大商行。每年交易額。約八萬元。內地各省。年約銷售三四百萬元。大致如左。

湖北省	五十萬元	上海	三十萬元
湖南省	五十萬元	寧波	三十萬元
廣東省	六十萬元	福建及南京	十萬元
江西省	五十萬元	蘭谿	十萬元
四川省	十萬元	北部各省	四十萬元

內地銷路。大爲釐金制度所苦。運送時。沿途重重抽税。及抵銷場。成本已增加數倍。以致各處市價。有反較外國貨爲昂者。據專家調査。景德鎮磁質雖屬優美。而其經營製造。完全舊式。資本短乏。金融滯塞。不知改用新式機器。不知講求學術。不知改良形體畫彩。成做手續過繁。不知省減。燒窰用薪炭。頗貴而少。不知改用煤炭。以故現在成本。已不甚輕。與外貨競爭。已有多少困難。而各處銷路。又多爲外貨所侵奪。若長此墨守舊法。不知改良。將來大勢所趨。或致不能立足。是宜由政府特別獎勵監督。廢止釐税。監視其經營組織。輔助其金融流通。加以學術研究。燒窰

改用煤炭做坯。改用機器。磚窰改用倒焰式。此外如轉寫畫、銅版畫及其他新式機器。皆須採用。夫然後可望製品佳良。成本低減。以能與外貨競爭耳。

▲鄱陽縣

▲鄱陽縣　磁業歷史。不如景德鎮之古。出產額亦較少。所用原料。與景德鎮無異。該縣有磁業公司一。曰江西瓷業公司。係景德鎮江西瓷業公司之分廠。蓋景德鎮原有官窰。歷代以來。專製造內廷所用之磁器。製品絕佳。實爲我國陶瓷之精粹。古代逸品。多出於此。此等瓷器。上有五爪龍記號。（通常民間之龍爲四爪）及其年號某月日製等字樣。可一望而知也。民國初元。經費無出。乃改爲官民合辦之江西瓷業公司。資本二十萬元。在鄱陽者。卽其一部分之工廠也。公司中設有長百二十立方米突倒焰式長方形石灰窰一座。按有新式機器。於該縣瓷器改良前途。關係不小。惟因資金周轉不靈。未能積極進行。又該縣有陶器學校一。爲江西省前實業司所辦。校址在江西瓷業公司內。學生六十名。五年卒業。校中設備。甚爲完全。試驗室中。設有汽機。多方研究。其製品較舊製之素磁更爲潔白。其繪畫則以寫生畫爲多。並能製銅版畫。該校出品。在聖路易博覽會。曾受獎牌不少。

▲萍鄉縣

▲萍鄉縣　縣境上埠地方。有瓷業股份有限公司。其製造採用日本式。聘用湖南磁業公司之技師。所製美術品。居多花瓶花插等類。於乳白色或青地上。繪山水花鳥等彩畫。簡潔雅致。頗可觀。

▲橫峯縣

▲橫峯縣　舊名興安。史稱明處州民瞿志高等。於弋陽縣太平鄉陶磁。會飢民亂起。嘉靖年間。避居於此。始改興安縣。開安興窰。該縣製品。與景德鎮無異。所製花盆、帽筒等裝飾品。以及食器鑪類。名目繁多。彩色亦極濃艶。有彩大、彩花、描、醉青等着色法。

▲九江縣

▲九江縣　製品與以上各縣不同。屬於土器類之磚瓦居多。原料專用土石。銅瓦及玻璃瓦最著名。

湖南省

▲醴陵縣

▲醴陵縣　湖南磁器。原極粗糙。自清末熊秉三等發起磁業公司。於醴陵縣姜灣地方。設廠製造。附設學校。聘用日本技師。製品全採用日本式。較之舊製。甚爲優美。釉藥表面滑潤。花彩用人物花鳥動物等。簡潔雅致。堪與外貨媲美。

江蘇省

▲宜興縣

▲宜興縣　江蘇常州產磁夙盛。而宜興附近。尤爲著名。產品有粗泥、白泥、青泥、黑泥四種。粗泥、黑泥兩種。近於瓦器。紅色、暗紫色或暗黃色者占大部分。製品爲鑪類花瓶等大件。形狀亦極粗糙。白泥爲素地乳白色。外面光澤潤滑。製品以盆類溺器居多。以上三種。多屬荊溪產。至青

▲揚州　▲博山縣　▲天津　▲磁縣　▲安徽　▲福建

泥。則專產於宜興。又名紫砂。並有硃砂荳砂、香灰、橙黃、海棠、竹葉等類名稱。其製品則茶碗、茶壺、菜碟、飯碗、酒杯、筆洗等色色俱備。他如花瓶、花插、帽筒等類。亦製造之。其外面粗糙者甚多。但均有光澤。內面亦施有乳白色或淡黃色之釉藥。至外面之色。則以暗褐色居多。間亦有帶暗紅色者。如茶碗、水瓶等類。則施以極多量之白色或綠色等釉藥。要之宜興產品之特長。在其配合之高雅。光澤之不強烈。及形狀之富於變化。在我國美術品中。此亦其可誇者。尤以表面雕刻文字繪畫。最爲各國所賞識。倘能推廣銷路。亦不失爲一大利源也。

▲揚州　揚州陶器。類似宜興白泥。其製品多屬茶壺、土壺、花插、匙、酒杯等小件。上面雕刻花紋。其法先於白色陶器上面。畫成山水花鳥。以極細之針雕刻之。去其表面上之玻璃質。而後填入上等之墨。頗雅致可觀。此等雕刻。南京地方最多。

此外江寧、松江、太倉一帶。產極粗之土器。六合縣所產之磚。爲長江下流一帶建築材料。

山東省

▲博山縣　縣境東南有黑山。周圍四五十里。產優良之長石。邑人設磁業廠於博山。製造茶具花瓶等類。其色爲淺黃或深綠色。悉爲素地。然濃淡如雲。極有雅致。尤以形狀悉爲古代式。頗堪賞鑒。但製品之種類。產額均不多。

直隸省

▲天津　附近產白色陶器。製作茶壺、茶碗等。並作各種人物。天津人物。馳名遠近。蓋其模形巧妙。色彩艷麗。實爲最佳之美術品。又天津實業工廠窰業科。仿日本法。製造花瓶、茶碗等。其色類朝鮮七寶。亦有深紫暗茶色之素磁。望之甚雅致。

▲磁縣　縣西彭城鎮磁業極盛。有碗窰二百餘座。缸窰三十餘座。年產磁器約值三十萬元。該鎮居民賴此爲生者。約十之七八。製品以碗類及巧貨爲大宗。行銷於直隸、山西、山東、河南等處。以供鄉農及中等社會之用。其製造之盛。銷路之廣。遠過於唐山井陘、曲陽等處。實直省產瓷之第一區域也。惟製造完全舊式。尚待改良。（詳見十年三月農商公報磁縣陶業調查報告）

安徽省

安徽內地多產長石類。而陶業尚不甚著。唯廬江產暗紅色及深青色之花瓶類。寧國鳳陽等處。產極粗之土器。

福建省

福建陶器。類爲白色素地。據專家考察。其品質爲全國第一。惟製品多屬花瓶一類。且價格甚昂。德化縣所產。類似宜興白泥。製品以花瓶、花盆、飯碗等爲最多。茶碗一類。繪松竹梅等畫。光澤適宜。與他省所產異趣。

▲四川

四川省

四川瓷產。名不甚著。成都勸業廠。製造洋式瓷器。採用日本式。

▲廣東

廣東省

廣東各地方多產土器。雖其品質欠佳。而產額實夥。每年運往香港。不在少數。製品以花盆、坐椅類爲最著。其色深綠。亦有青色者。石灣通海潮會地方。仿德國法。製作洋式盤、花瓶等類。色白繪有日本式之山水畫。又連州地方。多產花瓶花盆。於薄灰地上。畫青色字畫。海陽所產。屬乳白色之素磁。其製品以佛像爲最多。次則茶碗類亦不少。要之廣東陶器。以原料不良。色彩極不佳。

▲河南及山西省

河南及山西省

河南禹州所產。類似山東博山貨。製品以大花瓶、鼎、盆、盤等爲主。有淺黃、綠、青等色。悉素地也。魯山陶器極粗。外觀不美。而產額甚多。山西平定。產茶具。不甚佳。

第十二章　煙草

進口煙草。年値三四千萬兩。其中紙煙最多。於葉次之。雪茄煙又次之。

一、紙烟（Cigarettes）

紙煙進口增加甚猛。民國元年進口價値八百六十萬兩。二年、增至一千二百五十萬。民國六年。竟達三千一百六十萬兩。其趨勢如下。

年份	進口價値	年份	進口價値
民國元年	八、六七二、九八六兩	民國六年	三一、二六三、〇二七兩
民國二年	一二、五六九、三〇〇	民國七年	二三、九八三、五六三
民國三年	一四、五〇八、八四二	民國八年	二〇、九六三、四四九
民國四年	一三、一三八、四二六	民國九年	二三、〇二九、五八五

民國五年　二五、九九八、〇八〇

茲表示最近三年輸入額於左。

地區	民國七年 數量	民國七年 價值	民國八年 數量	民國八年 價值	民國九年 數量	民國九年 價值
進口淨數	九、二三二、九四一千枚	二三、九八三、五六三兩	七、七七二、九四七千枚	二〇、九六三、四四九兩	八、一〇四、一六一千枚	二三、〇二九、五八五兩
香港	九五一、三五〇	三、〇四二、三三四	七〇七、〇〇五	二、七七四、二四三	六五〇、五七九	二、一一六、〇四八
安南	五〇、〇五八	九二、〇九七	一三、〇六八	一七、二八九	六、八二七	一一、二三〇
新嘉坡等處	三、八八九	一〇、四三五	一、四〇〇	八、四七〇	五、八八〇	三三、四六四
印度	一、〇一八	二、二九四	一、三九四	三、九六四	四、一〇〇	三〇、三八二
土、波、埃等處	二、三二六	一五、九三四	五、九六二	五一、〇〇〇	四、六二八	五五、一〇四
英國	二三四、九一四	一、四九一、一九〇	一五三、四三三	一、〇二一、一四八	四六三、二一一	二、六九三、〇七七
法國	五三六	三、二〇二	二、一五四	一〇、五〇二	七、五一五	四七、二六〇
朝鮮	六五一、八五四	一、〇五三、二五二	五五七、二二五	九〇五、六一七	二六八、八六三	三六八、八四五
日本	一、三八六、三四八	三、四六〇、〇九三	三八〇、〇〇四	九九二、一〇〇	九五、六四五	八八、〇四一
菲律賓	二、七四一	八、五六〇	一一、二六四	三六、九二六	二九、一二二	六〇、五七一
坎拿大	一、四五五、三〇六	三、六五〇、五四九	一、八一九、五九〇	四、六〇五、七二七	一、九七五、九一六	五、〇〇八、二七三
美國	四、五六三、一二九	一一、四一三、〇五三	四、二三九、七三五	一一、〇〇六、四三七	四、六二九、四七一	一一、七二二、六四七
主要輸入港						
龍井村	六七、八九〇	一三五、七八〇	七〇、五五三	一四一、一〇六	六六、六七四	一三三、三四八
安東	三三七、三二四	三三〇、七〇八	三五六、六七七	四五九、二〇七	一五九、七八五	二六七、四一二
大連	一、一六一、八〇一	三、〇八七、九二三	八五二、七三四	二、三五七、六五三	一、五五〇、八五三	三、七六五、六九八

牛莊	四四、九五三	一一一、七三六	四〇八、四四三	一、〇七七、二九四	四八、四一一	二二〇、二四九
愛琿	三五、一一六	九二、八八四	四六、七六六	三三五、七三八	—	—
秦皇島	一六四、一一〇	四三三、八二一	一八二、七七〇	五〇二、〇一八	二三一、五二三	五九九、一二六
天津	一、三四四、三九四	三、五八三、二三九	九三八、〇三四	二、八八六、三六一	九六六、六四〇	三、五五四、七〇二
烟台	二六、〇四八	七四、五三三	一四、二八四	三九、九〇〇	三五、四一七	一六二、九四八
膠州	三五九、四七六	九二四、七三一	二六九、三六二	七一二、六九八	二六〇、五三〇	六六〇、一一三
重慶	二〇、一一三	六四、三六八	三〇、八九八	一〇七、九一九	一四、一八六	五三、八一八
長沙	一三三、四九六	三三七、三九七	一一〇、二九七	三〇九、一九七	三七、四五一	一六一、一三〇
漢口	八三四、六七二	二、一五五、四八八	四七五、四〇〇	一、三四六、一五七	三八八、〇七九	一、二三六、七三九
九江	九五、〇二四	二五二、六六七	四七、六二〇	一三七、四八二	八二、二九五	二四〇、五一八
蕪湖	三〇四、〇八七	七六八、五七〇	三三〇、〇二六	八六二、五四九	三七三、四五〇	九五三、〇〇一
南京	三四三、六七七	八八〇、五一七	三一五、一六〇	八三九、一八二	四四一、四二七	一、一七四、一二四
鎮江	二三八、六八七	六二〇、一六二	二一六、〇三三	五六九、一六五	三〇六、〇三五	七七七、六八七
上海	一、六九八、四一八	四、四一八、〇九六	一、四七一、五四七	三、四四五、七〇二	一、九四七、〇九三	五、三五二、四〇〇
蘇州	一七六、九二七	四五九、三五六	一七七、六六二	四七六、二七一	二〇四、三一〇	五七四、三八三
杭州	六九四、三三二	一、七五八、一三一	六二〇、四四二	一、六二九、〇四五	七六一、九一九	一、九二一、六〇四
寧波	二六六、九三六	六七四、一〇〇	一九三、一〇五	五〇五、〇四一	三〇三、五一四	七五九、八六一
福州	二八、〇〇五	九七、六六四	三〇、五九八	一三五、四一四	二三、七八一	八九、九一〇
廈門	九八、五一一	四四一、三三一	七八、四六六	三四八、四四三	四二、〇八六	一六三、五三二

汕頭	九一、一八一	二九九、八九五	六二、五一一	二八二、〇〇一	三三、一一七	一一三、九〇〇
廣州	四三三、六七七	一、四三六、八三七	三四六、〇八三	一、四一七、一七一	三一二、五六七	九九〇、二八六
江門	四五、〇二五	一三六、〇三五	三三、五八五	一四五、六二五	五三、〇八八	二一七、〇二八
梧州	四三、八八〇	一三七、五八六	三六、九七五	一二六、六九五	五三、四一四	一三八、八二〇
蒙自	二〇一、一九三	三四三、四二九	七四、〇四一	一七、五〇六	六七、一五〇	一七二、五一三

備考　輸入港不及十萬兩者不列。又民國九年由荷蘭進口四二、〇五七千枝、價值一〇七、五七七兩。此外暹羅、法、比、義、俄等處有若干進口。俄國貨向銷黑龍江、蒙古等處。現因俄亂。進口漸少。

右表、由英美輸入最多。香港、朝鮮、日本次之。日本貨、行銷北方各省。在南方殆不多見。英美貨則銷行南方最多。經營進口業者。以英美烟公司為最有勢力。該公司、係三十餘年前。由英國 Imperial Tobacco Co. 及美國 American Tobacco Co. 合辦。合世界著名之六十四烟公司。成為一大合同。公司內部。以美國勢力為最強。由英美等國、輸入製品於中國。並在上海、漢口、哈爾賓、奉天及山東坊子。設分工廠。收買菸葉。從事製造。資本、一千一百萬磅。其次則日商東亞烟草會社與日本政府專賣局有關係。輸入日本烟草。牛莊有分工廠、在東三省及直隸、山東等省。頗占勢力。

烟草利益甚大。年來國人漸知注意。其從事斯業者。有南洋兄弟烟草公司、振勝公司、福和公司、中華安定公司、中國興業烟草公司、麟記烟捲公司、北洋烟草公司。其中南洋兄弟烟草公司。規模最大。總廠在香港。新嘉坡、上海等處有分工廠。最近奉天商會總理魯宗煦等集資百萬元。設立東三省烟草公司於奉天。此外有洋商經營數廠。

國內煙草工廠調查表

廠名	所在地	設立年月	資本	備考
南洋兄弟烟草公司	香港	光緒三十一年	五、〇〇〇、〇〇〇元	北京、天津、營口、濟南、青島、漢口、南京、鎮江、杭州、廣州、雲南、暹羅。
同上	上海	民國七年		新嘉坡、安南、均有支店。

振勝公司	同		未詳	王佐卿等辦。工人三百六十名。
福和公司	同		未詳	
中華安定公司	同		二〇、〇〇〇元	胡樸齋等經營。
中國興業烟草公司	同	民國九年	五〇〇、〇〇〇	陳文鑑簡寅初等經營。
麟記烟捲有限公司	天津		一〇〇、〇〇〇	工人二百名。每日製造三十萬枝。
北洋烟草公司	同		四〇、〇〇〇兩	每日製造十五萬枝現在停工。
英美烟公司	上海		二、〇〇〇、〇〇〇磅	規模極大。
同	漢口			
同	哈爾賓	民國三年		收買舊羅巴多工廠。每日製造六七十萬枝。
同	奉天			每日製造三四百萬枝。
同	坊子			兼在濰縣及坊子一帶栽種烟草。
秋林商會	哈爾賓			每日製造三四十萬枝。
拿士塔士額甫商會	同			與秋林商會工廠同爲俄商所辦。
東三省煙草公司	奉天		一、〇〇〇、〇〇〇元	民國十年十一月商會總理魯宗煦等發起。現在進行中。
東亞煙草會社	營口	宣統元年	三、〇〇〇、〇〇〇日金	每日製造四五百萬枝。日商經營。
三林煙草公司	奉天	光緒三十二年	二〇、〇〇〇	每日製造十二三萬枝。日商岩谷等經營。
大安煙公司	同	民國十年	五〇〇、〇〇〇	上海日商亞細亞煙草株式會社經營。

二、雪茄烟 (Cigar)

東方煙廠	香港			菲律賓商人經營製造雪茄烟。

雪茄煙、僅供上流社會之用。國內從事製造者尙少。全部由外國輸入。由香港、日本、菲律賓、美國等處進口最多。

地區	民國七年 數量（千枚）	民國七年 價值（兩）	民國八年 數量（千枚）	民國八年 價值（兩）	民國九年 數量（千枚）	民國九年 價值（兩）
進口淨數	四八、三九〇	七六三、六五八	四九、一七六	八七一、一九三	三七、五七六	七八六、六九九
香港	二五、九八一	四二六、七〇六	二一、八〇五	三八八、二〇五	一〇、九四五	二一三、七四三
英國	一、一九九	一七、九八五	四一一	一〇、七七六	三九六	一〇、二四三
荷國	三〇	四五〇	四七	七七二	二、二〇四	六九、〇〇九
比國	—	—	二〇四	八、三九八	四四〇	一〇、二七四
日本	七〇〇	一〇、五〇六	一四六	三、〇九一	一四二	二、七九〇
菲律賓	一九、九三七	二九九、一七二	二四、三四七	四一五、一〇三	二二、〇五二	四一三、七五一
美國	一、一一八	一六、七七〇	一、五七二	四六、九六二	一、六二三	五四、九〇七

三、菸葉(Tobacco)

我國產菸極多。每年輸出歐美及日本、朝鮮等處。達四百萬兩以上。然一方面由外洋輸入菸葉。價值在一千萬兩以上。蓋此等菸葉之性質。與我國所產不同。各煙公司。如南洋、英美、東亞等每年需用甚多。其原產地爲美國、坎拿大、日本、朝鮮等處。最近輸入額如左。

地區	民國七年 數量（擔）	民國七年 價值（兩）	民國八年 數量（擔）	民國八年 價值（兩）	民國九年 數量（擔）	民國九年 價值（兩）
按重 進口淨數	一八一、〇九一	五、六一七、〇六九	一五九、八二四	五、三五〇、九九一	一三七、三三三	三、九二四、八五四
香港	三五、八三一	八四一、三三三	二一、六七〇	四九四、九〇七	四五、八四三	一、三〇三、八一三
英國	一九二	三一、〇五六	一、九二九	四八、九六九	一九一	三二、六四五

俄國	九六〇	一三、七八四	二九七	八五四	一、四四六	九八、五九二
朝鮮	一三、九三四	二三三、七五四	一六、〇六一	三〇六、四三七	二〇、二四四	五四六、六四七
日本	三八、八二三	一、一九〇、七五六	一三、七六二	三六八、二六四	二三、五二一	四三九、九二四
菲律賓	二一四	七、七三三	一、九九八	九五、九二五	一、五〇九	四七、三二〇
坎拿大	二〇、〇四四	七四七、四四一	二六、八二二	九二七、三九〇	二三、一八五	一、八六〇、三八〇
美國	七五、〇七九	二、七四一、二一三	八一、七九九	三、二八三、二四三	一一三、三四六	八、五九七、五八三
按價						
進口淨數	—	三一、八六八	—	二四、八九七	—	一四、三七三

第十三章　鐘表(Clocks & Watches)

鐘表一項。國內從事製造者尙少每年進口價値百萬兩內外最近三年輸入額如下。

地區	民國七年 數量	民國七年 價值	民國八年 數量	民國八年 價值	民國九年 數量	民國九年 價值
進口淨數	三四七、七四〇個	八六七、四六一兩	四二五、四六九個	一、一五二、〇二四兩	二九六、六五五個	一、二〇〇、三三五兩
香港	四九、三九四	八六、四九五	三一、八一二	六七、〇九一	二七、四三三	五五、八四八
英國	四〇四	一六二、六九八	三二〇	三一九、三七〇	一七、一七五	五二九、六三〇
法國	五、二九九	六〇、五六四	五七、〇六二	二〇四、九五七	二一、三九二	一三八、八〇六
瑞士	二、八三八	一三、六六三	三、二六〇	一五、七五〇	一四、六三三	三八、四七四
日本	二四三、二四一	四二二、九二二	二六五、六七四	四〇〇、五四五	一八〇、五八五	三三六、二〇八
美國	五二、九一三	一四一、五二五	六二、一一八	一三四、八三五	三一、三五六	一〇一、九〇九

備考 錶之佳者多由郵局包裹進口。其數無從調查。

此項進口貨鐘 (Clocks) 最多。錶 (Watches) 次之。錶、多來自瑞士。除由瑞士直接進口者外。由俄國法國運來者。亦概屬瑞士貨。蓋瑞士久以此業著聲譽於世界。國內工廠。所在林立。自巴西爾 (Basel) 起。直至日內瓦 (Geneva) 與法國接壤地方。最形發達。此外弗利布格爾、米雅夫茲、紏林格、及德散諸州。亦有製造廠。據千九百五年瑞士工業統計表所載。全國製錶工廠、三千七百四十三所。計百倫州 (Bern) 千五百六十二。牛砂德爾州 (Neuchatel) 千九十。日內瓦州二百六十二。波州二百五十二。索爾阿耳州百四十一。巴西爾州三十八。統計全國男女工人。從事斯業者六萬人。其依此為生者。約三十萬人。實占瑞士人口總數十二分之一。每年製品輸出外國。約值三億一千四百萬佛郎。輸入中國者。一九一八年、六百三十四萬佛郎。一九一九年、九百十三萬佛郎。蓋其製品花樣甚多。表面裝飾優美高尙。內部配置。亦最為正確。技師智識豐富。尤能投合世界市場之嗜好。故瑞士鐘錶工業。常能左右世界市場。其工廠之信用特著。而又有相當之歷史者。為左列各廠。

廠名	所在地	廠名	所在地
Longies	St. Imier	Nardin	
Meoeri	"	Tavannes Watch Co.	La Locle
Patek Philip	Geneva	Orecht A. G.	Tavannes
Vaeneron Contntin	"	Kummer A. F.	Grenihen
Omega Watch Co.	Bienne	Langendorf Watch Co.	Bettlach
La Champagne	"	Schild Co.	Langendorf
Genith	La Locle	Vve Charles Leon Schmitt	La Chaux-de-fonds

近來日本此項工業。亦頗發達。其製品輸入我國者。價較瑞士貨為廉。頗能暢銷。惟品質較遜。不耐久用。人多菲薄之。

占進口最大部分之時鐘。(Clocks) 有座鐘、掛鐘兩式。再考其種類。則除木製之座鐘、掛鐘外。又有玻璃製座鐘、金屬製自鳴鐘、(俗名鬧鐘) 八音鐘、及定時鐘、流金錫製座鐘等。此等金屬製座鐘。從前僅有德、法、美等西洋貨。近則日本貨漸見暢銷。蓋當歐戰時。西洋貨來源減少。加以物價騰貴。鐘錶市價飛漲。日人遂乘時大興製造。擴張銷路。直至今日。其製品猶能與西洋貨抗衡。其木製座鐘、掛鐘、價格尤廉。歐美貨亦幾為其所壓倒。大都爲東京及名古屋所製。日本輸入我國之時鐘。即以此等木製之座鐘及掛鐘。占最大部分。此類座鐘之銷路。以上海爲主。天津、牛莊、安東等處次之。奉天、長春方面。亦有相當之銷路。往上海者多屬廉價之次等貨。天津及北方各省。上等貨、銷行較多。掛鐘在上海向無銷路。今亦漸見行銷。銷數較之座鐘。約爲七與三之比。金屬製之座鐘。係模仿德國之圓形及四角形等自鳴鐘。當歐戰時因歐洲來貨斷絕。曾有相當之銷數。品質過於脆薄。今後能否有銷路。固未可知也。

德國鐘表。聲譽素著。戰前進口年值十萬兩左右。民國五年以後。一時中斷。迨民國九年。又有價值一萬三千兩之進口。舊時信用尚在。此項貿易。想不難回復原狀。

我國製造鐘表業。上海有美華利、及史惟記兩公司。皆民國八年創辦。浙江有亨得利鐘表號股分有限公司。資本五萬元。亦民國八年創辦。本店設浙江杭縣清河坊。南京（黑廊街）鎮江（西門）濟南（大馬路）無錫（通運路）開封（馬道街）設有支店。出品不知如何。惟此等工業創辦不易。必須技術熟練。原料豐富。二者缺一不可。以瑞士人之擅長此術。而原料仰給於德法美等國。識者猶譏其工業不能獨立也。則華商之欲從事此業者。其於瑞士德國等鐘表工業。誠不可不急起而研究之矣。

第十四章　煤

我國煤礦。夙稱豐富。特以交通不便。資本缺乏。及其他種種關係。礦業未甚發達。以致煤之供給。尙多仰諸外國。民國二年、進口煤百六十九萬噸。價值九百四十二萬兩。民國九年進口百二十五萬噸。價值一千四百三十七萬兩。此等輸入煤之種類。以日本煤、安南煤爲最著。而日本煤尤占多數。玆表示其輸入額於左。

地區	民國七年 數量	民國七年 價值	民國八年 數量	民國八年 價值	民國九年 數量	民國九年 價值
進口淨數	一、〇七五、〇五七噸	三、五九三、四七九兩	一、一七三、八三三噸	三、五一七、四一八兩	一、二五四、五三一噸	一四、三七四、五七九兩
香港	一七一、〇四四	二、四七一、七五八	三三一、七五三	二、六九八、四七八	二七九、二八三	三、三九二、二五八
安南	二〇、六一〇	二八三、七七九	八〇、二三七	九六〇、二六三	一一四、九三三	一、五七三、八一三
俄國 由陸路	一〇、六九六	八八、七三三	二七、〇一五	四〇二、五六八	一三、四〇六	一三四、〇六〇
俄國 太平洋各口	六〇、六五三	二六三、二四〇	三七、八六〇	二三二、七六〇	一八、八一三	九四、〇六五

日本	八四六、九一二	九、八七八、五五四	八四四、六八二	八、七二五、四四二	九〇四、三七二	九、九九九、五九七
主要輸入港						
滿洲里	四、〇二四	三三、二七九	二七、〇二五	三〇二、五六八	一三、四〇六	一三四、〇六〇
綏芬河	六〇、六五二	二六三、二四〇	三七、八四四	二三二、四八六	一八、八一三	九四、〇六五
大連	一四一	一、六二三	八二、〇九三	八二〇、九三〇	一六八、六八五	二、一〇八、五六三
膠州	七、八六九	九〇、四九三	三三、三七七	二二四、四四一	一五、七七一	一七三、四八一
漢口	八六、九四四	九九九、八五六	二三、七五六	二三八、〇七二	一一、九九八	一三一、九七八
鎮江	二二、四七二	一四三、四三四	一三、三四七	一三〇、二五八	一四、〇七二	一八三、三八八
上海	四七〇、五〇五	五、四二〇、一七七	四八一、九一九	四、九七四、五七九	五四五、三二七	六、〇四七、一四八
蘇州	二五、七八九	二九六、五七三	一三、〇七四	一三一、一三二	一四、八九六	一六四、九一二
廈門	一三、八七一	二〇六、三七六	九、四三三	一二七、一二六	一〇、七九〇	一三八、二九八
汕頭	一九、三五二	二八二、九三九	二三、二四九	三七三、四八三	一九、三〇七	四〇六、四八九
廣州	二五、五九四	三七一、七〇八	五四、五一一	六九四、二二七	五一、五六三	六八二、三三一
九龍	一〇九、三二九	一、五四六、五八五	一五八、九二三	一、九三七、四五六	一九七、九五五	二、三六八、二六六
九龍(廣九鐵路)	二六、七九二	四一〇、九八九	一一、六七五	一四二、〇八五	三、三〇五	三六、三五五
拱北	一七、一一三	二六〇、二八九	二五、六七〇	三一七、一一七	四〇、四四九	四五二、〇九三

進口日本煤。依其產地分爲三池煤、筑豐煤、唐津煤、長崎煤、杵島煤等數種。其中筑豐煤最多。三池煤次之。安南煤。則有東京煤(Coal, Hongay)基寶煤(Coal, Kebao)等數種。東京煤占最多數。從前英國加提夫煤及澳洲煤進口甚多。歐戰以後。已漸減少。

外國煤之銷路。以中部各省爲第一。南部各省次之。北部各省。因國煤盛行。外國煤進口甚少。其用途可分爲輪船用及陸上用兩種。此兩者需要之比例約為四與六之比。

年來國煤產額增加頗能與外國煤競爭。現在產煤最盛者。為開灤、萍鄉、河南、山西、淄川、嶧縣、撫順、本溪湖等礦。長江方面近亦盛銷國煤。外國煤進口之所以不能十分發展者。即以此故。以下試即國煤與外國煤在各埠銷行狀況。約畧述之。

上海　上海為全國工商業之中心。輪船輻輳。工廠林立。煤之需要甚廣。且長江下游各埠。多向上海購煤。故進口煤之多。為全國第一。上海市場。向以外國煤銷行最暢。國煤次之。近則國煤增多。外國煤已形衰減。此等外國煤。以日本煤、安南煤為主。而日本煤尤占多數。國煤、則以開灤煤為最多。嶧縣煤、撫順煤、本溪湖次之。最近數年進口淨數如左表。（不含復出口數在內以下仿此）

種類	民國四年	民國五年	民國六年	民國七年	民國八年
東京煤	四八、二三三噸	二五、〇八五噸	九、一九〇噸	五、四五三噸	二三、〇五六噸
日本煤	四七七、九五二	五七三、五一三	六七〇、九八九	四六四、七六一	四四九、四一八
國煤	四三九、七二〇	五八八、一五〇	六四四、三二七	四五六、五六九	八三六、七五三

漢口　外國煤銷行漢口者。僅有日本煤一種。從前頗占勢力。然近來河南煤行銷漸廣。日煤受其抵制。已形衰退。約如左表。今後漢口市場。其為國煤獨占之時期。將不遠矣。

種類	民國四年	民國五年	民國六年	民國七年	民國八年
日本煤	一〇二、三四九噸	九二、八〇四噸	一〇三、一二五噸	八六、九四四噸	二三、七三六噸
國煤	二九七、九三八	二八五、四七三	三〇八、九〇八	一三九、二五五	一四九、八七〇

漢口　所銷之國煤。以萍鄉煤、河南煤為最多。開灤煤較少。約占十分之二。河南煤、由京漢鐵路運輸。萍鄉煤由株萍鐵路運至株州。再由水路轉運。交通甚便。運費亦廉。故外國煤不能與之爭。現在漢口各工廠及輪船。除少數有特別原因者外。殆無用外國煤者矣。

廣州　國煤勢力不及外國煤遠甚。外國煤中以日本煤勢力最大。安南煤次之。英國煤、澳洲煤。雖有進口。然亦微末不足道也。

	英國煤	東京煤	日本煤	東京煤屑	日本煤屑	國煤
民國六年	二五〇噸	二〇、三六一噸	六一、〇〇一噸	——噸	——噸	四〇、三二五噸

民國七年	二五〇	二、四九一	一六、六九六	四、三五〇	一、八〇七	二三
民國八年	——	三、八六二	三五、〇三六	六、七七四	——	二五、一八四

廣州所銷之國煤。大部分爲開灤煤。他省煤不及十分之一。計民國八年進口煤二五、一八四噸中。開灤煤占二五、一二一噸。他省煤僅六三噸。年來因國內紛爭。商業運輸。不克發展。國煤前途。殆難樂觀。北江一帶。煤礦甚多。特因轉運不易。及礦工工作不良。迄無進步。近有人組織公司。從事開採。資本一百萬元。倘能改良交通。力圖發展。則廣州市場。庶可不仰外國煤之供給矣。

第十五章　棉花

年來國內紗廠勃興。棉花消費甚多。廠家每遇內地歲收歉薄。或外棉市價低落。或因匯票行市比較有利可圖。則多購外棉。尤以紡製細紗。不能不攙用外國上等棉花。以此種種原因。外棉輸入。遂日見加多。民國二年進口僅十三萬擔。價值三百零一萬兩。九年增至六十七萬擔。價值一千七百九十九萬兩。大抵印度棉花進口最多。美棉次之。最近數年輸入額如左。

地區	民國七年 數量（擔）	民國七年 價值（兩）	民國八年 數量（擔）	民國八年 價值（兩）	民國九年 數量（擔）	民國九年 價值（兩）
進口淨數	一九〇、二一〇	六、〇七〇、五一七	二三九、〇〇三	六、四九九、〇七三	六七八、二九七	一七、九九三、一七〇
香港	二五、八四七	六三〇、七六七	六、二一七	一一七、六〇五	二三、五二六	四九〇、〇六三
安南	四、一二一	八九、二一二	四、七六六	九七、〇一四	一一、〇四九	二五三、五六〇
印度	一八、三六四	六〇五、八七三	九八、四三〇	二、二九七、〇一〇	四一八、九六四	九、八三二、三九五
俄國	二三四	九八二	三、二四六	九四、三八八	三四、五二九	一、六五九、一七〇
日本	一三六、二二二	四、二九九、一三一	七五、〇二九	二、〇五二、三一〇	一六一、九七八	四、四七五、八〇一
美國	一一、六六五	四〇七、六一六	三七、一九九	一、三七九、六五四	三四、〇四九	一、四七一、〇三三
主要輸入港						

滿洲里	—	—	一、五九二	八〇、二五五	三三、三五四	一、六一七、七〇〇
天津	二、四九七	二九、三八〇	一、五五一	一三、四七〇	一五、八一九	四一五、六二五
上海	一五七、七五八	五、四八八、九八二	二〇五、八九五	五、六四〇、五二一	五五八、一一三	一四、一二二、五四五
蒙自	一、六三一	三三、二六五	四、七九五	八九、三四五	九、〇六九	一九五、六四八
思茅	六、六八九	一七七、二五九	三、五五〇	一五九、七九七	八、四〇一	三五二、〇三〇
騰越	一、〇六八	三六、六三	八、三〇六	三一六、七七三	二一、六一八	七四八、三八一

由香港進口者。爲美國及印度棉花。由日本進口者。類屬美棉印度棉花、以匯兌之關係時或亦間接由日本輸入。再就外棉之銷路觀之。則銷數最鉅者首推中部各省。南方次之。北方又次之。蓋中部各省。雖屬著名產棉之區。而新近設立紗廠較多。故需要外棉亦最鉅。僅上海一埠進口。已占總輸入額百分之九十左右。南部如閩粵等省因風土氣候之關係。產棉較少。不能不仰給於外國。兩廣雲南等省。與著名產棉之印度緬甸安南壤地相接。所需棉花。卽由此等地方直接輸入。而間接由香港輸入者亦不在少數。東三省一帶。亦多仰給外棉。大都由上海等埠轉運進口。由外國逕運進口者少。

美國棉花。有海島棉、高原棉兩種。海島棉產於喬治亞、弗羅里達、南加羅萊伞等省。及西印度羣島。年產十萬包內外。（每包重五百磅）能紡百五十支以上之細紗。大部分消費於美國內地。有少數運銷英國曼徹斯特。專需紡細紗之用。我國尚無爲乎此。現時輸入之美棉。爲高原棉一種。此棉產於得撒省 (Texas) 以東。鄂克拉賀默省 (Oklahoma) 阿干薩斯省 (Arkansas) 田納西省 (Tennessee) 及北加羅萊伞省以南地方。每年耕作面積。在三千二百萬英畝以上。歉歲、可收千二百萬包。豐年則達千六百萬包以上。約占世界總產額三分之二。其歲之凶豐。足以左右世界棉花之市況。故美國農部。每年六月。必公表各省植棉畝數。其每月二十五日之發育狀況。亦必於翌日初旬。以百分率公表之。世界棉商。咸以此預卜棉花市價之高低。迨收穫之時。美國統計局搜集植棉地方花衣之成數。於每星期公表之。藉此可以覘一年實際收穫之狀況。世界棉商盼此消息。殆如望紅旗之報捷焉。大抵美棉產額。有百分之九十九屬於高原棉。此棉能紡四十乃至六十支之紗。上等者可紡成八十支。其輸入我國者。卽此棉也。蓋我國棉花品質欠佳。以最優之南通棉。僅能紡三十二支之紗。山西陝西等省所產。雖能紡三十六支左右。而產額不多。此外各省所產。大都僅能紡二十支左右。故廠家紡細紗。必須攙用美棉。現在國內生活程度日高。細紗需要益多。今後美棉之輸入。敢斷言其必有增無減也。美棉交易習慣。分別一定等級。以爲定價之標準。此等級爲農部所定。以 Middling（米特令）爲標準貨。自此以上。品質漸佳。價格遞增。自此以下。品質漸劣。價格遞減。茲舉其各級於左。

Fair
Bare fair
Strict middling fair
Very middling fair
Middling fair
Bare middling fair
Strict good middling
Very good middling
Good middling
Bare good middling
Strict middling
Very middling
Middling（標準貨）
Bare middling
Strict raw middling
Very raw middling
Raw middling
Bare raw middling
Strict good ordinary
Very good ordinary
Good ordinary
Bare good ordinary
Strict ordinary
Very ordinary
Ordinary
Raw ordinary
Inferior

右表 Fair 爲上等貨。Ordinary 爲下等貨。其品質較劣者。不惟不能紡出細紗。其中所含碎棉亦較多。據云 Middling Fair 級。含有碎棉百分之八。Middling 級含有碎棉百分之十二。Good Ordinary 級則含有百分之二十四。美國政府。按照此等級表。製成樣本。頒給民間。買賣時、對於品質發生爭議。則依照此樣本。判定其屬於何級。至各等級之價格。則由紐約交易所決定。而於新聞雜誌公表之。故知其標準貨 Middling 級之價格。即可以推知其全等級之價格。我國上海報紙。常載有紐約電報告 Middling 級（米特令）之價格。從事此業者。呼棉價之高低。爲漲幾磅音。或跌幾磅音。

印度。植棉面積有二千二百萬英畝。年產四百餘萬包。產地遍於全國。其中最重要之產地。爲古直拉德、及加西阿窪爾平原、欽勒伯里、馬濟拉、康拜特列、麻打拉薩。臺坎、中央州、巴哈爾等處。商業上先依產地分類。然後按照品質分別等級。例如白洛處（或譯白落取）欽勒伯里、信幹加特、麻打拉薩、孟加拉（或譯朋刕而、平加而）信度、孟買、奥姆辣、巴林邦、海達拉巴、亞伽牟、奔扎比、阿薩密、亞格剌、俾路支斯坦等。皆依產地分類者。更依其品質分爲 Fine, very good, good, very good fair, good fair, very 等七級。定期賣買時。以 Very good 級之白洛處

(Broach) 或朋𦀰而（即孟買、此係滬上譯語）及 Fine 級之亞格剌爲標準貨。他種之棉。亦悉依此標準作成等級而爲交易。印棉價格。係以每『坎特』幾『羅比』計算。例如市價表載『白洛處值二八五』即係謂 Fine 級之白洛處每坎特價值二百八十五羅比也。（每坎特重七百八十四磅）印棉纖維粗短、上等者、不能紡四十支以上之紗、下等者不能紡十支以上之紗。然其價格最廉。以故廠家購買極多。使用時、必須攙用陝西上等棉花。

第十六章　電氣材料及裝置品 (Electrical Materials)

年來國內電氣事業。漸形發達。因之電氣機械之需要。異常增加。全國電氣事業之狀況、據民國八年調查。合已成未成者、計共一百六十八件。如左表。

事業別	事業數	華商經營	洋商經營
電氣供給業	一一七	八五	三二
電車	三	一	二
電車兼電氣供給業	三	—	三
自用	一二	四	八
來開業	三三	二九	四
計	一六八	一一九	四九

現時電機需要之多。不待煩言而解。各城市中。每因電力不足。供不應求。所有機器。未免用之過度。以故富商大賈。咸購備細小發電機。以供鋪用之燈火。此種發電機。大抵皆由美國輸入。其電力之單位。日事擴張。在數年前。每架電力。至多不過二百乃至四百基羅華德。現則增至一千基羅華德以上。他若紗廠、麵粉廠等。亦多訂購發電機。電機之設備既廣。則電氣附件及裝置品以及燈泡銷場。自亦因之而盛。民國二年、電氣材料進口、計值二百三十萬兩。民國八年、增至五百萬兩。民國九年、更增至六百三十萬兩。主要輸入港爲大連、天津、上海、漢口等。

地區	民國七年 數量	民國七年 價值	民國八年 數量	民國八年 價值	民國九年 數量	民國九年 價值
進口淨數	—	四、一三三、一九四兩	—	四、九九一、八一二兩	—	六、二九四、六三三兩
香港	—	三七一、四六七	—	三九七、六四二	—	三一八、七三二
英國	—	二五〇、四一八	—	二八四、五九九	—	九五三、六一六

日本	—	二、三〇〇、一一〇	—	二、三〇二、八九八	—	二、六二四、三三四
坎拿大	—	二七三、一一三	—	三三六、六八三	—	三〇四、四二一
美國	—	八七三、五四五	—	一、六二三、〇九〇	—	二、〇一二、三九七
主要輸入港						
大連	—	一、四二五、九三二	—	一、六七七、一二七	—	一、五七八、七七七
天津	—	四五三、八五一	—	五一四、三四二	—	九五二、三六四
膠州	—	四四、四二四	—	六〇、〇九一	—	一五九、四三五
漢口	—	二六七、八六四	—	五〇六、二九二	—	三八一、九五二
上海	—	一、一三七、六五五	—	一、五六二、四一三	—	二、六二五、〇一二
廣州	—	二一六、〇〇〇	—	二七六、六四一	—	一八二、八五九

歐戰以前。進口電氣機械。以德國貨爲最多。英日美等國次之。近則日本貨最占多數。美國次之。英國又次之。德國貨久經斷絕。至民國九年。始有價値九萬八千五百餘兩之進口。上等裝置品。多來自美國。日本貨則零碎小件居多。由日本運來者。往往亦含有美國貨。（例如民國七年漢口水電公司向日本訂購之二千基發電機及福州電燈公司訂購之一千基發電機。雖屬日商承辦。實則全係美貨）蓋由日本此項製造業尙甚幼稚故也。然而一方面。以有排貨風潮。日貨進口時。冒充西洋貨。以圖避免人之挑剔者。往往有之。故眞正日貨究有幾何。實不能僅憑關册斷定之也。

辦理電氣機械進口之洋商。如德商西門子等。聲譽素著。而日商之活動。亦頗可觀。其專辦進口者有三井洋行、古河公司、高田商會、川北電氣公司、安部洋行、住友洋行、東京電氣株式會社、中國電球株式會社、輸出電氣材料組合等。（古河公司及藤倉電線株式會社所合辦）販賣電氣用品及承辦電氣工程者。有高岩洋行、黑木洋行、眞美洋行、須藤洋行、華南洋行、遠崎洋行、加藤洋行、華善洋行、大佛洋行等。在歐戰以前。日商不過古河、三井、高田、中桐等數家。所售之貨。亦只電線、碍子、電話雜件等數種。曾幾何時。竟有如今日之盛況。則其努力之程度可知已。現在德商已恢復營業。英美商人。亦爭相擴充。則生產能力較劣之日本自難維持其歐戰以來之勢力。然以我國需要增多。今後尙不乏日商活動之餘地。逆料各種機械中如小發電機及電扇電話零件等。當仍爲日商所操持。特其價值較昂。亦未必能與德美英等國之貨相對抗耳。

▲上海電氣材料商行一覽表（民國九年調查）

行名	國籍	地址	行名	國籍	地址
茂生洋行	美商	英租界四川路五三	中央電料公司	華商	美租界北四川路
愼昌洋行	同	英租界圓明園路四	福來	同	湖北路三三〇
瑞記	德商	英租界九江路六	恆豐康	同	法租界金陵街五三
光耀有限公司		英租界漢口路一三	依巴德電氣公司	華商	英租界廣東路
美興公司		英租界黃浦灘路四	旭東公司	同	同
通用電器公司	英商	英租界仁記路七	大德電燈公司	同	英租界江西路
惠東銀公司	美商	英租界廣東路三四	東方電燈公司	同	英租界山東路
茂成		英租界福州路二〇	華南洋行	日商	狄思威路
祥泰		英租界北京路六	黑木洋行	同	法租界愛多亞路
瑞生機器陳列所		英租界寧波路	高田商會	同	英租界博物院路
金龍洋行		美租界北蘇州路	高嚴洋行	同	英租界四川路
西方電器公司		英租界黃浦灘路四	日本貿易公司	同	仁記路
法商電器公司	法商	法租界公館馬路	眞崎洋行	同	北蘇州路
威麟電料公司		英租界四川路八一	三菱公司	同	英租界廣東路
安部洋行	日商	英租界福州路三	三井洋行	同	英租界四川路
川北電氣公司	同	英租界四川路	明治貿易公司	同	

東京電氣公司	同	英租界南京路	內田商事株式會社	同	公共租界黃浦路
大倉洋行	同	英租界九江路	常盤洋行	同	英租界江西路
住友洋行	同	同	山口洋行	同	英租界四川路
東方洋行	同	英租界四川路	中澤洋行	同	英租界九江路
東亞公司	同	英租界河南路	古河公司	同	英租界仁記路
中國電球公司	同	英租界南京路	中華電業公司	同	香港路
須籐電氣店	同	公共租界靖遠街			

▲上海輸入電氣材料一覽表

種類 價值	民國八年	民國七年	民國六年
電池、電瓶、Batteries and Dry Cells	二五、三七九兩	二七、五六〇兩	三二、二一九兩
水電線 Cables	二〇二、七八〇	二一、八一三	八三、四〇二
電灶、電熨斗、電烘爐 Cookers, Irons	一〇、五六八	五、〇四〇	二、八六五
電扇及附屬器 Fans and Accessories	一六五、七五九	一〇九、六一九	一一〇、〇一八
隔電電線及化成硬橡皮電線 Insulated and Vulcanised Wire	二一九、〇五三	二九一、六九三	四〇八、七九六
隔電物及磁類 Insulators and Porcelain Cleats	六一、六五四	二一、六四七	一八、九二一
電燈及燈器 Lamps and Lampware	五七一、一四一	四七九、六〇六	三六七、六〇九
電表及零件 Meters and Parts	二六、七七三	八一、〇二八	七六、六四四
電力原動機及零件 Motors „	二七〇、〇四八	一五五、五八六	六七、〇四八
電汽煖爐 Radiators	六、二八八	二一、六六六	九、〇六九
電氣開閉器 Switches	三〇、八〇五	二一、三五七	五六、〇四三

變電流器 Transformers	二五、三〇六	九二、一三〇	一三二、九四一
他類電氣材料	三六〇、五七六	二二五、一七五	四五〇、三三七

以上所列價值、係直接由外洋進口之數、其由通商口岸運入者不在內、

第十七章 搪磁器

搪磁器。(Enamelled ware 或譯鍍磁器亦曰琺藍鐵器) 以國內生活程度日高需要頗多。每年進口價值百萬兩以上。從前此等進口貨。以奧國貨最多。德國次之。日本又次之。(民國二年輸入總額一百十五萬兩中。由奧國運來者六十九萬兩。由德國進口者十二萬兩。日本貨進口僅六萬兩) 歐戰以還。德奧來源減少。日本進口大增。我國市場幾為日貨所獨占。然年來以排貨之故。日貨頗受影響。因之進口總數亦形銳減。如左表。

地區	民國七年 數量	民國七年 價值	民國八年 數量	民國八年 價值	民國九年 數量	民國九年 價值
進口總數	—	一、一〇六、五三三兩	—	一、二二五、九四六兩	—	六五三、二三五兩
香港	—	一九六、二〇八	—	二一六、一七六	—	四一、一七三
英國	—	六、八三五	—	七、九五六	—	二〇、八四六
日本	—	八八四、一七八	—	一、〇三二、八五八	—	五四三、八一七
美國	—	二三、六七五	—	五七、九〇〇	—	四一、二七八
主要輸入港						
大連	—	一四四、五七五	—	一五八、四二四	—	一四九、九四六
天津	—	一四七、八一四	—	二〇九、九七六	—	一二一、三〇九
漢口	—	八〇、一四一	—	一八〇、一四二	—	七六、八八二
上海	—	一八三、五二七	—	一七五、二九七	—	七八、四一八

備考　由香港進口者內含日本貨甚多民國九年由奧國進口一萬一千四百三十六兩由德國進口二千五百二十五兩此歐戰以後德奧搪磁器恢復在華銷路之初步也

此項進口貨中以洗面盆爲最多盤、𠻗口盂、茶碗、肥皂盒、痰盂等次之洗面盆有數種最小者直徑十二糎最大者至四十糎盤最小者直徑十二糎最大者二十六糎𠻗口盂最小者口徑七糎最大者十一糎蓋其計算口徑大小之法皆以糎計每大一號卽增一糎此等貨旣能美觀又堅實耐久較之舊式磁器銅器尤受一般奢侈者之歡迎日本貨之品質劣於德奧在市場上之聲譽遠不如西洋貨特因德奧貿易中經停頓不能不轉求之於日本因之日商遂乘此時機大形活動其專爲輸入中國之製造工廠有三重縣珐瑯鐵器株式會社神戶東亞 Enamel 株式會社及大阪之日本 Enamel 株式會社大阪珐瑯株式會社織田會社大日本珐瑯株式會社等類皆獲利甚鉅自排貨以來國人多以磁器銅器代用日貨勢力爲之稍殺然此究屬一時現象根本至計固莫過於急起而仿造之現時國內搪磁工業除上海鑄豐廠（在閘北橫濱路民國八年創辦資本十萬元）及中華珐瑯器公司而外餘尙闃寂無聞坐視每年百餘萬兩之金錢流入外國殊可惜也

第十八章　海味

海味爲進口大宗之一年值二千萬兩左右我國關册於此分類不甚詳細大致分爲（一）海參（二）燕窩（三）魚膠、洋菜（四）海帶、海菜（五）魚介海味五種以下分述之

一、海參(Bicho do Mar)

海參進口年値百數十萬兩由香港進口最多日本次之新嘉坡、爪哇朝鮮等處又次之主要輸入港爲上海、天津、九龍、漢口、福州、廈門等

地區	民國七年 數量	民國七年 價值	民國八年 數量	民國八年 價值	民國九年 數量	民國九年 價值
進口淨數	四一、三三三擔	一、六八一、三五五兩	四三、三四二擔	一、五二四、六九九兩	四五、一九七擔	一、九一〇、九六一兩
香港	三三、五三一	八六二、六七一	三三、〇七五	七七二、四〇六	二五、三七四	九九六、八三九
新嘉坡等處	二、九九九	七七、〇七二	四、二二六	一〇二、二二六	三、二九五	九二、一六七
爪哇等處	一、五三三	四一、三五〇	二、八〇三	六三、三〇九	二、六七一	五八、七〇六

俄國太平洋各口	一、一三三	五三、五二一	七六四	三一、一九九	一、〇七四	五五、四三五
朝鮮	二、一五八	八四、一五五	一、九八八	七三、二一〇	二、一五二	九一、九八五
日本、台灣	二、〇一九	五六二、五六二	九、八九三	四五七、〇〇六	九、四二〇	五七五、七七三

海參有黑白兩種。黑者來自朝鮮、日本。白者來自南洋。南洋貨品質較遜。價格亦廉。來自新嘉坡、新金山、嘆吻、𠳐咖錫等處。種類繁多。上海市場有金山禿、（一名明玉。產於金山）象鼻、方參、梅花、𠳐咖錫、嘆吻、黃皮、玉梅、條烏、元靴參、烏綿、赤參、虫參等稱。其中金山禿、𠳐咖錫、嘆吻三種。銷行最廣。日本貨分有刺、無刺兩種。有刺者產於北海道、三陸等處。無刺者產於沖繩、鹿兒島兩縣。無刺者價格極廉。又日本貨共分十號。第一號貨品質最劣。第十號貨最佳。上海市場。則分爲上刺參、中刺參、下刺參、小刺參四種。大抵以叢生銳刺。肉厚色黑者爲上品。

二、燕窩（Birds' Nests）

燕窩產於南洋。由香港、新嘉坡等處輸入上海、漢口。進口最多。

地區	民國七年 數量	民國七年 價值	民國八年 數量	民國八年 價值	民國九年 數量	民國九年 價值
進口淨數	九六、〇四〇斤	八一二、五六二兩	九九、二三九斤	八五四、九二六兩	九〇、二三一斤	八二三、九三七兩
香港	五一、四八三	三九九、八九四	四六、四四三	三九八、四三九	四六、四九七	四三〇、五八〇
新嘉玻等處	四四、七一五	四〇五、三四二	五二、二三三	四五〇、五七四	四三、六六二	三八一、八四七
爪哇等處	七六	一、三四三	三六	三、七五六	五九九	二、五三六

三、魚膠、洋菜（Isinglass）

此項貨物全屬日本貨。來自大阪。所謂細寒天者是也。我國酒席宴會。多以代燕窩之用。從前進口甚多。近受排貨影響。到數減少。主要輸入港爲天津、漢口、上海、福州等。中部各省行銷最多。北部及南部各省次之。（我國寧波產洋菜。品質優良。色白有光。駕日貨而上之。惜出產不多。）

地區	民國七年 數量	民國七年 價值	民國八年 數量	民國八年 價值	民國九年 數量	民國九年 價值
進口淨數	二、四九三担	一七九、五三三兩	五、〇五〇担	四〇一、七七二兩	四、五三六担	三二八、九八四兩
香港	五一一	二九、七六五	三六三	二〇、〇四七	一四六	九、七七四
日本	二、〇〇七	一五二、四七四	四、五八〇	三七四、四四九	四、三七四	三〇二、二〇六

四、海帶、海菜 (Seaweed and Agar-agar)

海帶、海菜。爲內地各埠暢銷之物。每年進口在二百萬兩內外。日本貨占十之八九。該國輸出之貨。全部運銷於我國。(下表由香港俄國進口者大都亦屬日貨)

地區	民國七年 數量	民國七年 價值	民國八年 數量	民國八年 價值	民國九年 數量	民國九年 價值
進口淨數	七九六、三〇一担	二、二三六、〇七四兩	四二四、七二三担	一、二七四、七四一兩	五二六、七六六担	一、七二五、九五七兩
香港	二七、〇八〇	一四一、四五二	三一、九三三	一八〇、六四二	三一、四〇二	一八四、五〇四
澳門	一、〇二五	二五、四九一	一、七五八	三七、三七三	一、〇七五	二八、六七一
新嘉坡等處	三七七	二、四〇二	二、四〇五	一四、五〇四	三、二九二	一九、五九三
爪哇等處	六〇五	三、八五四	五、〇四五	三〇、五六四	四、〇一八	二四、一〇四
俄國 由陸路	一、七九四	四、九三三	一、一八四	三、三一五	一、二二三	三、一五四
俄國 太平洋各口	五〇、四六一	一二八、五〇七	二三、九二六	五二、一六八	二五、七六七	一三四、三一八
朝鮮	一、二六三	四、八七四	三、八六九	一三、六四三	一、〇一八	四、二三九
日本、台灣	七二三、七四六	一、九一四、七五三	三五四、六八六	九四二、八三一	四五九、七六九	一、三三一、二四一

內地之需要。以長江一帶爲最多。約占進口總額之半數以上。北方各省及東三省次之。南方各省需要最少。主要輸入港爲漢口、上海、九江、天津、

大連等埠。

海帶、原名昆布產於北海道。因其產地而有根室貨、厚岸貨、釧路貨之別。又因夏秋出貨時期不同。價格亦有高低。又其所謂剡昆布者。此名帶絲。卽由海帶所製成分函館貨、橫濱貨、神戶貨、（大阪製造）三種。函館爲一等貨。橫濱爲二等貨。神戶爲三等貨。其中神戶貨進口最多。華商向在函館設有支店。專以收買海帶爲業。名曰箱莊。所收之貨。僱船直接運回上海。每年船行二三次。絲毫不假日人之手。行之已數百年矣。自民國七年日人始有直接輸出之計畫。設立日華貿易株式會社（資本四十萬圓）及北洋貿易株式會社。（資本二十萬圓）三井大倉、及神戶鈴木商店亦競起而爲直接輸出。計專營此項貿易之船。由根室至上海者十艘。由函館至上海者十八艘。直航天津者二艘。而華商竟莫能與之爭。數百年之根基。坐是傾覆盡矣。

五、魚介海味 除海參、魚膠、洋菜、海帶、海菜 Fish and Fishery Products (Not Including Bicho De Mar, Isinglass and Seaweed and Agar-Agar)

此項進口年約一千三百萬兩。由香港、澳門、日本、新嘉坡、朝鮮、俄屬極東地方進口。主要輸入港爲上海、廣州、九龍、拱北、廈門、大連等埠。

地區	民國七年 數量（擔）	民國七年 價值（兩）	民國八年 數量（擔）	民國八年 價值（兩）	民國九年 數量（擔）	民國九年 價值（兩）
進口淨數	1,四四五,七五三	一三,五六六,七二七	1,四〇七,五一八	一一,一九四,六一〇	1,七四九,二〇三	一三,三〇五,六九〇
香港	六〇四,七九五	六,七一六,四八七	五六三,八四五	五,六三七,七九八	六八四,六六五	六,二〇二,六四六
澳門	二四二,二八五	一,四五五,〇三〇	二六七,五二六	一,四三四,四八九	二三九,〇九六	一,二九九,二七四
新嘉坡等處	八,〇三九	二三九,六九〇	二〇,四一七	四五二,五九九	一八,〇二六	四五二,一五三
俄國 山陸路	一七,六六六	一一〇,〇六九	一四,四一九	八四,一九二	九,四八三	六八,五一六
俄國 黑龍江各口	三,六四一	一九,六四九	一,九四五	一三,七九六	一三,五〇三	一一八,六一一
俄國 太平洋各口	三三,二七七	二二七,一五七	九九,一五八	五〇七,七七三	七八,九八一	四一四,七三〇
朝鮮	五七,五七一	三三五,五〇七	九〇,三六二	四六七,五五六	七八,八〇〇	五〇九,三三一
日本、台灣	四六九,五三八	三,四〇八,〇八四	三四九,七七〇	二,五七〇,三五九	五二五,一一五	三,八七八,八〇九

由香港進口者。雜有日本貨、南洋貨及中國貨在內。南方各省所輸入之海產物。皆係由香港轉口。故香港貿易額特多。次則澳門。該地附近一帶。漁業極盛。其鹽乾魚。盛銷於廣東各地。故澳門貿易額。亦占多數。若日本則於此項貿易。久已占重要之地位矣。從前之進口海產物。以鱿魚、鮑魚、干貝、魚翅及海帶、海參、魚膠為主。近則鹽魚、乾魚、鮮魚等。次第增加。除南洋一部分外。各國所輸入者。殆全屬此物也。在南方各省。銷行尤廣。海參、海帶、魚膠等項。已見前述。茲就其餘各項。述之於後。

(一)鱿魚　南方各省。輸入最多。大都來自日本。該國產地。以北海道、隱岐、對馬為主。有一番、二番之稱、一番貨、係劍先烏賊所製。產於對馬、肥前等之西海。其中肥前五島及對州貨最著名。二番貨、係眞柔魚、飛柔魚所製。日本全國皆產之。由香港轉口、運銷我國南部各省者。一番、二番皆有。直運上海者。類係二番貨。我國寧波廣東等處。產額甚鉅。寧波螟蛸鯗尤著名。惟受日本貨之競爭。行銷範圍不廣。日貨輸入我國者。年在四百萬圓內外。

(二)鮑魚　來自日本及朝鮮。日本貨。以三陸產居多。九州之平戶、小值賀產次之。每年輸入我國者。約值五十萬圓內外。有明鮑、灰鮑之分。長崎貨、以明鮑為主。橫濱貨、灰鮑佔十之七八。明鮑占十之二三。神戶、則更無明鮑矣。從前長崎輸出之貨。以朝鮮產占多數。近來華商多由朝鮮直接運回上海、經由長崎者漸少。然長崎貨中今猶有十之三四、屬於朝鮮產也。

(三)魚翅　此為世俗所謂珍味之一。然除我國外。世界各國。無有嗜之者。來自南洋、日本、臺灣、朝鮮。為鱶魚之副產物。合背翅一枚、胸翅二枚、下尾一枚、(上尾無筋絲故不採之)而為一組。種類繁多。上海市場有大明翅、大明皮、大旣頭、大白翅、鯤翅、虎沙皮、及龍鬚、骨葉、中對、罡對等稱。細分之、有百數十種。大別之、則為白黑二種。以白色為上品。南洋產、皆白翅。白淨乾燥。來自新嘉坡、嘪叻等處。貨數無統計。至日本、臺灣、朝鮮等貨。概黑白混合。每年輸入。約值六十萬圓左右。

(四)干貝　全係日貨。產於北海道北見、宗谷等處。此外根室、大鹽、後志、樺太、朝鮮等處。亦產之。在我國南方各省。銷行最多。中部各省次之。北方需要最少。廣東人最嗜此物。依形狀之大小。分為大粒、中粒、小粒及三角四種。我國祇烟台有出品。而粒子較日貨為小。此外世界各國。舉無產之者。日貨輸入我國、年在百萬圓以上。

(五)乾蝦及蝦米　來自日本朝鮮、南洋、美國、安南等處。其中日本貨最多。由神戶長崎運出。(神戶最多)年值八十萬圓內外。朝鮮貨除由釜山直接運來者外。經由長崎轉口者亦多。安南貨、乾燥、而粒大。久著聲譽於市場。專經香港輸入。此外來自香港、嘪叻等處者。有金勾尾、龍牙尾等名目。皆上品也。此項貿易。中部各省最盛。南部各省次之。

（六）乾魚　來自日本、暹羅、安南等處。日本乾鰹柴魚一項輸入我國。年達六十萬圓以上。皆北海道產也。暹羅、安南等貨。專由香港輸入我國漁船。由海南冲出漁於菲律濱羣島附近者。多以澳門爲根據地。故澳門乾魚業最盛。遂爲該地一大特產。或經拱北輸入廣東。或經香港轉銷各地。

此項貿易。大抵廣東福建最盛。上海次之。

（七）鹹魚　種類甚多、最著者爲鱒鰐、鰊、鰮等魚。最初來自美國。光緒三十三年。美商天祥洋行。始以鹽鱒及鮭輸入上海。其後宣統二年。日商起而競爭。鹽鱒一項。遂爲日貨所獨占。此魚多產於俄屬堪察加地方。由函館運來。肉質緊縮。外帶金黃色。每尾平均二斤內外。上海附近（蘇州杭州一帶）銷行最多。寧波、福州、廈門、汕頭等處次之。鹽鰊來自美國日本。其中美國最占多數。爲坎拿大及阿拉斯加地方所產。原亦日僑業漁者所製造。經日美商人運售。鹽質淡薄。肉味新鮮。最合內地之嗜好。故在市場上。勢力最大。日本鹽鰊。產於樺太。受樺太廳之保護。輸入我國。與美貨競爭甚烈、鹽鰮、亦有日美兩種貨。美貨最受歡迎。日貨、魚小而骨多。且腹部易潰。銷路不大。此外罐頭鹹魚。種類甚多。不具述。

第十九章　玻璃及玻璃器

此項進口。以玻璃片爲最多、玻璃器次之、燈及燈器、鏡、瓶等又次之。

（一）玻璃片　年來國內建築大興。玻璃片之需要。逐年加多。在歐戰以前。專由比、英、俄、美、德、奧等國輸入。中經歐戰。來源阻絕。日本玻璃。乘時推銷於我國。獲利甚厚。迄今日貨勢力。猶足抗衡歐美。該國旭硝子株式會社有第一工廠在兵庫縣尼崎。第二工廠在福岡縣戶畑。第三工廠在神奈川縣鶴見。第四工廠在福岡縣枝光。每月可產一萬五千箱。經三菱洋行運銷我國。品質不甚佳。惟戶畑工廠出品。足敵比國之皇冠牌及風鈴牌。現時市場上最受歡迎者。仍屬比國貨。故進口以比國爲第一。日本次之。香港、英美又次之。由香港進口者。雜有比、和、日、美等國貨。其中亦屬比國貨居多。（俄國莫斯科及魯摩茲克出品甚劣。從前進口甚多。今已漸次減少）

地區	民國七年 數量	民國七年 價值	民國八年 數量	民國八年 價值	民國九年 數量	民國九年 價值
進口淨數	一五六、二七一箱	一、五〇四、五七五兩	二三七、三五六箱	二、〇三五、九八五兩	三〇三、六九五箱	三、四五九、三四〇兩
香港	一四、六八三	一三五、八三〇	一四、七九七	一三七、五三八	三七、〇八五	五六二、〇四六

英國	一、七八〇	三五、二五三	一〇、〇一三	八〇、九一八	三六、五〇三	三〇五、七六四
比國	—	—	二、三〇〇	一三、八九一	一三三、五九二	一、三五三、一三〇
日本	一三一、四八七	一、一九〇、一七四	一九一、一三〇	一、五六二、〇三八	八八、八七六	一、一六一、六五五
美國	二、三二一	一九、八九九	一〇、六九八	一六四、七四七	一三、四四六	一三九、一三〇

主要輸入港爲天津、上海、大連、漢口、廣州等埠、

(二)玻璃器　係玻璃球、眼鏡、茶杯、花瓶、水菓盤、砂糖蓋碗、肥皂盒等類、年來國內奢侈風行。此項進口亦逐年增加。民國二年進口價值八十七萬兩。九年增至一百二十五萬兩。多由日、英、比、美等國輸入。主要輸入港爲上海、天津、大連等埠。

地區	民國七年 數量	民國七年 價值	民國八年 數量	民國八年 價值	民國九年 數量	民國九年 價值
進口淨數	—	六〇九、二三六兩	—	六五五、七〇七兩	—	一、二五〇、九四三兩
香港	—	一一六、八八三	—	一〇三、〇九七	—	一一一、九五五
英國	—	一三二、九七八	—	一一〇、一五二	—	三〇一、三三九
比國	—	—	—	七四五	—	一〇三、四五四
日本	—	三三六、〇四二	—	三三〇、六六二	—	三三二、一九六
美國	—	一一三、四九三	—	一七六、九六〇	—	三四六、三一四

玻璃球、全部爲日本貨。專爲室內裝飾及造花、花簪、頭巾、帽子等裝飾之用。略分菱錘狀及球粒狀二種。色彩、青紅藍黃銀白不等、其用途各異。每小箱約盛二萬四千粒。大箱盛四十八萬粒。茶杯、眼鏡等來自日本者。價格雖廉。而品質不佳。市場上每歡迎歐美貨。花瓶、用爲桌案上之裝飾品。中上等貨由歐美輸入。中下等貨由日本輸入。盤、碟、蓋碗、等之波折有花樣者。銷行最廣。肥皂盒最暢銷者。爲三寸×二寸二分之物。形長方而有類於柳條之豎條紋者。銷行最多。大抵日貨居多數也。

(三)燈及燈器　此項進口因受國貨之抵制。已漸形減少。民國二年進口價值一百三十五萬兩。九年減爲九十六萬兩。在歐戰以前。多由歐美

輸入、自奧比、來源減少後、日本遂占進口之第一位。

地區	民國七年 數量	民國七年 價值	民國八年 數量	民國八年 價值	民國九年 數量	民國九年 價值
進口淨數	—	六八〇、三三七兩	—	八四七、八二八兩	—	九六九、二四七兩
香港	—	一一三、〇九六	—	一三五、三六〇	—	一六四、〇七三
安南	—	九、九三二	—	一五、九三八	—	二七、三一四
英國	—	九、七一九	—	三二、四五八	—	三九、四二四
日本	—	三七一、九一七	—	四〇三、〇七五	—	三〇九、七六三
坎拿大	—	三二、四九四	—	七六、七一四	—	四七、四八五
美國	—	一一二、二二九	—	一八一、四三三	—	二五七、七三四

德俄比奧等國。皆有貨進口。爲數無多。

輸入洋燈之種類。有光輝燈、玻璃台燈、鈞洋燈、金屬製有耳洋燈、掛牆洋燈、角洋燈（人力車及手提用）等。此外民船用燈（周圍附以鐵絲、以防燈罩墜落）每年銷行。亦不在少數。上等貨來自德奧及其他歐美諸國。品質堅牢。鮮有剝落破損之患。最受歡迎。日本貨、多粗製下品。中流以下社會用之。燈罩、最多銷者爲光輝燈罩。此因美孚、亞細亞各洋商所售手提燈。爲中流以下社會所多使用之故。其他各種燈罩二三號者。行銷亦暢。日本大阪商人。故意粗製濫造。以爲使燈罩易壞。則需要增加。買而破。破而復買。此爲其商賈之祕訣。而實爲我國商界所鄙視。近年我國玻璃工廠。盛製燈罩。其產額日益增加。技術亦顯有進步。日貨以是頗受抵制。蓋燈罩爲廉價之物。包裹費貴。且容易破損。故國貨較立於有利之地位也。

(四)鏡　此項進口。年值三四十萬兩。亦以日本貨占最大部分。

地區	民國七年 數量	民國七年 價值	民國八年 數量	民國八年 價值	民國九年 數量	民國九年 價值
進口淨數	—	四五三、九四八兩	—	四〇九、七六二兩	—	三一二、一三九兩

香港	—	五一、八三三	—	四五、四二三	—	五〇、七六一
日本	—	三四二、七五七	—	三〇四、九三一	—	二四一、九九〇
美國	—	四七、六〇八	—	四六、三七六	—	八、三九三

輸入鏡類。略可分爲着衣鏡、面鏡兩種。我國中流以上人家。類有極大之着衣鏡。普通人家。室內亦多置鏡類以爲裝飾。他如婦女所用梳妝鏡懷中鏡。雖窮鄉僻壤。亦無不普及。皆舶來品也。歐美貨。色澤鮮明。品質優良。惟價値較高。僅能銷於中流以上社會。日本貨價格極廉。銷行最廣。故以英德與俄美等國貨品之類。猶不足與之爭銷。然現時一般需要者之好尙。亦已逐漸向上。從前進口最多之布鏡及假象牙琥珀玳瑁（Celluloid）緣邊鏡等。銷路漸少。而銅邊鏡、鍍鎳架鏡、稜邊鏡、木架天鵝鏡等。則盛行暢銷。此皆上等厚玻璃所製者也。日本所製假象牙緣邊鏡。旣易破損。又易變色。從前雖風行一世。今則通商各埠及其附近地方。已全無銷路。惟在內地時或有之。其摺鏡、附有美人像片者。銷路尙暢。撑鏡則銷路頗滯。蓋日貨。摺鏡之摺縫。易於破損。撑鏡之背板。亦易於拆離。一般評判不佳。惟其商人。能研究中國人之習慣嗜好。往往利用國人之愛劇熱。以名劇一齣爲商標。不則施以極濃厚之色彩及各種花樣。以迎合需要者之心理。然其粗製濫造之惡習。固終未能改良。以此項惡習。亦卽其一種之商略。意殆謂不若是。則能耐久用。不足以增其供給之途也。

（五）空瓶　此項進口。年在三十萬兩內外。亦日本最居多數。類係該國大阪製品。由名古屋輸出者。此外美、英、俄、德等國。各占一萬兩內外。微末不足道也。

地區	民國七年 數量	民國七年 價値	民國八年 數量	民國八年 價値	民國九年 數量	民國九年 價値
進口淨數	—	二七八、三三三兩	—	三〇七、三七一兩	—	二七六、五九四兩
香港	—	四〇、九七九	—	四六、七〇六	—	三七、六一九
日本	—	二〇五、五三八	—	二三六、一六六	—	二三八、二八九

輸入瓶之種類。有蠟燭瓶、平形瓶、角形瓶、廣口瓶、牛乳瓶、嗬囒水瓶、啤酒瓶、各種小瓶等。其中進口最多者。爲各種小瓶。此由我國化粧品（香水香油白粉等）及賣藥、淸涼丸、眼藥等製造物。與及日本醫士在我國內地開業者漸見增多之故。其能盛二合以上之大瓶。有各種淸涼飲料及

清酒等空瓶之競爭。故銷路不甚暢旺。至各種小瓶。則無舊瓶之競爭。不特此也。大瓶之輸送。包裝費貴且易於破損。當然難與國貨競爭。若小瓶則不易破損。運費及包裝費又比較爲廉。絲毫不受國貨競爭之影響。以是種種。故小瓶進口。年年增加。此爲我國玻璃工業所至堪注意者也。

國內玻璃工業大都規模狹小。所有出品。燈罩一項。實佔多數。規模稍大者。如博山、徐州、武昌各廠。類以措置失宜。衰敗不振。良可惜也。茲將全國工廠概况。表示於後。

▲全國玻璃工業一覽表

所在地	廠名	國籍	出品	備考
一面坡	玻璃廠	俄商	玻璃片、	
奉天	穗積玻璃廠	日商	燈罩、瓶類、	
同	三五玻璃廠	同	同	
長春	玉置分工廠	同	同	
同	華商玻璃廠	華商	同（每日出四十打）	
營口	硝子株式會社	日商	同	
大連	玉置硝子工廠	同	同	
同	南滿硝子工廠	同		
同	南滿硝子工廠	同	同	南滿鐵道會社所辦、現改歸商辦、出品極佳。
天津	明品玻璃公司	華商	玻璃片、	民國八年創辦、每日出貨四十箱乃至四十五箱、
同	大興料品公司	同	玻璃片、燈、燈罩、瓶、	民國元年創辦、工人百五十名、出品較日貨爲優、
同	中利料器廠	同		民國二年創辦、
同	公記玻璃廠	同		
同	北洋玻璃公司	同		廠址在河北、

同	茂泰洋行	洋商	瓶、燈罩、	
邢臺	啓順玻璃公司	華商		
博山	博山玻璃公司	同	玻璃片、杯、瓶	虧累不堪、現已休業、
同	啓明公司	同	玻璃片、燈罩、瓶類	民國三年創辦、
同	人和玻璃廠	同	玻璃絲、	
同	大小爐子百餘家	同	種類極繁	均屬家庭工業、
芝罘	張裕葡萄酒釀造公司	同	瓶	專製自用酒瓶
宿遷	耀徐玻璃公司	同	玻璃片、磚、瓶、	張謇發起、措置失宜、虧累不堪、
武昌	耀華玻璃公司	同	玻璃片、	休業
漢口	三合玻璃廠	日商	燈、燈罩、	
同	永順玻璃廠	華商	燈、燈罩、瓶類	
長沙	麓山玻璃廠	同	燈、燈罩、肥皂盒、	粵商創辦、資本五萬兩、
同	玻璃廠	華商	燈罩、	
同	三合玻璃廠	日商		
重慶	盛源記玻璃廠	華商	亮瓦、瓶、燈罩、杯、	純爲舊式製造法、營業頗形發達、
同	鹿蒿玻璃廠	同	同	出品價廉物美、年銷四五萬元、
上海	雲田玻璃廠	日商	燈罩、	
同	永豐玻璃廠	同	同	
同	寶山玻璃廠	同	燈泡、食器、瓶類	在閘北寶山路顧家灣、規模甚大、
同	美華玻璃廠	同	燈罩	

同	三公玻璃廠	同	同	在法租界白樂路
同	合豐玻璃廠	同	同	
同	其異電燈泡廠	美商	電燈泡、	在曹家渡路
同	西林泰玻璃廠	法商	燈罩、盤、瓶、燈泡	休業
同	中華鳳記玻璃廠	華商	瓶、燈及燈罩	在寶山路寶興里口
同	公益玻璃公司	同	瓶及食器	在中央路
同	三星玻璃廠	同	燈罩及燈	在寶山路
同	振康玻璃廠	同	同	在烏鎮路
同	光華玻璃廠	同	藥瓶、燈罩	在閘北太陽廟
同	中華第一廠	同	同	在閘北天通庵路
同	中國原料廠	同	電燈罩、燈、	在小沙渡路
同	恆隆鏡子工廠	同	各種洋式銅架鏡、	民國八年六月創辦、商牌為雙童、
南京	玻璃廠	同	燈罩、	蘇錫岱等發起、民國八年八月開辦、
蘇州	玻璃廠	同	同	
杭州	玻璃廠	同	同	
寧波	玻璃廠	同	同	
福州	三野玻璃製造所	日商	燈罩、杯、口盂、	
同	公信玻璃廠	華商	同	
同	謙祥春記	同	同	
同	明達公司	同	盤、花瓶、	休業

廈門	廣建玻璃廠	同	燈、燈罩、藥瓶	光緒卅二年創辦出品銷行新嘉坡一帶現在休業
汕頭	廣順	同	燈、燈罩	
同	廣和順	同	燈罩、	
同	廣德	同	同	
香港	廣生行	同	燈罩、瓶類	瓶類專供本行香水香油牙粉等化粧品用、
同	福惠公司	同	藥瓶、	
同	小工場八所	同	燈、燈罩、藥瓶、	
廣州	光明公司	同	燈、燈罩、壺、瓶	
同	華通公司	同	同	
同	興利公司	同	同	
同	成達公司	同	同	
同	小工廠三十餘家	同	手鐲	

第二十章　熟皮

進口熟皮。專爲製皮鞋、鞋底、皮鞄、馬具等之用。民國以來。奢侈日增。此等需要。年年加多。重以戰亂連年。軍用品所需。尤不可以數計。故熟皮進口。與年俱增。宣統元年進口僅六萬七千餘擔。價值四百四十萬兩。迄至近年。已增至十二萬擔以上。價值八百萬兩左右。由香港、日本運來最多。美俄等國次之。由香港來者。係我國南方所產生皮。運往新嘉坡等處。用彼南附近所產之特種樹皮。加工鞣製後。再運回香港轉銷內地。蓋由新嘉坡等處。鞣料豐富。其水質、氣候。亦宜於斯業。華商在香港有製革廠七八所。仿效製造。頗著成績。然其出品較之新嘉坡。終覺遜色。是亦地利之不若者也。日本購生皮於我國。鞣成熟皮。又轉售於我。每年獲利至豐。其銀黑染甲皮一項。從前銷行張家口者。年僅二三百枚。民國七年以來。每月竟增銷至二千枚乃至三千枚。

地區	民國七年 數量（擔）	民國七年 價值（兩）	民國八年 數量（擔）	民國八年 價值（兩）	民國九年 數量（擔）	民國九年 價值（兩）
進口淨數	一三三、四六一	九、三九二、五九六	一三三、七三一	六、九二〇、三七六	一三三、八二六	七、〇三三、四八二
香港	九六、三三五	六、七五八、九五〇	一〇六、八九一	五、八二一、三八九	一〇九、三四八	六、三三六、七一七
新嘉坡等處	六六五	·三三、三〇八	一、七七八	九三、八一六	一、五三二	九〇、〇三三
英國	三一〇	三〇、六六一	三二七	二五、一九八	一三二	三八、八一八
俄國太平洋各口	七三	一九、六〇六	九	三、二四一	二、九五六	二六五、九一〇
日本	二一、一三七	二、一九八、八〇〇	一〇、六二一	一、〇三三、七四九	六、三九九	六三六、八八二
坎拿大	三〇六	一三三、二八三	一八一	六三、三九〇	一四七	五二、七八五
美國	三、一三四	三九五、〇八三	六、四三四	六九一、九三八	二、六四一	三八三、五〇八
澳洲紐絲綸等處	六九九	四六六、六一三	一、九〇八	八〇、五三五	一、三九四	八一、三一四

澳門、安南、暹羅、爪哇、印度、德和、法、飛律賓、朝鮮等處每年有若干。進口俄國由陸路及黑龍江各口輸入者向占多數。俄亂以來。已形不振。

輸入港以九龍爲第一。大連、天津、上海、次之。由九龍進口者類係香港來貨。

國內新式製革業創興未久。不特所有出品。不敷國內之用。而且失敗纍纍。人多視斯業爲畏途。茲表示其概況於左。

▲全國新式製革業一覽表

所在地	廠名	設立年月	資本	備考
新疆迪化	乾和製革廠	民國九年		楊乾德張保和等創辦、聘芬蘭人爲技師、商標爲雙鯉、
甘肅寧遠	製革公司	清末	三五〇、〇〇〇兩	
天津	北洋硝皮公司	光緒三十四年		
同	華北硝皮公司	宣統三年		

天津	工藝廠			
同	裕津製革廠	民國七年	1,000,000元	總理施肇基有日商大倉等合股
北京	溥利呢革公司	民國元年		
奉天	奉天硝皮廠	宣統二年	50,000兩	官商合業、現在休業、
雲南	雲南製革廠	同	500,000元	官商合辦、
重慶	滙豐製革廠	民國元年	20,000兩	
同	振華製革廠	同		規模甚小
同	鼎新製革公司	民國二年	30,000	
同	裕川製革公司		200,000	
成都	成都製革廠	光緒三十年	140,0000	專製軍用品、
同	體權製革公司	民國元年	20,000元	
武昌	製革廠			官辦、專製軍用品、
漢口	襄河製革廠	民國六年		日商武林洋行經營、每日出革三十餘枚
上海	江南製革公司	光緒三十二年	100,000兩	日商、皮革株式會社經營、
同	肇華製革公司	光緒三十三年	300,000	華商、休業、
同	龍華製革公司	光緒三十二日	600,000	休業
同	上海機器硝皮公司	光緒三十年		英商經營、
廣州	製革公司	宣統二年	500,000元	官商合辦、
香港	工廠八所			完全華商、

我國產皮豐富。不患原料之缺乏。顧製革業幼稚若此。且多以失敗聞者。果何故耶。考其原因。約有數端。曰製、革之技、術、未、精、也。製革、屬於化學工

業之一。所需於學理與技術者。較其他工業爲著。現今日本之製革術。遠不及歐美。而中國技師工人。乃猶不及日本。故雖有工價低廉之利。實無補技術拙劣之患。出品不佳。無可諱言。且以技師藝術之不精。勢不能不棄加工較難之乾皮。而選用生皮。夫生皮之供給。原不可多得。今求原料於此。則不惟多費手續。抑且增加生產費。此其所以失敗者一。曰藥材之缺乏也。鞣革所用之藥材。無一不仰給於外國。我國雖產五棓子及其他樹皮。而樹皮所含之單寧酸甚少。五棓子則又非經一定之作業。不能直接使用。故國內製革廠所用之藥材。不獨克羅姆酸爲然。卽單寧酸。亦須仰給於進口貨。此外鹽價亦較外國爲昂。以是種種。生產費乃例外增高。此其所以失敗者又一。不寧唯是。各廠規模。均極狹小。夫小企業之生產費。必多於大企業。此經濟學上一定之原理也。他種工業如此。製革業尤甚。蓋依單寧酸鞣法。製造延皮。需時二個月。鞋底皮需時五個月。各廠規模既小。資本動輒固定。則一枚之出品尚無。而資金已周轉不靈。不敗何待。故技術不精、藥材缺乏、規模太小。三者實爲製革業不振之要因。能免此三者。而後可以言製革企業家其加之意哉。

第二十一章　機器

總說

年來國內工業漸興。機器進口。逐年增加。此實我國可喜之現象也。蓋現時各種新式工業。大都有勃興之勢。國家之兵工廠、造幣廠、鐵路、船廠及製革廠等無論已。民辦事業。如礦業、印刷、磨麪、碾米、紡紗、繅絲、榨油、織布、織綢、磚瓦、水泥、蠟燭、肥皂、玻璃、陶磁器、製糖、外科器具、溫煖器、電燈、自轉車、草帽、發動機、針、釘、絨氈、帆布、製革、織襪、鋸木、造紙、釀酒等。如春筍怒發。一日千里。所需機器。全仰諸舶來。故此項進口。異常增加。宣統三年。各項機器進口。僅值六百七十八萬兩。民國八年。增至一千四百十萬兩。九年、又增至二千二百三十萬兩。試表示於左。

	農業機器	運動機器	織造機器	釀酒蒸溜製糖機器	他類機器及零件
宣統三年	二一、〇〇七兩	四四四、一四九兩	三三三、五三二兩	三三、八八四兩	五、九六九、四〇二兩
民國元年	六〇、七九八	五四四、一九八	四五四、七三二	三二、七七一	四、六九九、〇三三
民國二年	一二三、七〇〇	六四二、三〇九	八三六、八六四	四八、五一八	三、〇〇九、七一〇
民國三年	五三、五八五	一、〇五一、二七三	二、〇三五、六四四	一六、五九八	四、八三五、四六二

民國四年	一五九、七九八	六七六、五二五	一、四二二、八四二	二四、六七二	三、一八三、五九七
民國五年	二〇四、五三〇	五七六、五〇三	一、九三〇、六五七	二一、五一七	三、三〇三、〇二七
民國六年	一〇八、一九〇	三二七、五二八	一、二二六、一五三	八七、三三三	三、五三四、七七〇
民國七年	一六四、一八八	六四六、〇三三	一、六五〇、〇七四	一九、三五二	四、六七四、八七九
民國八年	五三一、〇三三	一、五八九、四〇五	三、七四四、〇一一	三、二七一	八、二四二、七三〇
民國九年	一、〇〇四、二七七	二、三四七、六三四	六、九〇三、六一〇	二七、六三四	一一、九八三、一〇一

此外、機器需用器具 (Machine Tools) 及刺繡、針織、縫紉機器 (Machines, Embroidering, Knitting, and Sewing) 兩項。關冊未列入機器類內。俟後詳之。

右表、進口各種機器。在歐戰期內。頗無發展。此由於戰時船隻缺乏。金融緊迫。及交戰各國限制出口之故。迨後。和平克復。進口陡增。此固由於世界商務恢復原狀之所致。而歐美各國。欲保存其戰時例外發達之機器廠。兵工廠。勢不能不對於我國。努力謀機器之輸入。實爲一重要原因。蓋當歐戰期間。各國原有機器廠。多改爲臨時兵工廠。以之製造槍炮彈藥等軍用品。尙苦不足敷用。如英國等一面下令限制機器出口。一面又奬勵民間。廣爲設廠製造。於是一般資本家。羣趨之如鶩。工廠林立。出品山積。在當時應付戰事。固爲得計。詎料戰禍一熄。所有工廠。轉成廢物。如不改營他業。實無維持生存之道。而以兵工廠爲尤甚。故戰後各國。因欲保持其機器廠、兵工廠起見。無不努力謀機器之輸出。而視線所集。中國乃爲其一大競爭場矣。戰前進口機器。以德國貨爲最多。德商執斯業之霸權。其銷貨方法。亦最巧妙。貨價交易。恆先僅收取一部分。餘則分年攤還。華商便之。多願與德商交易。德商又常開設陳列所於中國。其中陳列小汽鍋鑪、製冰機、輕便磨麵機、輕便碾米機、煤油發動機、電汽機、及各種機器。色色俱全。遇有購求者。輒與訂立合同。或訂定此項貨價。勻分數年攤還。或即以此項機器。供給工廠。作爲德商之投資。現在英美商人。亦漸知仿行此法。蓋我國新式工業。恆苦資本缺乏。因之不得已而採中外合辦者。所在皆是。中外合辦者。其流通資本。概由華商投資。至固定資本。如機器、設備等項。則由洋商供給。洋商不惟藉此。可以銷售其生產過剩之機器。又可於機器零件之購入、修繕、添置等事。要求特別利益。誠計之得也。又洋商互相競爭之時。即對於非中外合辦之事業。亦願訂立售賣機器合同。藉緩付貨價。以圖分外之利。惟遇工廠失敗。債務難清。因之發生糾葛。經年不決者。亦數見不鮮。此等弊風。實我國工業前途之隱憂也。

農業機器 (Machinery, Agricultural)

此項進口民國二年僅值十一萬兩。九年增至一百萬兩。其中美國貨最多。民國五年約占進口總數十分之六。六年、約占十分之三。七年、約占十分之五以上。此外日本、坎拿大、英國等、亦各有進口。從前俄國貨銷行東三省地方。俄亂以來。已形減少。

地區	民國七年 數量	民國七年 價值	民國八年 數量	民國八年 價值	民國九年 數量	民國九年 價值
進口淨數	—	一六四、一八八兩	—	五三一、〇三三兩	—	一、〇〇四、二七七兩
英國	—	四、二九五	—	二、七七一	—	三五、五四二
日本	—	五二、二七九	—	四四、三三三	—	二一九、七三七
坎拿大	—	一五、五二六	—	九二、三六六	—	二四一、七一〇
美國	—	九〇、六四七	—	三七六、〇三九	—	五九〇、五九〇

主要輸入港。爲上海、大連、漢口等處。

運動機器 (如汽鍋、鑪平水輪等) Machinery Propelling (As Boilers, Turbines, etc.)

此項進口貨民國二年僅值六十四萬兩。九年增爲二百三十四萬兩。向以英美兩國爲最多。最近日本雖有來貨。然大都舊貨居多。否則亦外國貨由日本轉口。其爲該國所製造者。實不多見也。(戰前德國貨甚多。今亦不振。)

地區	民國七年 數量	民國七年 價值	民國八年 數量	民國八年 價值	民國九年 數量	民國九年 價值
進口淨數	—	六四六、〇三二兩	—	一、五八九、四〇五兩	—	二、三四七、六三四兩
香港	—	九、八九五	—	二〇、八七〇	—	二四七、九四四
英國	—	二一七、三七五	—	二九二、〇六〇	—	一、〇一七、九一七
日本	—	一九九、六七五	—	一六一、六九二	—	二〇三、〇〇七

坎拿大	——	六六、五〇七	——	一〇八、三四四	——	一〇四、一三六
美國	——	三五五、四八〇	——	七九、三七一	——	六五五、四六九

主要輸入港爲上海、大連、天津、膠州、漢口等處。

織造機器（如梳刷機、印色機、織紡機等）Machinery for the Textile Industries (As Carding, Colour-Printing, Weaving, Spinning, etc.)

年來國內紡織業大興。織造機器進口。民國二年僅值八十三萬兩。九年增至六百九十萬兩。其中由英國、坎拿大、美國、日本輸入者最多。主要輸入港爲上海、天津、膠州、大連、安東、漢口、蕪湖、蘇州、杭州等。

地區	民國七年 數量	民國七年 價值	民國八年 數量	民國八年 價值	民國九年 數量	民國九年 價值
進口淨數	——	一、六五〇、〇七四	——	三、七四四、〇一一	——	六、九〇三、六一〇
英國	——	六六九、四〇三	——	八一三、二五四	——	一、九三五、六九六
日本	——	六四二、九四八	——	八九七、七六〇	——	一、〇七一、二〇一
坎拿大	——	二三〇、五三二	——	一、一四四、三三三	——	二、三三二、八九九
美國	——	一五九、三四六	——	八〇〇、一二八	——	一、五八四、三二五

英商在我國推廣銷路。已數十年矣。其紡紗機。多爲（一）Platt Bros. and Co.（二）Howard Bullough（三）Asa Lees（四）Dobson and Barlow（五）Tweedales and Smaley（六）Brooks and Doxey（七）Hetherington and Sons 等七公司所製造。其中尤以（一）（二）（三）（四）等公司出品爲最多。至織布機。則爲（一）Henley Livesey（二）Platt Bros. and Co.（三）Lowell（四）Dickenson（五）Hoddoson 等五公司所製造。

由日本輸入者。大都屬於織布機。其中。豐田式最多。原田式、多田式等次之。此外紡廠用木管。亦有相當之輸入。

釀酒機器、蒸溜機器、製糖機器等（Machinery for Brewing, Distilling, Sugar Refining, etc.)

此項進口向以俄國貨居多。近則爲英、美、日本貨。據民國六年調查全國製糖廠六所。（華商三、英商二、俄人一）釀酒公司十六所。（俄商十二、德商三、奧商一）此外俄國式火酒製造所凡八。迄於今日新創者寥寥無幾。故此項機器進口特少。民國二年進口價値四萬八千兩。九年僅二萬七千兩。

地區	民國七年 數量	民國七年 價値	民國八年 數量	民國八年 價値	民國九年 數量	民國九年 價値
進口淨數	—	兩 一九、三五二	—	兩 三、二七一	—	兩 二七、六三四
英國	—	—	—	一〇五	—	二、七五八
日本	—	一九、三五二	—	三、〇九一	—	一四、八七〇
美國	—	—	—	七五	—	九、二九〇

他類機器及零件 (Machinery Other Kinds, and Parts of Machinery)

此項進口民國二年値銀三百萬兩。九年增爲一千一百九十八萬兩。美國貨最多。日本、英國次之。主要輸入港。爲上海、大連、天津、漢口、膠州、南京、廣州等處。

地區	民國七年 數量	民國七年 價値	民國八年 數量	民國八年 價値	民國九年 數量	民國九年 價値
進口淨數	—	兩 四、六七四、八七九	—	兩 八、二四二、七三〇	—	兩 一一、九八三、一〇一
香港	—	三七九、四五二	—	六五七、六三五	—	四三六、一五一
英國	—	五二四、二三九	—	九一八、〇七三	—	二、一七一、六一七
日本	—	二、三〇八、九八〇	—	二、三三〇、三六六	—	二、一三一、八九〇
坎拿大	—	三三六、一一九	—	七三九、九一三	—	三九九、〇八四
美國	—	一、一一六、七八八	—	二、六一七、八一六	—	六、七七三、六四九

此項貨目關册未分類記載。無由調査。此外有（一）刺繡機器、針織機器、縫紉機器（二）軋棉花機器、（三）機器需用器具等項。關册皆另項記載。

茲附誌於後。

(一)刺繡機器、針織機器、縫紉機器 (Machines, Embroidering Knitting and Sewing)

年來織機、汗衫等業漸次勃興。內地成衣工匠亦多改用新式縫機。此類機器民國二年進口值銀八十九萬兩。九年爲一百零一萬兩。向多來自英國。今則美國貨占大部分。

地區	民國七年 數量	民國七年 價值	民國八年 數量	民國八年 價值	民國九年 數量	民國九年 價值
進口淨數	—	二六二、三三五兩	—	六一〇、一一三兩	—	一、〇二五、二八二兩
香港	—	六〇、三五〇	—	八七、七五四	—	九六、三七四
英國	—	一、九九二	—	三、三八九	—	二一、六五〇
日本	—	七三、五九〇	—	八五、六〇〇	—	二八九、九四六
坎拿大	—	九、六七九	—	一六、九四六	—	三七、一五三
美國	—	一四〇、五二七	—	三六六、七九〇	—	五三〇、八八二

(二)軋棉花機器 (Cotton Gins)

軋棉花機器。久已普及內地。現時本國自製者漸多。故外洋進口。爲數無幾。民國二年值銀十萬兩。九年爲十二萬兩。多來自英國及日本。由日本來者。類係大阪所製。

地區	民國七年 數量	民國七年 價值	民國八年 數量	民國八年 價值	民國九年 數量	民國九年 價值
進口淨數	—	九三、三四〇兩	—	一三四、五四〇兩	—	一二一、二四八兩
英國	—	七〇、七八三	—	一〇六、五三〇	—	一〇一、五五三
日本	—	一六、五六七	—	一九、五四四	—	一八、五二一

地區	民國七年 數量	民國七年 價值	民國八年 數量	民國八年 價值	民國九年 數量	民國九年 價值
美國	—	三、四八五	—	九、三四二	—	一二、〇六六

(三)機器需用器具 (Machine Tools)

此項進口。民國二年値五萬兩。九年增爲七十五萬兩。向以德國貨居多。今則多屬美國日本及英國貨。

地區	民國七年 數量	民國七年 價值	民國八年 數量	民國八年 價值	民國九年 數量	民國九年 價值
進口淨數	—	兩 三三一、四〇三	—	兩 四九一、一九六	—	兩 七五五、二八一
英國	—	二、五九八	—	五〇、四七七	—	一一一、〇三八
日本	—	一九八、九五四	—	三三一、九九六	—	三一六、六三六
坎拿大	—	二、三三三	—	二八、五〇四	—	二一、九二一
美國	—	一四三、二四九	—	一六九、三五五	—	二八三、八五九

(四)機器皮帶 (Belting, Machine)

此項貨物。民國二年進口值銀二十六萬兩。九年、增至一百五十二萬兩。向多來自英德兩國。今則英、美。日本貨居多。

地區	民國七年 數量	民國七年 價值	民國八年 數量	民國八年 價值	民國九年 數量	民國九年 價值
進口淨數	—	兩 五三九、七三〇	—	兩 七四五、五五〇	—	兩 一、五三五、八八六
香港	—	四八、〇一七	—	五七、七二九	—	七七、六〇九
英國	—	二三三、九〇〇	—	二九六、三一〇	—	六四四、六九八
日本	—	一六八、二一五	—	二三〇、三五〇	—	二六四、二一七
美國	—	一〇七、四〇八	—	一六九、七六三	—	五二一、一九三

附上海進口機器一覽表

種類	價值	民國八年	民國七年	民國六年
		兩	兩	兩
機器及機件				
農業機器		二、三一九	—	二、一七七
釀酒機器蒸溜機器製糖機器		二、〇三五	一、五〇〇	一、六六六
製雪茄烟機器製紙烟機器		二七七、六六六	三〇、三六六	四〇、八〇〇
紡織機器	Cotton and Spinning Mills	二、四八五、二五〇	一、二六一、三〇四	八七〇、八五六
船塢機器	Docks and Ship building	一七一、三七九	二三、九〇九	一、六二六
電燈廠機器	Electric Power-station	六九九、三四一	四〇九、二九一	四四一、二七四
麵粉廠機器	Flour Mills	四三一、九九〇	七五、七五一	四四、九七〇
煤汽廠機器	Gas Works	一四、六二五	三九、一九八	八六一
製冰機器	Ice-freezing and Refrigerating purposes	九、〇七六	二七、六〇四	一九六、四七三
鐵廠機器	Iron and Steel Works	二二、二八二	七、五〇七	—
做通心粉機器	Macaroni-making	二、八三一	二、〇六一	三、三九八
開礦機器	Mining purposes	一六五、二八二	五五、一八一	三、〇九一
榨油廠機器	Oil Factories	一一、〇六五	一三、五八六	六、〇四四
打包用機器	Packing purposes	三、七六五	—	—
造紙機器	Paper Mills	一四、九〇三	一五、五八五	四、九二六
印書機器	Printing purposes	九〇、四五四	五九、一九三	四三、九〇三
運動機器（如汽鍋鑪平水輪等）		九五三、三六二	四五七、四九三	二四四、四一〇
鐵路工廠機器		二、三二二	三、二五四	—

鋸木機器 Saw Mills	五四、八七五	六一、三四一	一三、八二六
繅絲廠機器 Silk Filature	九、八二二	—	二、九九九
紡織機器零件 Textil purposes	二八、九九〇	一、三九〇	二、二〇〇
自來水廠機器	五一、二五五	六一、九〇七	二五、四〇四
他種機器及零件	七七九、三五二	四四九、九五六	三〇四、二三二
機器 Machines			
計算機器	三八、八五四	一六、〇六六	一一、二四九
縫紉機器針織機器	八、〇一八架	二、〇九七架	七、〇四四架
縫紉機器針織機器零件	五七、九三四兩	三〇、七六一兩	一六、九四九兩
此外有左列各項			
浚泥機器 Dredging purposes	—	六、七一四	二、九七三
製革廠機器 Leather Factories	—	—	五、101
打米機器 Rice Mills	—	六三五	—

第二十二章　火柴及製造火柴材料

一、火柴

火柴進口。逐年減少。而製造火柴材料。則次第增加。此爲我國火柴工業漸趨發達之徵。試表示其趨勢於左。（火柴以『羅』爲單位、每羅（Gos）即一百四十四材料以海關兩爲單位、（油蠟未計在內）

◉火柴及製造火柴材料輸入額

	火柴	製造火柴材料
宣統元年	二六、六五一、四一四羅	八三四、〇五八兩
民國五年	二〇、六二〇、七一七羅	一、四七九、三三六兩

宣統二年	二四、七二七、二三一	未詳	
宣統三年	二四、一七〇、一〇五	一、二〇〇、七二一	
民國元年	三〇、〇九〇、〇二〇	一、五二〇、一四三	
民國二年	二六、四四八、一五五	一、五八九、二一九	
民國三年	二三、八三五、七七六	五一八、四九六	
民國四年	二〇、九七三、四三四	九三七、七八一	
民國六年	一五、五九四、三二〇	一、三九四、二六三	
民國七年	一三、三四〇、八二一	一、六四四、六八一	
民國八年	一六、五九八、九四三	一、七二九、〇九五	
民國九年	八、四八四、二九六	一、八九三、六七〇	

歐戰期內材料輸入極感困難。戰後此項進口。不但恢復原狀。抑且蒸蒸日上。而火柴反是。自民國元年登至極點。後遂逐漸降減。民國六年減至半數。迄民國九年更形減縮。則已不及三分一矣。更觀最近三年火柴輸入額。則如左表。

地區	民國七年 數量	民國七年 價值	民國八年 數量	民國八年 價值	民國九年 數量	民國九年 價值
進口總數	一三、三四〇、八二一羅	四、六〇五、四二七兩	一六、五九八、九四三羅	五、四三五、三四五兩	八、四八四、二九六羅	二、九六五、九二五兩
香港	二、五九三、八二六	一、一九六、二三三	二、八四六、五六八	一、二八五、四二三	二、二四四、七四七	一、〇〇一、九五七
澳門	三〇、六二四	一三、八九一	九八、五〇三	四三、三二七	一一五、八七一	五〇、九八三
安南	九	一七一	一七、一五八	七、八三二	七一、二五〇	三八、六五四
印度	一一、七二八	六、一〇六	一七、一一三	一三、二五七	一八、二〇六	一六、五一八
瑞典	—	—	三、二五〇	二、九六〇	一三五、〇〇〇	五〇、三七五
俄國	五四〇	二五四	八七、七九一	三七、四五八	八三、〇二六	一六、六〇五
朝鮮	九九、四七三	三七、〇〇九	三四二、五三八	一〇四、二七八	一三三、五四三	三五、四三八
日本	一〇、七八四、七四四	三、四三二、三四六	一三、七七八、五〇八	四、〇八〇、一一五	六、〇三六、六四八	一、八六三、九九二
主要輸入港						

安東	七四、七五〇	二一、〇七三	二九六、九九三	八二、六三一	六二、六三〇	一三、三八一
大連	一、一三七、七九三	三五三、八七〇	四、五〇四、五七一	一、二五三、一三〇	一、〇三一、〇〇二	二五一、八九一
天津	一、五三三、三九〇	三八一、三七七	二、三一〇、一七六	五二四、一七四	九二六、四七五	二八、〇六三
龍口	九六、九三三	二四、二三三	六一、八六二	一三、九八一	—	—
烟台	六〇六、五六五	一五一、六四一	四二、六九七	九一、〇四一	—	—
膠州	二、六二七、四七〇	六五九、二七九	一、六八八、一一五	三八二、九九七	一、二九二、二六六	三〇六、六〇〇
漢口	六三、〇六四	一六、九三三	二六九、七三五	九八、三三三	一三一、一六八	五三、三九四
九江	四〇九、七八〇	一〇七、一一九	三一一、七三五	八一、一六六	一六五、〇五〇	四九、四二〇
蕪湖	三三六、六六〇	一一八、〇一二	四三五、二四九	一七四、九一〇	三六三、二五四	一五〇、一三五
南京	一九九、九七〇	九〇、二七〇	一二四、七七七	六〇、四八八	六八、〇五〇	二九、〇一一
鎮江	三七三、五五〇	一五三、五四九	四八二、六二五	一九四、一六二	四五六、八五〇	一九五、五八五
上海	八五三、一三二	三〇〇、八一二	一、四一三、四四一	四九四、四〇五	八六〇、三五六	三〇一、六七七
杭州	二三三、三〇〇	七三、〇九五	一〇〇、五一〇	三四、〇四六	六八、一七一	二九、四九四
福州	三一〇、三〇六	一四〇、七五四	二五九、八九五	一一四、一九七	八、一二四	四、三七八
廈門	六四一、二六九	二九〇、八八〇	六四三、七三七	二八二、八四八	七五五、六二六	四三二、四七六
汕頭	一、二二九、九五二	五五三、三七〇	七七〇、九七三	三三八、七六五	一九一、六一四	八四、六三九
廣州	三三七、三五一	一五三、〇二三	三三二、〇三五	一四五、八七四	四九九、六〇五	二一〇、〇三四
九龍	二四、八九六	一一、二九三	九一、〇五九	四〇、〇一一	一二六、五九五	五五、七〇二
廣九鐵路	一九一、二四九	八六、七五一	四八九、〇八二	二一四、九〇三	五〇六、〇八二	二三二、三八五

拱北	二三五、六七〇	六一、五四〇	二三〇、八一四	一〇一、三六五	二九七、四六八	一三〇、八八五
江門	一九二、九五四	八七、五三四	一三〇、一五七	五二、七九七	一三九、八四九	六一、五三四
三水	四一五、八一一	一八八、六一三	四三五、二〇三	一八六、八三四	二一七、〇一一	五一、四八九
梧州	四一一、九四二	一八六、八五七	三九九、五二六	一七五、五五二	二一、五八七	四、五五四
南寧	一七二、二三〇	七六、一一九	一一六、六八五	五一、二七一	三六、一八四	一八、六三五
瓊州	二八六、七五八	一四三、三七九	二三五、八七三	一二九、七三〇	一九六、三八三	一〇三、五〇八
北海	二三八、二五〇	五六、一七四	七七、三五〇	三三、九八七	一四、〇五〇	六、一八二
蒙自	七四、〇三三	四〇、一〇一	九八、六一九	五一、七七二	一四五、二一五	六八、七五八
騰越	一一、七二八	六、一〇六	一七、一一三	一三、二五七	一六、八四一	一五、三八六

日本火柴。占進口之大部分。由香港進口者。亦日本貨也。該國火柴有安全、黃燐兩種。其輸入我國北方各省及東三省者。以黃燐一種爲主。輸入南方各省者。專屬於安全火柴。上海及長江沿岸地方。從前安全火柴占十分之七。黃燐火柴占十分之三。今則黃燐一種漸見增多。大抵其輸入我國者。無論安全黃燐。皆屬細幹者居多。主要輸出港爲神戶、大阪兩埠。其商標則安全火柴有猿牌（瀧川燐寸會社）月琴牌（三井物產會社）雲雀牌（諫山德太郎）一度ピストル牌（神盟合資會社）三喜牌（日進野田會社）花籃牌（日清合資會社）中興牌（日本燐寸電光會社）麒麟牌（赤松幸太郎）小羽鹿牌及赤枠鷲牌（日清合名會社）雙鹿牌及飛燕牌（瀧川燐寸會社）等。其他各火柴。則有跑馬牌及寶馬牌（大阪燐寸電光會社）一度刷得寶牌、二度刷得寶牌（日本燐寸製造會社）雙燕牌（近藤幾之助）童球牌（溝口小太郎）四馬牌及飛虎牌（網干燐寸會社）獅子、童子牌（池田清太郎）一度刷雙獅子牌及飛燕牌（土井商店）等。然素少上等貨。蓋其業此者。往往圖貪暴利。不顧信用。遇貨物暢銷之時。則粗製濫造。值市面不佳之時。則又剋減材料。以致不發火者。數見不鮮。故華商每鄙夷之。不願爲之代銷。即有一二代銷者。亦不過取其廉價。便於從中漁利而已。

現時國內火柴工廠。凡九十九所。其中有日商經營者九。中日合辦者二。其餘概係華商自辦出品。則北部多黃燐火柴。南部多安全火柴。中部則二者兼有。茲表列於左。

所在地	廠名	國籍	資本	設立年月	種類	備考
吉林省城	吉福火柴公司	華商	三〇,〇〇〇元	民國三年	黃燐	舊時宜公司、倣標吉福、現因日商抵制休業、
同	吉林燐寸株式會社	日商		民國三年	同	
吉林西關	同　分工廠	同	一五〇,〇〇〇圓	民國八年	同	
長春	同　分工廠	同		民國四年	同	
同	日清燐寸株式會社	中日合辦	三〇〇,〇〇〇	光緒卅二年	同	
雙城堡	雙城堡火柴公司	華商	五〇,〇〇〇元	民國三年	同	現似為吉林燐寸株式會社所收買
奉天省城	東亞燐寸會社分廠	日商	一〇〇,〇〇〇圓	民國六年	同	現已售與吉林燐寸株式會社
同	燧豐火柴公司	華商	三〇,〇〇〇元	民國八年	同	
奉天通化	長恆火柴公司	同	二七,〇〇〇	民國九年	同	
安東	天津丹華公司分廠	同		同	不詳	兼製木桿木盒
同	膠東中蚨公司分廠	同		同	同	
營口	關東火柴公司	同	五〇,〇〇〇	民國四年	黃燐	日產百二十箱、原料購自日本
同	三明火柴公司	同	一五〇,〇〇〇	民國八年	同	年產一萬八千箱、兼製木桿木盒、
同	志源火柴公司	同	一〇,〇〇〇	民國四年	同	
大連	大連燐寸株式會社	日商	不詳	民國十年	同	日產百九十箱（小）
天津	北洋火柴公司	華商	六〇〇,〇〇〇元	宣統元年	黃燐 安全	工人千三百五十名、
同	同　分工廠	同		民國三年		
同	東亞燐寸會社分廠	日商	一〇〇,〇〇〇圓	民國六年	同	總廠在神戶、株式組織、青島濟南均有分廠

同	丹華公司	華商	一、〇〇〇、〇〇〇元	民國七年	同	北京丹鳳公司天津華昌公司合併規模極大
北京	同	同		光緒三十年		
灤縣	灤縣火柴公司	同	一〇〇、〇〇〇	民國八年	不詳	
烟台	膠東中鈇火柴公司	同	一〇〇、〇〇〇	民國四年	黃燐	幷製木梗木盒、安東有分工廠、
益都縣	東益火柴公司	同	一〇〇、〇〇〇	民國九年	不詳	商標豐年、平安、
濟南	振業火柴公司	同	二〇〇、〇〇〇	民國三年	黃燐	
同	東亞燐寸會社分廠	日商			不詳	濟南日商共有三廠、其二未詳、
青島	明石燐寸工廠	同	五〇、〇〇〇円	民國六年	同	
同	青島燐寸株式會社	同	五〇、〇〇〇	民國七年	同	兼製木梗、
太原	雙福火柴公司	華商	不詳	不詳	黃燐	
包鎭	永華火柴公司	同	八〇、〇〇〇	民國三年	同	
甘肅靜寧	中和火柴公司	同	五、〇〇〇兩	民國八年	不詳	
天水縣	炳興火柴公司	同	一〇、〇〇〇	民國九年	同	
長安	燧昌火柴公司	同	二〇、〇〇〇元	民國四年	黃燐	
南鄭	益漢火柴公司	同	一〇、〇〇〇兩	民國六年	同	
開封	大中火柴公司	同	二〇、〇〇〇	民國二年	同	
同	鴻昌火柴廠	同	五〇、〇〇〇	同		
光山	迅烈火柴廠	同	九、七〇〇	同		
新鄉縣	新華火柴公司	同	六〇、〇〇〇元	民國八年	不詳	
重慶	有燐火柴廠	中日合辦	四〇、〇〇〇	光緒廿七年	硫黃	商標鶴鹿、

同	東華火柴廠	華商	二〇,〇〇〇	光緒卅一年	同	
同	森昌泰	同	五〇,〇〇〇	光緒十五年	同	
同	森昌正	同	三〇,〇〇〇	光緒十九年	不詳	
同	惠利	同	一〇,〇〇〇	光緒卅一年	同	
同	豐裕	同	二〇,〇〇〇	同	同	
梁縣	三益火柴公司	同	三一,〇〇〇元	民國元年	同	
遂寧	遂昌火柴公司	同	三〇,〇〇〇	民國二年	同	
瀘州	博利火柴廠	同	二〇,〇〇〇兩		硫黃	
廣安	信成火柴廠	同	三三,〇〇〇		同	
成都	惠昌火柴廠	官辦	三三,〇〇〇	光緒卅二年	同	
樂山	協義火柴公司	華商	一五,〇〇〇	民國三年	不詳	
會川	會裕火柴公司	同	二〇,〇〇〇	民國二年	同	
雲南省城	麗日火柴公司	同	八〇,〇〇〇元	民國四年	有安全	商標朝日、月產九百箱
同	利華火柴公司	同	二〇,〇〇〇	民國元年	黃燐硫	雞牌、月產四百五十箱
同	粹華火柴公司	同	三,〇〇〇	民國六年	黃等數種	旭光牌、虎牌、月產一百五十箱
同	永通火柴公司	同	一,〇〇〇	民國五年	以下各廠	月產五十箱
同	東昇火柴公司	同	一,〇〇〇	民國七年	同	月產五十箱
同	協和公司	同	五,〇〇〇	宣統元年		麒麟牌、月產四百箱、
大理府	濟興公司	同	一,〇〇〇	不詳		月產五十箱
大姚縣	仁和火柴公司	同	一,〇〇〇	同		月產五十箱

東川縣	雲祥公司	同	三、〇〇〇	宣統元年		月產五百箱
同	德昌公司	同	六、〇〇〇	同		月產三百箱
昭通縣	松茂公司	同	一〇、〇〇〇	光緒卅四年		月產五百箱
宜良縣	集義公司	同	三、〇〇〇	民國七年		月產百箱
保山縣	永福公司	同	二、〇〇〇	民國九年		
建水縣	建水火柴公司	同	不詳	不詳	黃燐	
貴筑	金福公火柴廠	同				
同	李瑞隆火柴廠	同				
同	德昌泰火柴廠	同				
長沙	和豐火柴公司	同	一〇〇、〇〇〇兩	光緒廿三年	安全、黃燐	
漢口	燮昌火柴公司	同	三〇〇、〇〇〇	同	同	
同	燧華火柴公司	同	二〇〇、〇〇〇元	民國六年	同	
九江	裕生火柴公司	同	一〇〇、〇〇〇	民國九年		商標琵琶亭、立馬、
蕪湖	大呂火柴公司	同	一〇〇、〇〇〇	民國九年		
懷遠	淮上第一火柴公司	同	一二〇、〇〇〇	民國三年		
吳縣	鴻生火柴公司	同	一二〇、〇〇〇	民國九年	安全、黃燐	商標仙女、獅球、寶塔、
南匯	中華火柴公司	同	一〇〇、〇〇〇	同	同	商標三猫、遊船、花船、牡丹、月兎、釣魚、雙猫、黃鶴樓等
鎮江	義生火柴廠	同	不詳	宣統二年	不詳	
同	上海燮昌公司分廠	同		民國九年	安全、黃燐	商標

上海	燮昌公司	同	四〇〇、〇〇〇	宣統三年	（同	
同	同　分工廠	同			（同	
同	華昌公司	同			（同	
同	恆昌公司	同			（同	商標百壽、飛童、愛國、砂火、在閘北
同	利民公司	同			安全	在南火車站、商標中國、湖南、利國等
同	溥益公司	同			同	在閘北、商標醒世、大鵬鳥、快發財、
吳淞	名稱未定	同				計畫中、
杭州	光華火柴公司	同	四〇、〇〇〇	宣統二年	安全 黃燐	年產二萬箱、商標送子、採蓮、美女、雙福、天官
寧波	正大火柴公司	同	一〇〇、〇〇〇		安全	商標童車、雙美、地球、正大、民國、輪船、五穀、愛鵝
福州	國光火柴公司	同	五、〇〇〇	民國五年	同	
同	建華火柴公司	同	二〇、〇〇〇	民國九年		
同	興業火柴公司	同	五〇、〇〇〇	同		
廣州	華興公司	同	一〇、〇〇〇	民國二年	安全	
同	吉祥公司	同	三、五〇〇	宣統二年	同	
同	義和公司	同	一〇、〇〇〇	民國二年	同	
同	廣中興公司	同	六、〇〇〇	宣統二年	同	
同	文明公司	同	二〇、〇〇〇	光緒卅四年	同	
同	大和公司	同	一六、〇〇〇	宣統二年	同	
同	兩粵公司	同	一〇、〇〇〇	民國元年	同	
佛山	巧明公司	同	二〇、〇〇〇	宣統二年	同	

靖遠	老怡和公司	同	五、○○○	不詳	同
九龍	隆起公司	同	三○、○○○	光緒十九年	同

共計九十九廠

我國火柴工業比其他工業較爲發達。蓋由此項工業。不特工程較易無須乎複雜之機器及熟練之工人。且資本必不多個人亦足以舉辦。兼之政府保護。不遺餘力故能有今日之盛況。雖然此等工廠。一切原料。皆仰給外國。則又不能視爲純粹獨立之工業也。

二、製造火柴材料(除油蠟) Match-making Materials (not including Paraffin Wax)

製造火柴材料。卽作盒木片 (Wood Shavings) 軸木 (Wood Splints) 燐 (Phosphorus) 綠酸鉀 (Chlorate of Potash 卽鹽酸加里俗名洋硝) 膠紙、金剛砂粉、玻璃粉 (Emery and Glass Powder) 油蠟 (Wax Paraffin) 等。其中作盒木片、軸木。由日本輸入。燐、綠酸鉀、金剛砂粉、玻璃粉、紙、油蠟等由歐美及日本輸入。玆將最近輸入額(除油蠟)表示於左。

地區	民國七年 數量	民國七年 價值	民國八年 數量	民國八年 價值	民國九年 數量	民國九年 價值
進口淨數	—	兩 一、六四四、六八一	—	兩 一、七三九、○九五	—	兩 一、八九三、六七○
香港	—	二三五、七三九	—	二三五、一一五	—	三一六、四四四
英國	—	五四九	—	二八、六四○	—	五三、五七九
瑞典	—	—	—	五、三六六	—	七九、七二六
日本	—	一、三七二、三九六	—	一、四○三、○○二	—	一、三七一、七○六
美國	—	四、六一三	—	一六、八二七	—	四一、六一七

丹麥、比、法、義、俄、安南、朝鮮、菲律賓、坎拿大、均有來貨。

主要輸入港天津、上海、廣州、膠州、漢口、大連、牛莊、安東、南京、杭州、

如上所述。我國火柴廠之原料。純仰給於外國。而日本貨實占最大部分。再查由日本運來之軸木。則黃燐火柴所用之細軸最多、安全火柴所用

之細軸次之。前者為梱木所製。粗五釐長一寸三分五釐。後者為白楊木所製。粗五釐。長有一寸五分及一寸七分兩種。多產於北海道及神戶。近來北海道已缺乏白楊。多使用梱木。故新設各工廠。專製黃燐火柴所用之細軸。北海道貨、把大而質佳。價值比神戶貨為高。我國東三省、山東、四川、雲南、福建等省。不乏白楊、油松及其他可用之木材。倘能自行設廠製造。取之不盡。用之不竭。原無需乎舶來品之供給也。現在四川省火柴廠所用之梗片。全取諸本地所產之油松。重慶附近之木洞鎮（距重慶九十里）北培場。（在嘉陵江岸）居民多以製造梗片為業。（硫黃來自雲南、向官礦局購用、燐質、紙、膠、砂粉等、乃購諸外國。）雲南各廠。則取材於安寧、嵩明等縣之松木。（砂粉用安寧縣所產之石英、硫黃用本地土產、麗日利華兩公司、發明以貝殼研末或以軸木浸於油蠟中、可以助其發火、惟洋硝、紙、膠乃購諸外國、）廣東佛山各廠。則取材於東江。西江附近所產之木材。福州各廠所用軸木。亦多取諸本地之松木。東三省森林。自古著名。松花江沿岸地方。多白楊、松木。吉林、長春等處。有日商設廠製造。安東白楊、紅杉。遍地皆是。天津丹華公司及煙台膠東中蚨公司。設分工廠於此。專製梗片。其地生產費廉。日人頗希望減輕關稅。以便輸出日本。江浙一帶。火柴梗片。向仰給外國。現已有久恆德製桿公司。（在上海南市機廠街資本二萬元民國八年開辦）興華火柴梗片公司。（在杭縣江干海月橋裏街資本五千元民國七年開辦）通燧火柴軸木公司（通州張謇發起）華利火柴盒片公司（在浙江諸暨縣南區六峯鄉邊村莊、資本六千元、民國九年開辦、）新華火柴梗片公司（本店在浙江義烏縣十六都鳳山、支店在浦江、資本四千元、民國九年十一月開辦）江都耀揚火柴公司（在江都縣南門外寶塔灣、資本二十萬元、民國九年開辦）等從事製造。現時我國化學工業。尚極幼稚。綠酸鉀一種。完全仰給外國。其輸入手續。頗為繁重。資本微薄之工廠。常感不便。當歐戰時。原產各國。咸禁止出口。或限止數量。各廠均深感苦痛。現在天津業有設廠仿製者。青島方面。亦有此項計畫。將來成績昭著。則誠大有造於火柴工業也。

三、油蠟（Wax Paraffin）

油蠟用途。本不限於火柴業。而火柴業所用者。實不在少數。每年進口價值。約百二十萬兩乃至二百萬兩。其中來自美國最多。香港、爪哇、印度等次之。日本又次之。主要輸入港。為上海、大連、天津、廣州、漢口等埠。以其與火柴業不無關係也。茲故以其國別輸入額。附表於後。

▲油蠟國別輸入額

地區	民國七年 數量	民國七年 價值	民國八年 數量	民國八年 價值	民國九年 數量	民國九年 價值
進口淨數	一一〇、三〇一擔	一、二九八、三三四兩	一八九、一七二擔	一、二五八、七二四兩	一五八、八一八擔	二、一四四、八六七兩

香港	―	三八、五三七	四六四、四四四	三三、四三三	三八九、四五〇	二七、八五三	三八〇、八八五
爪哇等處	二三、〇四五	二六七、〇九一	二一、一四七	二三三、一七八	二六、七三一	三四四、七〇九
印度	四、一八三	四八、四八一	三一、四〇〇	三八五、九七六	一五、二六八	一八九、七〇六
日本	一、八九三	二一、八〇八	一〇、四三四	一二〇、〇三七	九、四〇九	一二六、四三三
美國	四〇、七六七	四七二、四九〇	二三、〇六四	二五一、八一九	六二、三三四	八五二、三四八

民國九年由英國進口一四、三五七擔、價值二二五、五三一兩。此外安南、新嘉坡、法國、俄國、坎拿大。亦有進口。

第二十三章　藥材（Medicines）

外國藥材進口。年值六百萬兩左右。其中含有各種藥品及賣藥等最近輸入額如左。

地區	民國七年 數量	民國七年 價值	民國八年 數量	民國八年 價值	民國九年 數量	民國九年 價值
進口淨數	―	五、三二五、四九六兩	―	五、四七〇、〇四一兩	―	六、七九〇、二三〇兩
香港	―	二、六七五、六六七	―	二、六七二、一七一	―	二、八三六、八七三
澳門	―	一〇六、二〇四	―	一二九、七二七	―	一〇八、五五〇
爪哇等處	―	六八、〇五〇	―	九二、五四二	―	一五三、四三一
英國	―	二三三、七四九	―	三六六、三六九	―	一、〇五二、四〇五
法國	―	三一、四九九	―	一〇一、四四八	―	六八、八三六
俄國	―	二一三、五五八	―	八八、二五五	―	一一、五六七
日本	―	一、四一七、〇三八	―	一、四〇〇、五九五	―	一、〇二七、六二八
坎拿大	―	一六八、八八一	―	二三一、九二九	―	二五、六四二
美國	―	二七三、六〇〇	―	六三三、〇七二	―	九三〇、八六九

民國九年由和國進口者二六五三三八兩。由瑞士進口者一八六三四一兩。此外安南、暹羅、新嘉坡、瑙威、瑞典、丹國、德國、比國、義國、奧國、朝鮮、菲律濱、澳洲紐絲綸等處均有進口。

此項輸入額含有高根（Cocaine）嗎啡（Morphia）在內。此二者可爲鴉片之代用品。故限於有醫師及官廳爲之證明。方許進口。然而不肖奸商。往往以種種方法。偷運進口。海關檢查。甚感困難。尤以大連、青島兩埠。鴉片毒藥嗎啡高根秘密輸入之風行。聽客所爲。政府竟無從取締之也。

日商在中國營賣藥業者。不惜鉅費。遍布廣告。據該國海關報告。日本賣藥一項。輸出我國者。年値百二十萬圓左右。其中仁丹、淸快丸等淸涼劑。銷數最鉅。婦人藥、眼藥、健胃劑等次之。至歐美賣藥。多屬補品。其銷數較日貨爲少。故在我國賣藥界。實以日貨最佔勢力。

進口藥材種類甚繁。分類調査其輸入額。實非易易。今就上海進口狀況。表示於左。（據八年江海關册）

	進口淨數値銀
（甲）藥材 Medicines：—	
金雞納霜及雜貨金雞納霜（Cinchonine and Quinine Mixtures）	一〇八、七九四兩
高根（Cocaine）	五七八
魚肝油（Cod-liver Oil）	九、六三九
磁石雜質（Magnesia, Compound）	三〇、二九三
薄荷錠（Menthol Cones）	七、三三〇
嗎啡（Morphia）	二、六八四
草蔴油（Oil, Castor）	六、六四八
薄荷油（Oil Peppermint）	五、三〇三
鴉片酒（Opium, Tincture of）	四四六
山道年（Santonin）	一、五一八
疳積糖或除蟲藥餅（Worm Tablets）	二六六

他類藥材 (Unclassed) ……六四一、四四二

(乙) 特許專賣藥材 Medicines, Patent:—

消毒藥 (Disinfectants) ……二〇、九五六

兜安氏保腎丸 (Doan's Kidney Pills) ……一〇五、一三八

依拿氏、他種、菓子鹽 (Fruit Salt, Eno's and Others) ……八、四二四

燕醫生各種家用良藥 (Jaynes' Pills, etc.) ……五三二

仁丹及清快丸 (Jintan and Sinkaigan Pills) ……六一、六五五

解百喇麥精魚肝油等 (Kepler's Solution) ……一三、九七三

散拿吐瑾 (Sanatogen) ……一四、一八四

司各脫杏仁魚肝油 (Scott's Emulsion) ……九、一九八

韋廉士紅色補丸 (Williams' Pink Pills) ……五二、四五二

他類特許專賣藥材 (Unclassed) ……一三一、九九七

第二十四章　針 (Needles)

此項進口貨。有縫衣針 (Needles) 補綴針、針織針等。Needles for Darning, Knitting, etc.) 每年進口價值。二百萬兩左右。主要輸入港。爲天津、漢口、上海、大連、膠州、廣州等處。最近輸入額如左。(針之單位英名 Mille 卽千枚也。

地區	民國七年 數量(千枚)	民國七年 價值(兩)	民國八年 數量(千枚)	民國八年 價值(兩)	民國九年 數量(千枚)	民國九年 價值(兩)
進口淨數	二、五一二、四一二	二、四七六、五一四	四、一〇三、五四九	二、九九一、三六六	二、七七六、四四九	一、七五六、〇九〇
香港	二〇八、三一五	二〇八、〇一五	一八一、三八三	八三、七〇三	二六一、六三一	七九、五六三
爪哇等處	—	—	五〇、〇〇〇	三〇、〇〇〇	一六五、九九五	一四一、二九九

英國	九、四〇〇	八、九六七	一八、〇九一	二四、三六七	四九、二二〇	四四、一四八
瑞典	—	—	一七、六五五	二二、五九三	三四八、一九四	二〇一、三七三
丹國	—	—	—	—	九三、七二〇	四七、〇六〇
德國	—	—	—	—	二二四、三六二	一二一、八〇三
和國	—	—	—	—	三六七、四三〇	一三五、六三三
比國	—	—	二、五〇〇	·四三八	二三、五五〇	一三、一三三
日本	二、三三三、〇八二	二、二七三、八六〇	三、八四一、〇一三	二、八三六、五五二	一、二五五、九六九	九六四、五八三
主要輸入港						
大連	二六〇、六〇三	二四一、〇五八	三九八、一七三	三四〇、〇四〇	四六、六五九	三二、六六二
牛莊	七九、七一四	七三、七三五	九一、〇五五	七七、七六一	二二、〇一〇	一三、二〇六
天津	五一四、九一五	四七六、二九六	九六五、二七〇	八二四、三四〇	七八五、三六〇	五八九、〇二一
膠州	二〇九、九一二	一六九、六三六	六九二、九二五	五九一、七五七	一五三、三五九	一一四、七五七
重慶	三一、一八六	二八、八四七	一〇〇、四五一	八五、七八五	一四、六五〇	一〇、九八七
宜昌	四五、九九八	四二、五四八	四七、二七四	四〇、三七二	一五、九〇四	一一、九二八
長沙	六四、二九三	五九、四七一	五三、四八五	四五、六七六	二四、一六五	一八、一二三
漢口	三六八、〇七〇	三四〇、七四五	九〇九、〇八八	三六八、一八一	四八一、二五九	三六〇、九四四
九江	三九、二六〇	三六、三一六	三〇、四六七	二六、〇一〇	三五、一七八	二六、三八三
蕪湖	二九、五七五	三一、七八八	四六、四三三	三九、六五四	三一、七七八	二三、八三四
南京	六、三六三	四、八一七	一四、四〇〇	一二、二九八	四六、一一五	三四、五八六
鎮江	四三、四八〇	四〇、二一九	四八、四九三	四一、四一三	四八、九四一	三六、七〇七

上海	四八一、五九三	四五三、一一七	四〇五、七〇三	三四〇、八四一	七八九、九三八	四三九、一四七
廣州	一三九、五九〇	一四〇、三四一	一四八、五六〇	六〇、六二八	二三二、三四一	六〇、六六九
蒙自	二六、九八〇	二九、〇〇〇	一三、七〇二	一四、四八四	五、四六一	四、一五七

此項貿易。在歐戰以前。德比兩國占最大部分。英國次之。其中德國針、品質最佳。爲國人所歡迎。除德國直接運來外。由瑞典、丹麥、和蘭等國進口者。亦全屬德貨。我國市場。殆爲德國所獨占。歐戰時。來源受阻。比國針、於民國四年絕跡。德國針、於民國五年絕跡。即英國來貨。亦頓形減少。因之針價暴漲。每十萬枝。由二十八兩漲至七八十兩。日本針、遂乘機輸入。一躍而佔進口之第一位。該國出品素劣。民國三年進口。僅六百萬枝。民國四年、陡增至一千三百萬枝。以後逐年增加。五年、三億四千三百萬枝。六年、十億七百萬枝。七年、二十三億一千三百萬枝。至民國八年。遂達三十八億四千一百萬枝。是爲日本針進口極盛時代。然未幾歐洲貿易。次第復興。日本針、遂漸就衰減。

日本主要製針地方。以廣島縣安佐郡三條町及廣島市爲第一。富山縣永見町次之。大阪府、兵庫縣、東京府、京都府等次之。所用原料。多屬普通鐵線。以炭素燒之成鋼。（此等鐵線、向購諸德國、嗣由美國輸入、於東京大阪製成十九號乃至二十四號之細線、其本國所產鐵線、尚不能使用也、製針最宜於用鋼線、然鋼線價格太貴、且工作不易、故日針多用鐵線、）性質過硬。缺乏彈力。易於折斷。且易生鏽。德國針、全用鋼線製成。無此弊病。故外國針之包裝。亦有二法。德國針、不用錫箔包裹。並不生鏽。英國日本則皆用錫箔裹之。然猶不久即生鏽也。

我國製針業。尚未發達。宣統二年、鄂督張之洞。創設湖北針釘廠於漢陽。資本五十萬元。購辦外國機器。以製造縫衣針及洋釘爲目的。後僅製出洋釘。尚未製針。民國七年。中華鐵器股份有限公司。承租該廠機器。製造鐵釘、鐵線、鋼針及鋼鐵機器。資本三十萬元。出品亦不多。此外濟南有華通製針有限公司。（在西關外東流水）民國九年創辦。資本十萬元。機器購自日本。上海有華豐鍼廠（在公共租界楊樹浦華德路）民國七年創辦。出品未知何如。

第二十五章　煤油 (Oil, Kerosene)

我國四川（嘉定）陝西（延安）甘肅（酒泉）新疆（烏蘇）等省。雖有油田豐富之說。惟未經詳細調查。故卒亦無新式採製業發生。國內煤油。完全仰給於外國。民國二年進口一億八千三百九十八萬加倫。價值二千五百四十萬兩。九年、爲一億八千九百五十八萬加倫。價值五千四百三十一萬兩。煤油爲日用所必需且爲國內所不產者。故凡通商大埠皆有相當之進口。此其與他項進口貨不同之點也。

地區	民國七年 數量	民國七年 價值	民國八年 數量	民國八年 價值	民國九年 數量	民國九年 價值
進口淨數	加侖 二二〇、二〇二、二三四	兩 二六、二四〇、〇二六	加侖 一九九、三〇九、七五三	兩 四六、六七一、三七三	加侖 一八九、五八八、五四〇	兩 五四、三一八、二九〇
香港	二〇、二九七、九一六	五、二五二、一七〇	三〇、〇五七、〇九四	七、九三八、四八七	二六、〇七九、四五二	七、四四五、七七九
澳門	五三、〇四〇	一五、二四一	三六、四六〇	一一、一一七	九八、九八五	三二、四〇八
安南	四七四、四五八	一六六、一八四	九二一、五〇五	三六二、〇六〇	九二八、八七二	三二六、九七九
新嘉坡等處	二九、四二七、〇七九	七、三五八、一七七	三三、六三三、六四六	五、四三二、二九四	一四、一四二、三四八	三、九二三、一二四
爪哇等處	二二、六九三、八六〇	五、三三〇、五八三	六、六一八、五九二	一、五二四、五八四	二〇、七二八、四七五	五、八〇五、一二三
印度	三一、六〇〇	一二、六四〇	六五、三五五	二六、三八一	九四、五七四	五〇、七〇〇
土、波、埃、等處	—	—	一、四九一、八五〇	四五五、〇一四	二、六三七、三九四	七三八、四七〇
俄（由陸路	一一、三〇〇	九、六〇五	五、二五〇	二、三九四	一六、三一〇	八、一五五
國（太平洋各口	一〇〇	四四	一九九、〇四五	七六、八五七	一九八、八三五	一〇八、〇八六
朝鮮	一七〇、三四六	七五、六六七	一四三、六三九	七一、一三三	一一五、〇五二	七七、三八四
日本	二、三三一、〇三九	六三五、八一八	一、二七六、八四〇	四五一、一三五	九〇二、一六五	三〇八、九八八
美國	三八、五六八、九二五	一〇、一八九、二三五	一三九、五九〇、五二三	三一、三二五、九六八	一二四、七〇五、九八五	三五、八八一、九六四
輸入港別						
綏芬河	—	—	一〇九、九五九	三五、七一六	一九八、五〇五	一〇七、九八七
安東	九七、五一五	二五、一九八	一、〇七六、一七〇	二八九、四二六	一、一一六、一五五	二九六、〇七二
大連	四、八九七、二二〇	一、三〇五、九四〇	八、八四七、五〇〇	三、〇六一、二三五	七、五三三、一二五	二、二二五、一七八

牛莊	三、〇四六、〇五六	九一四、三八一	八、三七〇、七四七	一、七四五、八九五	七、三二九、一七七	二、〇三六、五六八
秦皇島	四四、六〇〇	一三、〇八一	五〇七、一六九	一七五、四七五	六七三、四〇〇	二〇二、〇三〇
天津	二二、一〇二、五六一	五、四〇二、七七三	三三・八七一、四二五	七、七〇四、二四五	三〇、一六四、二五六	八、六一五、三七五
烟台	—	—	五二〇、七四〇	一七三、一七三	六一一、〇六五	一八三、三一九
膠州	六、一〇五、九九六	一、五八六、五五三	九、五七三、四〇二	二、〇一七、六八二	九、一四五、四五三	二、六一二、二五六
重慶	一、九五〇、二三〇	五八四、一四三	二、六二九、四五〇	七七六、五二七	二、四五四、二六九	七一五、六六一
宜昌	—	—	二、七八九、五六〇	九四九、八五二	二、六七九、四三〇	七六三、四六〇
萬縣	五六一、七九六	一九三、三九三	六九三、七三五	二三五、一〇九	八二八、五七五	二四一、九六七
沙市	一、五五八、七八八	四一三、七七五	二、〇一二、九九五	五三二、一六三	二、〇〇六、四七五	五八四、二五七
長沙	二、三六五、二〇〇	五七八、一八〇	五、八七九、六七五	一、二八九、〇八五	六、八七五、二六〇	一、九六六、七九六
岳州	八二六、三一四	二一八、六五八	一、七〇五、六〇〇	四一五、〇七一	一、七五四、〇四〇	五〇六、二四四
漢口	七、一三四、八〇六	一、七六四、七二八	一八、五四九、一八七	三、五二七、五八三	一九、四〇一、〇三一	五、四九八、九七六
九江	三、〇七九、〇九一	七八四、四六七	八、三六八、九〇六	一、七〇四、五四六	五、八七六、三九四	一、七〇〇、九八六
蕪湖	四、九二三、二三三	一、二九四、五三四	六、四八四、一三六	一、五二九、八六一	六、一〇四、五五四	一、七一六、四四〇
南京	五、三六三、七五七	一、四八六、七六四	五、八九八、七九四	一、六七二、三二四	六、五三九、二〇四	一、八九〇、七九二
鎮江	八、一六五、九三八	二、一三一、八七七	一二、四二五、七三八	二、九二二、五七二	一三、九一五、六八六	三、九九七、三五三
上海	五五、六七八、五八八	一、二一〇、九六四	一四、九九二、三〇〇	三、一八三、八九七	二二、九七二、一〇〇	六、二三四、一五四
蘇州	三、一九一、三一七	八五九、一五七	五、六〇三、五五四	一、四〇〇、一三二	四、七〇八、六二五	一、三六八、一九九
杭州	二、二〇五、五一〇	六一三、一七六	二、五三三、五四六	六八四、二九〇	二、五八六、一二五	七四八、六二六
寧波	二、一一三、一六四	六〇五、一八六	三、〇九一、一二九	八七六、八三〇	二、七六七、八〇五	八〇九、二六九

温州	六六九、九八五	一八二、〇八八	一、一〇七、八二〇	四一一、三六五	一、一一六、四五〇	三三〇、七五五
福州	二、〇二六、七四六	五〇二、七九四	四、一九六、一九五	一、〇九五、三八六	二、二五三、四二九	六六二、六七三
廈門	一、六八一、六九三	四三五、一一三	三、四一七、六〇二	九一八、七三六	三、五五六、〇一三	一、〇〇一、八六八
汕頭	二、八一二、七八〇	七三〇、一九四	七、二五〇、八七六	一、八二七、三三七	四、三六二、八一三	一、二三四、四一六
廣州	七、二六四、五六〇	一、五八九、八八四	一三、九二一、一七六	三、四二四、一〇一	九、五一三、〇三四	二、四二五、四一八
九龍	五二七、八八〇	一五四、五二〇	六七七、一四〇	二〇三、五四〇	九六〇、二八〇	三一〇、九一九
廣九鐵路	二三六、六八五	六七、二六八	三三六、四七〇	一〇一、五四三	四〇九、七六五	一二八、五三三
拱北	五二四、四五〇	一五九、五八七	八三七、〇九〇	二五五、二二九	一、〇一九、六六〇	三三三、八三六
江門	二、六五〇、五七六	七四一、八五四	二、八六二、五一三	八二一、九九二	二、六一三、〇六四	七八八、三〇六
三水	一、〇七六、七二五	二六八、七八一	一、二〇一、三四七	三三五、五五八	一、一五八、九八〇	三三一、八三七
梧州	三、五七〇、六六七	一、〇〇五、九三三	四、〇七二、八一一	一、〇七八、一〇一	三、八五八、六八一	一、一九三、七五三
南寧	八七九、二六九	二五八、四〇二	一、三八〇、〇三三	三九二、六九〇	一、三〇一、一六四	四〇三、八四一
瓊州	一、〇〇五、五九四	三三六、五八四	九八八、二〇五	三一六、四九九	一、〇七九、六七〇	三六六、九一八
北海	四七〇、一五〇	一三六、八五六	七八一、六四五	二三二、三四一	四四〇、四〇〇	一四二、〇六五
蒙自	四八七、四五八	一八〇、七九二	九三六、八八〇	三六四、〇三七	九三四、二七二	三一八、九五九

備考　加倫、係就美國加倫（American Gallons）計算、每加倫合七升五合、一木箱內容十加倫、又輸入額、係各國直接運來之數、非按其原產地計算也、

進口煤油。產於美國、南洋、俄國、日本及緬甸波斯等處。南洋蘇門答臘及波羅島油田豐富。且距我國較近。故其煤油最占優勢。美國煤油由美孚公司經理。規模最大。自前清末。已占進口之第一位。俄國煤油專銷東三省一帶。俄亂以來。逐漸衰減。其固有地位。爲日本所侵占。日油質劣價廉。

年來極力推廣銷路。最著者有日本石油會社之富貴牌、蝙蝠牌。寶田石油會社之靑全勝牌、福壽牌。然品質既劣。規模又較為狹小。終不足與美商美孚英商亞細亞等公司爭衡也。試再就煤油原產地別。以表示其輸入額。則各國煤油在我國之勢力。更可一目瞭然矣。

▲最近十年進口煤油原產地別表（單位美國加倫）

年份＼數量＼原產地	美國	蘇門答臘	波羅島	俄國	日本	他國
宣統三年	一五三、五三三、四〇一	四九、四七〇、八八九	三三、六六八、五九三	二、八三三、六七三	二〇、四六〇	九、九〇〇
民國元年	一三三、四四一、七七七	四七、三四五、八四二	二、九七八、七四八	三、九七五、六四八	二三、四七〇	六九一、九八一
民國二年	一二三、四五九、九二五	四一、九一五、六四八	二三、六〇三、九四三	五、九七〇、二七一	三四、二六五	——
民國三年	一六二、三七三、四四七	三七、四九五、七〇六	三二、六一六、三八五	七、二〇〇、七〇〇	五一四、四七〇	——
民國四年	一三八、九三九、五六三	三〇、一三六、四〇五	二三、八九〇、九二五	八五七、一五五	一、二二六、二六三	一九、八〇〇
民國五年	一〇八、七七五、〇一七	一九、二〇四、五六九	一〇、四四七、五三三	一、〇四七、三七三	六、四〇六、四〇〇	一、五〇九、三八三
民國六年	一〇七、四四六、二三九	三三、六三三、三四六	九、七七七、六一四	三〇〇、六七九	五、四三〇、五九三	一、三三三、四七〇
民國七年	四八、二四九、二九七	四八、五二七、二〇六	一一、七〇〇、六九一	——	一、九四七、九七〇	一七、八六五
民國八年	一五七、二九三、五二五	三三、六二一、四七三	六、四〇一、四三七	——	六五一、〇七五	一、四四〇、三三九
民國九年	一四〇、六九〇、五四七	三七、三二四、四六九	九、五〇八、八八二	九四三、四四三	三七四、五六五	四二九、六五九
備考	他國輸入額宣統三年及民國元年、全屬緬甸煤油。					

第二十六章　紙 (Paper)

我國上海漢口濟南等處。新式造紙業迭受挫折。迄未發達。而各種出版物。逐年增加。所用紙張。全仰諸舶來。民國二年進口。值銀七百十六萬兩。九年增至一千四百十五萬兩。

地區	民國七年 數量	民國七年 價值	民國八年 數量	民國八年 價值	民國九年 數量	民國九年 價值
按擔 進口淨數	五四一、五二一擔	六、三八七、三〇六兩	八六二、〇三七擔	九、三五九、八〇九	一、〇二六、五二一擔	一三、一〇二、一一六
香港	七八、九八四	一、〇四四、七八五	九五、七七七	一、一二五、八〇九	九八、七六〇	一、一四四、〇〇七
英國	五、三六七	一〇六、六八〇	一〇、三六六	一七七、三五二	六〇、五六七	一、〇五九、四七八
挪威	—	—	三五、七三二	三〇〇、六三六	一三六、三三六	一、五五〇、五六六
瑞典	—	—	五三、六七六	四二五、四九四	一八二、八三五	二、一二八、八〇六
德國	—	—	—	—	一二、一七	一七六、八八九
朝鮮	三、九九八	八五、九〇四	三、一九〇	九四、二四五	三、二六一	二二九、七一九
日本	三四七、四二七	三、八四八、二八二	四四一、五八三	五、〇六一、四六七	三一九、二九七	三、八〇二、九八七
坎拿大	二三、六九七	二九四、二七九	三四、七三九	三八九、一四〇	一九、三三五	二三〇、二六七
美國	八四、六五五	一、〇四七、八三三	一〇〇、五六六	二、二六八、四二一	一九四、〇九五	二、八七四、七二一
按價 進口淨數	—	八五六、二五八	—	八五二、八四三	—	一、〇五七、〇七〇
香港	—	一七、七五三	—	一六、三八〇	—	二三、六八〇
英國	—	四五、七四〇	—	六一、二六四	—	一八〇、八三六
朝鮮	—	一七、九一九	—	二二、一一四	—	二三、〇六二
日本	—	五九四、六四四	—	四七三、二七七	—	五二〇、八九八
美國	—	一七五、六七二	—	二六八、九九四	—	二九九、三八八

備考	
	現行稅則、（一）捲筒紙烟紙（二）白或色普通有光無光印書紙（三）簿面花紋紙、銅版紙、蠟光紙、（四）白及色油光紙（五）棕色或他色厚薄包皮紙（六）白或色有光無光印書紙（模造紙、招貼紙在內、已列名印書紙不在內）（七）無光洋連史紙、雪光紙、均按擔計算（一）紙版（二）未列名紙（三）寫字紙、畫圖紙、蠟光印書紙、鈔票紙、羊皮紙、失格利紙、玻璃紙、均按價計算、

此項貿易在歐戰以前。德國、瑞典、奥國最佔勢力。歐戰時、來源受阻。日本、美國、起而代之。由德瑞奥三國進口者以連史紙、毛邊紙、新聞紙、版紙、模造紙爲主。此類紙、現多由日本輸入。此外印書紙、鈔票紙等。亦多屬日本貨。由英國輸入者以寫字紙爲主。品質最優。由朝鮮進口者有毛邊紙、包皮紙、油紙、大甲紙等。關册於進口紙。僅載其大概。未依紙質及用途。詳細分類。殊嫌含混。茲表示上海進口紙類於下。以資參考。（據八年江海關册）

		由外洋逕運進口貨數
紙類 Paper:—		
香港次等紙 2nd Quality, Hongkong		四一擔
銅版紙 Art		二四二擔
鈔票紙 Bank-note	按數	二、七三〇令
	按價	值銀五六、二三六兩
吸墨紙 Blotting		值銀二五、三九七兩
紙板 Cardboard	按數	二三、二六二擔
	按價	值銀五、〇四四兩
紙煙紙 Cigarette		四、〇〇〇千張

他類紙烟紙 Cigarette Unclassed……值銀一〇、〇六三兩

彩紙 Coloured
- 按擔……三、〇三一擔
- 按價……值銀九五六兩

印書彩紙 Coloured Printing……二、四九〇擔

印稿紙 Copying……值銀一三、三三八兩

書面紙 Cover……五七〇擔

畫圖紙 Drawing
- 按價……值銀九、六七四兩
- 按擔……九八一擔

假皮紙 Embossed
- 按價……值銀九、六六九兩
- 按擔……一七四擔

蠟光紙 Enamelled
- 按擔……一三、四一八擔
- 按價……值銀七、四九五兩

雪光紙 M. G. Bleached Sulphite……七〇四擔

油光紙 M. G. Buff Screen……四五四擔

油光紙 M. G. Cap……二六、三七三擔

招貼紙 M. G. Poster……一〇四擔

洋表古紙 包皮紙 Packing and Wrapping
- 按擔……二〇、一四九擔
- 按價……值銀一九、八〇五兩

羊皮紙 Parchment …… 四九四擔

印書紙 Printing

光道林紙 Calendered and Sized …… 四九、九四八擔

日本光道林紙 Calendered and Sized Japanese …… 四、六四七擔

毛道林紙 Uncalendered and Unsized …… 一三三、〇七六擔

日本毛道林紙 Uncalendered and Unsized Japanese …… 三四、五八八擔

他類印書紙 Unclassed …… 六、七四九擔

模造紙 Simile …… 五、二九一擔

黃板紙 Strawboard …… 九〇、八八〇擔

洋連史紙 Tissue …… 九、〇八五擔

粗紙 Toilet …… 值銀一五、八二一兩

棉紙 Wadding …… 一、四八〇擔

糊牆紙 Wall …… 值銀一七、八三四兩

蠟紙、玻璃紙 Waxed and Grease-proof
- 按擔 …… 五、一五一擔
- 按價 …… 值銀三九二兩

寫字紙或夫士格紙 Writing or Foolscap …… 一五、〇一七擔

他類紙 Unclassed
- 按擔 …… 七、九九〇擔
- 按價 …… 值銀四六、八〇一兩

備考

一、銅板紙(Art paper)或稱美術紙。爲寫眞版、凸板等印刷之用。

一、鈔票紙、專爲紙幣兌換劵等印刷之用。由日本進口最多。產於該國福井縣。東名鳥ノ子紙。普通尺寸有二尺三寸二分×一尺八寸三分（G）二尺一寸五分×一尺六寸七分（F）一尺九寸×一尺五寸（D）等種。每種又依其一令（Reams）之重量而分爲一、二、三等號。其（G）一號重三十六磅者。銷數占最大部分。

一、吸墨紙、有白、玫瑰、淺黃、青、綠等色。每令重十四磅乃至百二十磅。普通重二十八磅者最多。以吸收力最強者爲上等貨。試驗品質之法。切取約五分寬之紙條。以其一端約二分許、浸於水中。掛之每十分鐘、計算其吸水上昇之度數。不達二十 Milimetre 者爲下等貨。自四十 Milimetre 至六十 Milimetre 者爲中等貨。上等貨、則能達九十 Milimetre 以上。從前專由歐洲輸入。歐戰以來多由日本輸入。

一、紙板 Cardboard 種類繁多。以木質紙料製成者。曰 Wood board。以馬尼剌麻製成者。曰 Manilla board。以藁製成者。曰 Straw board。（黃板紙）上等者可用爲廣告名刺、賀片、請帖、菜單等。下等者。可用爲書皮及製造箱、包等類。紙烟箱、用之尤多。硬板紙、可製爲染布帛之具及機織花樣板、電氣絕緣品。從前荷蘭輸入最多。德國、瑞典、比、英、美、奧、法亦有來貨。現在黃板紙、多由日本輸入。普通尺寸。縱二十五吋。橫三十吋。每枚重十翁士乃至六十翁士。白板紙、灰色板紙、茶色板紙、普通縱二十七吋。橫三十九吋半。重八翁士乃至二十翁士。上海等埠所銷者。重五翁士乃至四十八翁士。其中五翁士至十六翁士。銷數最多。五翁士以下之薄板紙。價格過高。銷數不多。

一、紙烟紙。以易於點火、且燃燒均勻者爲上等貨。普通尺寸。縱二十吋。橫三十吋。每令重六磅乃至八磅。捲筒紙烟紙。寬二十三 Milimetre 乃至三十三 Milimetre。長千五六百米突。近年紙烟製造業大興。銷行甚多。從前多由歐美輸入。現則日本東洋製紙會社、東海製紙會社及岩淵、瀧川、富士川各工廠。均有出品。銷行我國。

一、印稿紙。爲謄寫版之用。歐美、日本均有貨。

一、畫圖紙。有鉛筆畫、水彩畫、及製圖用紙等數種。鉛筆畫、水彩畫紙。多來自日本。製圖紙、上等者來自英德美義等國。下等者有日本貨。每令四百七十二張或四百八十張。每張寬三十吋乃至六十吋、長十碼乃至百碼。

一、油光紙、或稱有光紙。爲印刷及其他日常雜用。學校教科書、亦用此紙。需要甚多。從前全由瑞典進口。中經歐戰。來源受阻。日本九州製紙會社之雙福牌。富士製紙會社之竹牌。中央製紙會社之金昌牌。小倉製紙會社之美人牌等。盛行輸入。然自排貨以來。華商多改用瑞典紙。故瑞典貨進口。又回復原狀。其 M. G. Cop 一種。普通縱二十五吋、寬四十四吋。每五百張。約重十七磅，

一、包皮紙、爲瑞典國之特產。供給世界各市場之用。年達百萬噸。我國進口。以瑞典貨爲多。次則德、英、奧、美、瑙威等貨。最近日本王子製紙會社、及富士、四日市、九州、中央各製紙會社。亦有貨運銷我國。種類甚繁。通常爲金銀細器以及肥皂、帽子、各種化粧品包裹之用者。縱二十吋。橫三十吋。亦有大至二倍者。片面有光者居多。此外火柴包裝所用青色、紫色、黃色、暗綠色等紙。亦屬於包皮紙類。

一、羊皮紙、或稱硫酸紙。富於耐水力。西人多用爲黃油。奶酥及各種食品、藥劑、肥皂等包紙。罐頭食物、藥瓶、菓實。亦多用爲包裝。從前由德國進口最多。英、法、美、瑞典、瑙威等國次之、歐戰以還、德貨減少。

一、印書紙。每令普通爲五百張。亦有四百七十二張、五百零四張、五百十六張不等。厚紙、以五令乃至十二令爲一梱。薄紙、二十令乃至二十五令爲一梱。兩面有板。加以鐵箍。又有捲筒者。卷於直徑二吋許之木棍上。外部直徑達四十吋。則包以厚紙。外以麻繩繫之。一卷重五百磅乃至五百二三十磅。此外上等印書紙。亦有以四令乃至六令。裝成一箱者。光道林紙、或稱磨過印字紙。毛道林紙、或稱未磨過印字紙、由日本進口者。概係富士製紙、木曾工業、四日市製紙、中央製紙、王子製紙等會社所出。

一、模造紙或稱雪蜜里紙。爲印書、新聞紙及煙草包裹之用。產於德、瑞典、瑙威、奧、英、丹、法、比等國。最近日本所製三十六磅者。銷行我國最多。

一、洋連史紙。爲印刷及其他日常雜用。其與洋毛邊紙之差別。在尺寸不同。連史紙、縱二十五吋。橫四十四吋。以九十六張爲一刀。十五刀爲一包。(一扛)二包或四包爲一梱。一梱重百二十磅乃至百五十磅。毛邊紙、縱二十二吋半。橫五十一吋。百九十二張乃至百九十六張爲一刀。六刀半爲一包。二包爲一梱。自西洋貨減少後。多來自日本。東三省所銷。多屬富士製紙會社之仙鶴牌。北方各省所銷。多屬中央製紙會社之金昌牌、九州製紙會社之雙福牌、小倉製紙會社之美人牌。南方各省、多銷四日市製紙會社之清華牌、九州製紙會社之雙福牌、富士製紙會社之丸義牌。長江一帶。有上海龍章華章兩廠出品。僅銷富士製紙會社之雜牌紙。

一、棉紙。俗稱東洋皮紙。產於日本福岡縣福島町一帶。朝鮮亦有貨。爲衣服綢緞雜貨包裹之用。日常家庭使用尤多。色較我國皮紙爲白。每擔約二萬張。排貨以來。杭州、寧波、廣州、安徽、奉化、湖南之愛國皮紙。風行一世。其中杭州寧波所出者。足抵舶來品。

一、糊牆紙、爲裱糊牆壁天井之用。上有花紋。日本貨最多。

一、蠟紙。爲貨物包裝之用。玻璃紙。爲玻璃裝飾之用。半透明。普通縱二十吋。橫三十吋內外。西洋日本均有貨。

一、寫字紙。性硬、光滑、富於彈力者爲上等貨。用途、除信箋外。銀行賬簿、票據、其他信用證券、打字機等。皆用之。分厚紙薄紙等數種。中等以上者。

皆來自英、美、德、奧等國。每令四百八十張。每張縱十三吋乃至二十六吋半。橫十五吋乃至四十四吋不等。

我國新式造紙工業之歷史。一失敗之歷史也。前清光緒十七年。上海首創倫章造紙廠。因經營不得其法。未久即倒閉。光緒二十五年。上海浦東、有華昌造紙廠。聘請日本技師。最初數年。成績頗佳。迨光緒三十二年。龍章造紙廠繼起。原料布縷。頓形騰貴。加以進口洋紙。競爭日烈。因之龍章虧累不堪。華昌遂於民國四年、售於日商三菱洋行。此外武昌白沙洲造紙廠。漢口財政部造紙廠。皆時作時輟。濟南濼源造紙廠。則以成績不良而休業。廣東鹽步增源紙廠。則以虧累不支而合併於廣東官紙局。故我國造紙業之歷史。殆全歸失敗。溯厥原因。蓋有數端。（一）水質不良。交通便利地方。製紙用水之取給。尤爲不便。（但濟南有良水）（二）交通不便之結果。故布縷之供給範圍、比較的狹小。（三）木質紙料(Wood Pulp)完全爲我國所不產。（四）洋堿、漂白粉、松脂等。亦仰給於舶來品。總上諸因。實爲中國製紙工業之根本缺陷。故迄無發達之機會也。近來國人亦知仰給外貨之非計。已有廣設工廠之計畫。茲將現有各廠列表於左。

所在地	名稱	資本	設立年月	備考
漢口諶家磯	財政部造紙廠	二、000、000兩	宣統三年	官辦、民國元年二月開工、製造新聞紙印書紙及鈔票證劵用紙、
武昌	白沙洲造紙廠	五00、000	宣統二年	原係官辦、現租與福成公司營業
上海	龍章造紙廠	二六0、000	光緒卅二年	股分有限公司、每月可製六十五萬磅、連史紙毛邊紙居多、
同	華章造紙廠	五00、000	民國四年	舊華昌、每月可製九十萬磅、出品同龍章
同	寶源造紙公司	1、000、000	民國七年	機製各種紙張、在北蘇州路、每月可製二十五六萬磅、
浙江	武林造紙公司	四00、000元	民國十年	在拱宸橋小河地方、
蘇州	華盛製造紙版股分有限公司	三00、000	民國九年	在閶門外鳳凰橋西堍、機製各種紙版、
濟南	濼源造紙廠	二六0、000兩	光緒卅二年	官商合辦、機器購自德國、每月可製十八萬磅
同	華興造紙股分有限公司	1、000、000元	民國八年	在乾健門外東流水、先招二十五萬元、
吉林省城	興林造紙股分有限公司	日金五、000、000	民國十年	中日合辦、日商大倉等投資、

廣東江門	造紙公司	二〇〇、〇〇〇	民國元年	機器購自日本、
廣東鹽步	廣東官紙印刷局	不詳	光緒卅二年	官辦、岑西林所創增源紙廠於民國元年歸併於本局、每月可製十五萬磅、
香港	大成機器造紙公司			每月可製二十七萬磅、
重慶	富川紙廠		光緒卅一年	製造火柴盒用紙、
成都	樂利公司			仿製着色洋紙、
安慶	安徽造紙廠			改良製造中國紙、並仿製洋紙、

截至民國九年止、紙廠經稅務處核准出品免稅者凡十七家、

第二十七章　鐵路材料　Railway Materials

我國鐵路。自前清末葉。次第舉辦。當時頗有蒸蒸日上之勢。乃民國以來。國內擾攘。建設未遑。鐵路工程。概行停辦。以故新線之告成者尙少。惟國有諸路。時或施行改良工事。因之鐵路材料。每年仍有相當之進口。現時全國各路。多已與外國訂立借款合同。徒爲時勢所迫。未能開工。此等鐵路。勢在必辦。將來時機一轉。次第興工。材料需要必多。惟依借款合同。各路購辦材料。多已允許借款國家以優先權。故其他之外國貨。勢難與之競爭。不過近來政府當局。已主張自由購買。中國亦依據機會均等之大原則。攻擊優先權獲得之不當。將來購辦材料之問題。或仍聽諸自由競爭矣。

關冊於進口鐵路材料。分爲鐵路枕木及未列名鐵路材料兩項。其中枕木一項。由日本輸入者。佔十分之九以上。其他未列名鐵路材料。多由美國、日本、英國輸入。近年以來。英美兩國貨、尤占優勢。

鐵路枕木 (Sleepers)

地區	民國七年 數量	民國七年 價值	民國八年 數量	民國八年 價值	民國九年 數量	民國九年 價值
進口淨數	一、〇二五、一三三塊	一、一三二、七八四兩	一、五三二、七〇六塊	一、八六七、〇六九兩	一、八〇九、二三六塊	三、三四三、五四四兩
香港	九、八九三	九、九一七	八、一三五	八、二二六	一三、一八七	二〇、三六八
日本	九九四、五〇三	一、一一三、〇六八	一、五〇四、六四三	一、八四九、九八五	一、七一〇、三五〇	三、一八九、九一七

未列名鐵路材料 (Not otherwise classified)

地區	民國七年 數量	民國七年 價值	民國八年 數量	民國八年 價值	民國九年 數量	民國九年 價值
進口淨數	—	一、四二九、七五二兩	—	二、〇一六、三三〇兩	—	一、八〇一、〇六七兩
香港	—	一六三、一六〇	—	三九、七四七	—	一五、一七七
英國	—	六〇、九五二	—	七五一、六四八	—	八三三、八五二
法國	—	五、四六四	—	八五、二四〇	—	一一五、一九一
俄國太平洋各口	—	一五八、九二一	—	一一三、六五七	—	一四五、七八〇
日本	—	二三八、三一四	—	二四、一八〇	—	一四七、五五七
美國	—	七一四、八〇八	—	七八三、〇四五	—	四〇四、五四九

日本枕木出口。年值二百萬圓以上。全部皆運銷於我國。其木屬於檜、橡、栓、柞、落葉松等。普通寸法爲8吋×9吋×6呎。近年我國吉林省所產枕木。出貨漸多。民國七年以來。年逵百二十萬立方尺以上。日本枕木在此方面頗受抵制。然內地各省年需枕木約四百五十萬立方尺。我國營此業者。類極幼稚。是外國枕木固大有推銷之餘裕也。歐戰前、美國枕木進口甚多。戰時因運費昂貴。曾斷絕進口。戰後運費跌落。貿易再興。民國九年美國枕木進口、六萬四千餘塊。價值七萬六千餘兩。此外由澳洲進口者一萬九千餘塊。價值五萬三千餘兩。

第二十八章　肥皂及材料

年來肥皂之消耗。逐漸加多。此項製造業。頗有蒸蒸日上之勢。惟所有製品。類以次等貨居多。社會奢侈日甚。上等肥皂之需要日益增加。舶來品深能投合此等嗜好。以致我國年糜金錢數百萬兩。良可慨已。從前進口肥皂。英國貨最多。民國二年佔全體百分之三十六以上。日本、奧國、德國、俄國等次之。近則英國貨進口漸減。日本貨起而代之。如左表。

地區	民國七年 數量	民國七年 價值	民國八年 數量	民國八年 價值	民國九年 數量	民國九年 價值
進口淨數	—	兩 三、〇五四、九二七	—	兩 三、三三九、四二六	—	兩 三、一五四、六八六
香港	—	七六五、六六九	—	九三五、四一一	—	六一八、二〇四
英國	—	六一二、三五八	—	九六九、八九一	—	六二六、〇五八
日本	—	一、五四八、九二九	—	一、〇二〇、八六八	—	一、二六六、五〇七
美國	—	一〇六、八八〇	—	三三四、一三九	—	四三一、五四二

主要輸入港安東、大連、天津、漢口、上海、厦門、廣州、

進口肥皂之種類。大別之有洗衣肥皂及化粧肥皂兩種。近來洗衣肥皂。我國自製者漸多。蓋以本國原料(牛蠟)豐富、工價運費均極低廉。較之外國貨。已立於有利之地位。現在此項肥皂。已漸能自給。至化粧肥皂。又分鼈甲肥皂及機器肥皂兩種。鼈甲肥皂。俗名桂花胰子。創自英國。其後德、奥、日本、相繼仿效製造。製法簡易。不需機器。近來上海天津等處。亦盛行仿造。其品質雖不及英德貨。而足與日本貨並駕齊驅。其主要原料。除香料而外。若砂糖酒精。皆爲我國出產素豐之物。加以出品有免稅之特典。將來此項肥皂。固不難壓倒舶來品矣。機器肥皂。本國自製者尙少。現在市場所售。類係英美日本等貨。英國茂生貨最著名。日本貨品質較劣。價格較英美爲廉。故銷路最旺。其最暢銷者爲利巴兄弟商會(工廠在日本攝州尼崎、英商所辦、總公司在倫敦、規模極大)製造之利華、日光兩種。此外日貨若都ノ王、都ノ花、芝蘭、九重、雙公、山林、鏡美人、サタナス、楓、スプリンプフラワー等牌。亦頗暢銷。然其中攙用麵粉。多至七成以上。宜其有劣貨之稱也。

我國之有肥皂廠。始於清季。日商積善洋行首創工廠於上海。專製洗衣肥皂。英德商人繼起。成效漸著。於是華商相繼設廠仿造。迄於今、各處工廠林立。幾遍全國。茲舉其主要者於左。

所在地	廠名	資本	設立年月	備考
天津	天津造胰公司	不詳	光緒二十九年	規模甚大、機器購自美國、聘和蘭人爲技師、出品有洗衣化粧兩種、宣統三年核准免稅、暢銷北方各省

同	華麗燭皂有限公司	一〇〇、〇〇〇元		洗衣肥皂
同	東昇燭皂有限公司	三〇、〇〇〇		（同）
同	玉盛造胰公司	四、〇〇〇		（同）
同	益和造胰公司	三、〇〇〇		（同）
同	長泰造胰公司	三、〇〇〇		（同）
同	榮華胰皂公司	三、〇〇〇		（同）
同	協義胰皂公司	三、〇〇〇		（同）
同	茂盛造胰公司	二、〇〇〇		（同）
同	桂記造胰公司	二、〇〇〇		（同）
同	公興造胰公司	二、〇〇〇		（同）
同	合記造胰公司	二、〇〇〇		（同）
同	茂記造胰公司	二、〇〇〇		（同）
同	祥生燭皂有限公司	上海分此		（同）
同	順和造胰公司	一、〇〇〇		（同）
同	桑茂洋行	不詳		宣統三年核准出品免稅
同	志誠洋行			民國三年核准出品免稅
同	永昌洋行			民國二年核准出品免稅
哈爾賓	濱江東興實業股分有限公司	羌洋一、〇〇〇、〇〇〇元	民國五年	製造各種肥皂洋燭洋城牙粉營口有限公司
奉天	烏合石鹼製造所	日金五〇〇圓	宣統三年	日商、出品年值二三、〇〇〇圓

大連	萬玉洋行	五、五〇〇	光緒卅二年	同　三〇、〇〇〇圓
同	滿洲石鹼製造所	二六、〇〇〇	宣統二年	同　四七、〇〇〇圓
同	畑中製造所	二、五〇〇	宣統元年	同　三二、〇〇〇圓
同	東洋石鹼製造所	五〇〇、〇〇〇	民國四年	同
蕪湖	華昌城皂無限公司	五、〇〇〇兩	民國八年	製造洋城肥皂
同	△新裕皂燭廠			宣統元年核准出品免稅
同	公裕祥公司			光緒二十九年核准出品免稅
同	△新昌燭皂公司			民國二年核准出品免稅
九江	高松大肥皂廠	五、〇〇〇元	民國七年	
同	煥新肥皂無限公司	五、〇〇〇	民國九年	
南京	公茂廠			光緒三十二年核准出品免稅
南通	△通耀股份有限公司	三〇、〇〇〇	民國八年	製造洋燭肥皂及其他化學品
武進	△寶升洋皂洋燭公司			宣統元年核准出品免稅
上海	△岡本肥皂廠	一、〇〇〇、〇〇〇兩	宣統元年	德商、月出化粧二萬打、洗衣七千二百箱、宣統三年核准免稅
同	瑞寶洋行	一五〇、〇〇〇元	同	日商、月出化粧三萬打
同	倫敦肥皂廠		民國元年	日商興業洋行經營、製造各種肥皂兼精選牛蠟、
同	順和肥皂廠		宣統二年	化粧肥皂
同	美華肥皂廠		宣統元年	(同)
同	合順肥皂廠		宣統三年	(同)

[illegible]	德成皂廠	100,000兩	民國三年	(同)民國五年核准出品免稅
同	裕德皂廠	〡〢,000	光緒卅四年	(同)
同	裕生皂廠	〢〇,000		洗衣肥皂(光緒卅四年核准免稅)
同	廣藝公司	〥,000		
同	大昌公司	〣,000		
同	鴻生肥皂股分有限公司	〦〇,000元	民國八年	總公司設上海博物院路、製造廠設油頭碕嶐同益巷口、
同	鉅康無限公司	10,000	民國八年	製造欄杆花邊及香皂
同	鴻茂公司			洗衣肥皂月出 〧00箱
同	福茂公司	〥〇,000		同 〦,000箱
同	隆茂公司	〥〇,000		同 1,〥00箱(光緒卅三年核准免稅)
同	豐泰公司	〢〇,000		同 〢,000箱
同	熾茂公司	〢〇,000		同 1,000箱
同	怡茂公司	〢〇,000		同 1,000箱
同	鶴茂公司	—		同 〥00箱
同	大豐公司	〡〥,000		同 〡〥0箱
同	光昌公司	—		同 〣00箱
同	茂生洋行			美商
同	卜內門公司			英商、規模最大
同	中國肥皂洋燭有限公司			事務所在英租界四馬路工廠在魯濱孫路

同	競立洋燭公司			宣統二年核准出品免稅
同	同康造燭公司			同
同	福興造燭公司			同
同	利用燭皂公司			同
同	開乾洋行			民國二年核准免稅
同	華豐香皂廠			民國五年核准免稅
寶山	華順肥皂廠	五〇、〇〇〇		
無錫	廣勤肥皂無限公司	五、〇〇〇元	民國八年	洗衣肥皂
鎮江	和茂洋皂廠			宣統元年核准免稅
同	于禮氏洋燭廠			同
同	同康洋皂廠			宣統二年核准免稅
芝罘	福利肥皂公司			民國二年核准免稅
杭州	豐和公司	三〇、〇〇〇兩	光緒三十一年	
同	孚茂洋皂公司			年產三千元
同	洋皂麵粉公司	一〇、〇〇〇		兼製麵粉
湖州	耀華燭皂公司	六、〇〇〇		兼製洋燭
寧波	光明燭皂公司	二〇、〇〇〇		同　洗衣肥皂年九千箱
紹興	振興燭皂廠	一、〇〇〇		同　同　四千箱
同	豐裕洋皂廠			洗衣肥皂年八千箱

[illegible]華	鼎新肥皂公司	三、三〇〇		洗衣肥皂年千九百六十箱
同	泰生肥皂公司	一、〇〇〇元		
溫州	怡茂肥皂公司	一、二〇〇		
漢口	△松茂皂燭廠	六、〇〇〇兩	民國八年	
同	金昌洋行			日商
同	△榮茂公司			民國四年核准免稅
同	△謝榮茂燭皂廠			民國五年核准免稅
武昌	公信股份有限公司	七〇、〇〇〇元	民國七年	兼營機織染色
長沙	惟楚化學工業社	一〇、〇〇〇	民國八年	兼製牙粉粉筆
同	湘成公司	二、〇〇〇		
福州	華川製皂公司	二〇、〇〇〇	宣統二年	
同	維中胰皂公司		同	
重慶	祥合肥皂廠	二、〇〇〇兩	清季	洗衣肥皂一日平均十箱
成都	裕德肥皂廠	三、〇〇〇	光緒卅四年	化妝肥皂一日五十打
香港	布拉克赫德商會	德商	光緒二十二年	每月可製百八十萬磅
同	華商工廠六所			規模甚小製造洗衣肥皂

△符號係兼製洋燭者

各廠中除洋商及一二華商所辦者外。規模類極狹小。其出品、亦惟洗衣肥皂。尙足與舶來品相競爭。若化妝肥皂。則不逮外國遠甚。又本國原料。雖牛蠟出產豐富。而椰子油（機器肥皂用之、購自日本。然日本亦係轉購於外國）香料（本國僅有肉桂之類可用）麵粉（本國麵粉廠不能製一等粉）以及包裹紙類。均須購諸日本或歐美各國。平時通商頻繁。取給固便。設一旦國際有事。則不免陷於困難。實可慮也。

第二十九章　糖 (Sugar)

我國南方各省。原多產糖。自外國糖進口。價廉物美。到處歡迎。國糖不堪其壓迫。產額逐漸減少。而國內需要。反日益增多。每年外國糖進口。恆在三千五百萬兩以上。試就輸入糖之種類。依次述之。

一、赤糖 (Sugar, Brown)

赤糖、爲和蘭標本第十號以下之糖。產於爪哇、菲律賓等處。係舊式製法製造者。每年進口價值在八百萬兩左右。全部來自南洋。由香港進口者。亦南洋所產。由香港轉口而來也。其進口狀況如左。

地區	民國七年 數量(擔)	民國七年 價值(兩)	民國八年 數量(擔)	民國八年 價值(兩)	民國九年 數量(擔)	民國九年 價值(兩)
進口淨數	二、三五八、七一九	九、七一二、六九八	一、三三九、〇八五	六、一〇四、六〇四	一、〇三二、九六三	七、七七〇、六二四
香港	一、七〇四、一六八	七、〇一八、〇七四	一、〇七九、七四一	四、八九六、四五五	九五一、二四〇	七、一四三、九六九
爪哇等處	二九、七四九	一三三、五六六	三四、九五一	一五六、二八七	四九、五七〇	三五九、五〇七
日本台灣	一七、九九九	七四、〇三九	六〇六	三、三二六	四一九	三、三五二
菲律賓	六三三、九三一	二、六一一、七五三	一八一、八三四	八四七、〇二〇	四一、〇九五	三二八、八二一

此外暹羅、新嘉坡、印度、朝鮮等處。亦有進口。

二、白糖 (Sugar, White)

關册、有白糖與車白糖之區別。車白糖、指和蘭標本廿五號以上而言。白糖、指和蘭標本十二號以上而言。然最佳之白糖。其色有較和蘭標本廿五號爲尤白者。故僅依和蘭標本。實難區別之。蓋普通區別之法。依其製法而定。用骨炭濾過法者。曰車白糖。用亞硫酸瓦斯漂白法者。曰白糖。而最佳之白糖。如爪哇白糖者。不經過原料糖。直接由甘蔗製出。此種白糖。則可以代車白糖之用。進口白糖。以爪哇糖爲最多。日本糖、亦有相當之進口。大都爲其國鹽水港製糖會社所出。

地區	民國七年 數量	民國七年 價值	民國八年 數量	民國八年 價值	民國九年 數量	民國九年 價值
進口淨數	一、九四〇、七三二擔	三、一〇一、〇六一兩	六四一、八七五擔	四、六九〇、六四八兩	八九七、九七三擔	九、六二一、八七七兩
香港	一、二二五、四〇三	七、五三七、三六一	六五二、八四八	四、八六八、八七〇	八五二、三〇〇	八、九四〇、一〇八
新嘉坡等處	一九、一八四	一二三、一三四	一四、〇一八	八四、九七二	二、五〇四	二七、五八一
爪哇等處	二五三、六四〇	一、五八五、二七七	一三六、一〇八	八三七、八九三	五九、七七五	七二三、五八六
日本台灣	四二九、八七〇	三、七〇七、七一三	一五八、六五九	一、〇〇三、〇六四	六二、一一五	七二一、九一四

此外俄國、朝鮮、菲律賓、美國檀香山等處。亦有進口。

三、車白糖 (Sugar, Repined)

車白糖、爲和蘭標本二十五號以上之精糖。需要最多。每年進口價値。恆在二千萬兩以上。最近進口狀況如左。

地區	民國七年 數量	民國七年 價值	民國八年 數量	民國八年 價值	民國九年 數量	民國九年 價值
進口淨數	四、二三五、三一三擔	三五、三三〇、三五五兩	二、九八一、二四二擔	三二、二七〇、八八四兩	一、八〇四、〇三三擔	二〇、一五八、五三三兩
香港	二、一六〇、八六七	一八、四八九、一七五	一、六五七、四五〇	一三、三四五、四六五	一、三四三、八七四	一五、八三三、五八三
新嘉坡等處	二四、四六九	一八六、五九七	一、四九六	一一、九六五	—	—
爪哇等處	六、六二〇	四九、〇一五	二〇〇、九〇五	一、四五三、四九八	—	—
日本台灣	一、九二三、四九七	一六、五五〇、八七一	一、一三三、九五四	八、五〇三、六一六	五七五、一〇四	五、七〇一、七九八

此外安南、英國、美國、亦有若干進口。

觀右表。進口之車白糖。殆限於香港貨及日本貨兩種。此兩者。皆以爪哇糖爲原料糖而精製之。香港精糖公司。有太古、怡和、呂宋三公司。其中、太古公司。規模最大。有自備之船隻。以爲運貨之用。且於內地各埠廣設支店。自置堆棧。肆行兜售。在我國市場。最占勢力。香港糖、對於我國。以地理及其他關係。立於有利之地位。故在數十年前。已風行於我國。根深蔕固。雖在今日。日本糖之勢力。亦遠不及之。

日本車白糖、行銷我國。始於日俄戰爭以後。較之香港糖爲後起。然其糖商、能竭力奮鬬。以與香港競爭銷路。例如大日本製糖、明治製糖、台灣製糖、三會社。常互相聯合。組成一種『加迭爾』大行 Dumping 商略。縱遇損失。亦不惜貶本求售。其損失、則求償於日本內地。蓋日本糖業受關稅之保護。在其國內之地位。極爲安全。可以自由伸縮。挹彼注此。以資補救。不但此也。政府獎勵輸出。又有戾稅制度。足以減輕其成本。而香港糖、則專以我國爲唯一之顧客。毫無其他保障。不能行 Dumping 之策。故年來日糖。頗能蠶食香港糖之販路。除福州以南各埠外。日糖之勢力。已漸與香港糖並駕齊驅。在北方各埠。或且凌駕香港糖而上之矣。日本車白糖。以大日本製糖會社製品爲最多。(該社大里工廠貨最著名)明治製糖、台灣製糖等會社次之。大日本製糖會社製品。有商標七種。以Ⓛ牌爲標準貨。Ⓛ牌糖色、與荷蘭標本第二十五號略同。明治製糖會社製品。有商標六種。以 YS 牌爲標準貨。YS 牌糖色、與和蘭標本第二十四號略同。台灣製糖會社製品。有商標五種。以 TX 牌爲標準貨。TX 牌糖色、與大日本製糖之Ⓚ牌略同。(Ⓚ牌比Ⓛ牌價值約高一角)我國市場通常呼爲四溫品、三溫品。其區別如左。

四温品	大日本製糖	明治製糖	台灣製糖
	Ⓒ	YK	TC
	Ⓔ	YE	TE
	Ⓗ	YH	
	Ⓙ	YP	TX

三温品	大日本製糖	明治製糖	台灣製糖
	Ⓚ	YS	TM
	Ⓛ		
	Ⓝ	YT	TC

其銷路、四温品約占三成。三温品、約占七成。每年中秋節前後一二月。進口最多。此外、則舊歷正月前。亦爲暢銷之期。綜計日糖在我國之銷場。以長江一帶爲主。漢口、寧波、九江、蕪湖。爲主要市場。勢力猶不及於四川。北方、則以天津爲最重要市場。青島、營口、牛莊方面次之。南方有香港糖之抵制。僅至福州而止。不及其以南。長江一帶所銷。爲中等以下之貨。最暢銷者。爲大日本製糖會社之Ⓝ牌。此外ⓍⒿⓁⓀ等牌。亦頗暢銷北方各埠。天津所銷。爲最上等貨及最下等貨。ⒸⓃ等牌與同格之他社製品。皆有銷路。天津以外各埠能銷Ⓒ牌以下之貨。大連方面則僅Ⓝ以上之Ⓙ與以下之Ⓢ有銷路。

更觀進口各種車糖之品質。香港糖、行銷我國最久。富於經驗。其學術的品質。最能適合國人之嗜好。然以用水之關係。夏期所出之貨。含蜜較多。色相較遜。時有變色之虞。而以銷令最旺之夏季爲尤甚。明治製糖會社之貨色相最佳。然多結塊。爲其劣點。台灣會社之貨。進口較少。品質亦與明治貨無大異。大日本製糖會社之貨色相中庸。故較明治貨爲遜。然身分細緻。品質較佳。更由需要之狀況。以察一般之嗜好。則大日本會社貨居第一。明治會社貨第二。香港貨第三。台灣貨第四。自排貨以來。日貨頗受影響。惟各界尚多不明日貨之牌號。故猶得保其殘喘。

我國糖業發達最早。五十年前。猶與印度、爪哇、菲律賓、古巴並稱爲世界五大產糖國。自歐洲甜菜糖業發達以後。我國糖業。遂一落千丈。在世界產糖國中。竟退居第十二位。卽以台灣一島而論。自歸日本管轄以來。糖業發達。已有凌駕我國之勢。考其原因。一由於中國糖業。墨守成法。不知改良。以致出品粗惡。爲外國價廉物美之糖所壓倒。而關稅制度。亦爲中國糖業衰敗之一大原因。外國糖僅納關稅五分、子口稅二分半。卽可通行全國。無遠弗屆。而本國糖困於釐金惡稅。重重徵收。竟寸步難移。故我國糖業。苟非改良製造。撤廢釐金。斷無發展之希望。現在國內產糖總額。因統計多不完備。尚無精確數目。據外人推算。在五十年前。糖業最盛之時。年產約五十萬噸。四十年前。已減少十餘萬噸。現在四川產糖。在各省中。首屈一指。年產約十三萬三千噸。其次則廣東十萬噸。福建三萬五千噸。廣西、江西、雲南、貴州等省。合計年產六萬五千噸。統計全國約產三十五萬噸左右。此其大較然也。四川產地。首推內江、資中、梓潼、資陽、酉陽諸縣。然以交通不便。釐稅過重。移出於外省銷售者。甚爲困難。廣東潮安、澄海、潮陽、揭陽、普寧、東莞、瓊山諸縣及福建海澄、同安、仙遊、龍溪諸縣。皆重要產地。所出赤白糖。由汕頭、廈門、廣州、九龍、瓊州等口輸出。於香港重行精製之後。復運銷於國內。以全國消費總額而論。本國之產額。爲三十五萬噸。由外洋輸入者四十五萬噸。合計八十萬噸。以四萬萬人分配之。平均每人每年僅用糖四磅。或者據以爲華人食糖極少之證。不知此外尚有蜂蜜及糖類之代用品。爲數甚多。我國人之消費量。決不亞於他國。日本人口僅七千萬。每年用糖五十萬噸。平均每人十三磅。以彼例此。可以知矣。故我國糖類之需要。猶有增加之餘地。而糖業之改良擴充。實爲今日急要之圖也。

我國新式製糖業。仿於太古洋行。在汕頭崎碌地方。創設分工廠。該廠因遭地方反對。不能收買原料。未及開工而停業。嗣後俄商（波蘭人）設廠於吉林阿什河。（在哈爾濱之東）其資本爲百萬盧布。由波蘭購買機器。每年生產能力約十二萬乃至十五萬鋪得。專製造甜菜糖。其機器設備。大要如左。

甜菜洗滌機	一組	甜菜切碎機	一具
滲出器十四個	一組（每個可容甜菜百舖得）	炭酸氣飽交器	三具
亞硫酸發生器	一具	石灰窰	一座

濾過器	二個	眞空蒸發器	五個
眞空結晶罐	三個	開放式結晶器	一具
遠心力分密器	三具		

每日消費甜菜最多時可至一萬二千布度。每年作業期間約二個月乃至三個月。（自陽歷十一月至翌年一二月）甜菜取諸阿什河附近及雙城堡一帶。其收買之法。預於春季分發種子於農家。該社供給其糞肥及過燐酸肥料等。且派農業技師爲之指導監督。迨收穫時。視其收穫量之多寡而給價。每重一鋪得付小洋票二角五毫。約定俄國一畝。用種子二十斤。約得甜菜五百鋪得。以四百鋪得爲最低限度。不及此限者。作爲耕種不力。該農家須賠償種子。其製品有俄國式粗糖及精白糖兩種。粗糖運銷俄國黑龍州及西伯利亞一帶。精白糖專銷哈爾賓阿什河附近地方。然精白糖有日本糖之競爭。銷路頗滯。俄亂以來。粗糖銷數亦形減少。其糖之生產費。每一鋪得需金七元。可售十元。廠內有化學技師二人。農業技師一人。機器技師四人。常年工人三十名。作業多忙時。臨時雇工約四百人。皆華工也。該廠副產物。因無附設之酒精工廠。糖密堆積。悉成廢物。甜菜殘滓。悉數贈與附近農家。爲家畜飼料之用。創辦以來。除最初三年。略有損失外。常有贏利。近自盧布低落。頗受影響。

此外。黑省有呼蘭糖廠。奉天有南滿糖廠。皆製造甜菜糖。呼蘭糖廠在呼蘭縣馬家船口。爲商人李席珍所發起。最初該商領得呼蘭荒地。集股創辦糖廠。建屋購機。未及開工。股款已浪費無存。而向德商購置機器之款。尚未清付。經前清東三省總督收歸官辦。又因經理不得其人。種植不得其法。遂致歷年虧折。迄今借用奉天官款。計在三百萬元以上。已不克再支。近有估計價值。改歸商辦之說。據知其內容者云。該廠附近所產甜菜。如果收成豐稔。不過開工二三個月。卽可竣事。而廠中職員薪水。不惟須全年支付。且坐領乾薪。糜費太甚。此卽虧耗之大原因也。南滿糖廠在奉天。爲日商澀澤榮一等所發起。較之以前兩廠。規模尤爲宏大。其資本爲日金一千萬圓。（實繳五百萬圓）製造能力。每日消費甜菜五百噸。精製能力。每日百噸。收買甜菜之法。與以上兩廠略同。惟創業日淺。成績尚不甚著。據民國九年調查。是年栽培甜菜地面。有四萬五千畝。收穫甜菜四十五萬擔。是尚不逮其作業能力之半也。該廠於自廠所製之外。兼購買爪哇台灣之原料糖。從事精製。每年出貨約十五六萬擔。近又在鐵嶺。設立分工廠。聞其製造能力。年約五萬担。

福建新式糖廠。有廣福種植公司及華祥糖廠。皆製造甘蔗糖。廣福公司。在漳州。爲商人林爾嘉所發起。內容不詳。華祥糖廠在龍溪縣。每日可製百二三十擔。一年約四五千擔。

此外山東有溥益糖廠。上海有馬玉山及江蘇紳商發起之中華國民製糖公司。創建伊始。尚未出貨。茲將我國及香港現有新式糖廠表示於後。

廠名	國籍	所在地	設立年月	資本	備考
怡和	英商	香港	光緒四年	二、〇〇〇、〇〇〇元	卽中華火車糖局、每日製造能力四千擔、目下僅有其四分之一、
太古	英商	同	光緒二十年	英幣 二〇〇、〇〇〇鎊	每日可製一萬二千五百擔、目下僅出三千五百擔左右
呂宋	英商	同			內容不詳
廣福種植公司	華商	福建漳州	宣統二年	四〇、〇〇〇元	製造能力未詳
華祥糖廠	華商	福建仙遊	同	五〇〇、〇〇〇	年產四五千擔
阿什河糖廠	俄商	吉林阿什河	宣統元年	俄幣 一、〇〇〇、〇〇〇盧布	年產約三萬二千七百餘擔
呼蘭糖廠	華商	黑龍江呼蘭	民國元年		製造甜菜糖民國四年核准出品免釐
南滿糖廠	日商	奉天省城外	民國五年	日金 一〇、〇〇〇、〇〇〇元	每日能力一百噸甜菜糖
溥益糖廠	華商	濟南黃台橋	民國十一年	二、〇〇〇、〇〇〇	擬製甜菜糖、錢能訓屈映光等發起

四、冰糖 (Sugar, Candy)

冰糖進口。年值二百萬兩內外。其大部分、由香港輸入。日本次之。歐戰以前。每年由新嘉坡等處輸入、約值百萬兩。由比國德國輸入、約值數十萬兩。歐戰以還。俱已衰減。其主要輸入港爲天津、漢口、膠州、九江、南京、福州、上海等。最近進口狀況如左。

地區	民國七年 量數（擔）	民國七年 價值數（兩）	民國八年 量數（擔）	民國八年 價值數（兩）	民國九年 量數（擔）	民國九年 價值（兩）
進口淨數	三一四、〇三四	二、七五四、〇九六	二三五、六七三	二、〇六六、八五五	一三三、三三九	一、五三七、九七八
香港	二四〇、〇一一	二、〇九五、一九四	一六六、五〇五	一、四一五、三八四	九五、一八一	一、一九六、二八七
新嘉坡等處	九、六二一	八四、四三五	五、三一六	四二、九七五	一、六〇八	二一、四六四
日本台灣	六二、三三三	五四七、八九一	六二、一九七	五八五、七五六	三五、三三九	三三二、一一四

福建廣東地方。多由爪哇方面購入原料。製造冰糖。在市場上聲譽素著。而建冰尤著名。

第三十章　針織品

針織品、種類極繁。大致可分爲汗衫褲、襪、手套等類。現時凡屬交通便利之區。幾於無人不用之。故其需要極多。惟我國關册。於一切針織品。除襪(Hosiery)以外。概歸入『衣帽等類』(Clothing, Hats, etc.)項下。致令其輸入額、無從詳查。誠憾事也。以下係從各方面搜集而來。關於針織品貿易。以此可見一斑矣。

一、襪(Hosiery)

襪有棉、毛、絲及雜質線等類。我國此項製造。頗形發達。以故進口有漸減之勢。民國二年、進口價值一百九十一萬三千七百零三兩。民國九年減爲一百七十六萬四千八百四十兩。向以日本貨爲最多。香港次之。英美又次之。

地區	民國七年 數量	民國七年 價值	民國八年 數量	民國八年 價值	民國九年 數量	民國九年 價值
按打 進口淨數	一、九一三、〇〇一打	一、八七二、三二一兩	一、八六八、五〇二打	一、八七四、四六三兩	五四九、一四八打	九六一、九六七兩
香港	一、〇五五、七七〇	一、〇二二、六二〇	九二七、九四四	八四五、〇四一	二七七、七九二	四六八、四八八
英國	七、〇四七	二九、六三七	八、〇七六	三七、〇一三	二八、一一四	一〇五、一九二
日本	八六四、六七九	八四二、二八六	九四四、〇六一	九四二、七八六	二五九、二五一	四〇六、六七六
美國	一八、八〇五	三六、八三五	三五、八〇四	八六、八六〇	一九、八二八	九九、四五五
按擔 進口淨數	—擔	—兩	二、二三三擔	二二四、〇二四兩	七、七七一擔	八〇二、八七三兩
香港	—	—	一、九七七	一八三、〇一〇	六、八六一	六六三、三七六
日本	—	—	二四〇	二七、八五六	八八四	一二三、一八〇
美國	—	—	一五	三二、一四八	八二	三〇、二二四

二、汗衫褲、(Singlets & Drawers)

汗衫褲、卽棉質汗衫褲、厚絨線衫褲、及衞生衫褲等來自日本、香港及美、英、德等國。英德貨最稱佳品。價格較昂。需要限於上中等社會。故進口較少。日本貨係仿效美國而成。本較廉。年來與美國競爭極烈。美國貨不勝其壓迫。已有逐年減退之勢。故此項貿易當以日本為第一。據該國貿易統計。日本汗衫褲輸入中國。年在二百萬圓以上。試觀左表。亦可想見其盛況也。

△日本國汗衫褲輸出地區表

地區	大正二年 數量	大正二年 價值	大正六年 數量	大正六年 價值	大正七年 數量	大正七年 價值
中國	二五一、一七七打	八六三、三〇九圓	二五一、七四七打	一、八〇三、六二三圓	一八九、二八二打	二、一〇五、五〇二圓
關東州	六二、二二三	三〇六、七六七	九一、二三三	六七五、五六四	六八、〇四五	八五七、四九四
香港	六〇五、五五六	一、一四八、〇九八	二九六、九七一	八〇四、〇五三	一〇四、四四六	三八一、五四〇

右表所謂關東州。係指大連而言。卽運銷東三省一帶者。往香港者。大都由香港轉口。運往南方各省。我國關冊。未立專項。其輸入額。無從詳考。惟上海、廣州、漢口、天津、大連五口貿易冊。於汗衫褲進口。有所記載。茲摘記於左。

		民國八年	民國七年	民國六年
上海	棉質汗衫褲	四三、五二三打	四八、一七六打	四八、六六二打
	厚絨線衫褲	一、〇九三	一、五八五	八三八
	衞生衫褲等	一三、二〇五	四〇、二一七	二五、一八三
	計	五九、八二一	八九、九七八	七四、六八三
	棉質汗衫褲	一、七四一	七八一	一、〇七七
	未起毛棉質汗衫褲	三、二三四	—	—

	日本棉質汗衫褲	七五三	一、〇六六	三五四
	雜質汗衫褲	二〇、四三八	三五、四一四	六四、六七三
廣州	日本雜質汗衫褲	一六、一八〇	三三、三四二	—
	厚絨線衫褲	二三〇	一、五三五	三、一九一
	日本衛生衫褲	二、四一九	一五、一八九	—
	胡禮氏衛生衫褲	一、三七八	八、六九一	四〇、四五七
	計	四六、三三三	八五、〇二八	一〇九、七五三
漢口	棉質汗衫褲	三、八二二	一、一三六	三、一五九
	絨及毛兼雜質汗衫褲	一三八	一、四七一	八八
	厚絨線衫褲	—	一五	—
	衛生衫褲等	一、八二六	一、八八〇	八六一
	計	五、七八五	四、五〇二	四、一〇八
天津	棉質汗衫褲	二三、八一六	一〇、四七四	三、四八九
	雜質汗衫褲	一七、〇四八	三二、八四五	三四、九〇五
	計	四〇、八六四	四三、三一九	三八、四二四
大連	汗衫褲	六七、二三七	七三、八四五	七八、六八六
	計	六七、二三七	七三、八四五	七八、六八六
五口共計		二四一、〇六〇	二九六、六七二	三〇五、六五三

備考　各口均係直接由外洋及香港運進之數、由通商口岸運進者不在內、

統計五口輸入額。民國六年三十萬五千六百五十三打。七年、二十九萬六千六百七十二打。八年、二十四萬一千六十打。平均每年約二十八萬

一、一百二十八打。每擔價值以銀五兩計。每年平均值銀一百四十萬五千六百四十兩。

三、汗衫布或衞生衫布（Cotton Singlet or Underwear Cloth）

此項進口貨。爲製造汗衫或衞生衣之用。最初來自德國。宣統二年以後。美國貨輸入。德國貨盡被驅除。迨後日本貨進口。美國貨又被壓倒。迄於今日。日貨幾有獨占市場之勢矣。

美國貨、有大小兩種。大疋長四十碼乃至五十碼。小疋長十五碼。均寬五十六吋乃至六十吋。價格最昂。品質並不甚佳。蓋其優良之品。多留作本國製造之用。而以較次之貨、輸入中國也。

日本貨。每疋約長二十碼。寬二十六吋乃至三十八吋。（自二十六吋起。每加二吋爲一號。共有七號貨）其中、三十吋乃至三十四吋貨銷路最大。每碼重七兩乃至八兩。價格較美貨爲廉。

我國關册。係列入『他類棉貨』（Cotton Goods, Unenumerated）中。此項輸入額。無從確查。惟上海、漢口、兩口貿易册。於日本汗衫布及衞生衫布進口。略有記載。摘舉於左。

		民國八年	民國七年	民國六年
上海	由外洋及香港進口	三四四、三二四碼	九〇三、八六八碼	九二一、八三五碼
	由通商口岸進口	—	一、二四三	三四、一三一
	計	三四四、三二四	九〇五、一一一	九五五、九五六
漢口	由外洋及香港進口	六二、二四二	八八、五五九	一六七、三七六
	由通商口岸進口	一六五、〇四二	九九、八三〇	一一八、六〇七
	計	二二七、二八四	一八八、三八九	二八五、九八三
兩口直接由外洋及香港輸入之數		四〇六、四五六	九九二、五二七	一、〇八九、二〇一

附　我國針織業之發達

我國針織業。最初發生於香港。其後廣州、汕頭、上海、漢口、天津、北京、寧波、松江、杭州等處。以漸普及。各種線襪、襯衣、汗衫褲、衞生衣、均有仿製。其中、尤以織襪業技術簡易。無需多大資本。最形發達。各地著名工廠如左。

北京
華興公司　華鑫　普利
亞震　興業　振華
珍華　豫華　永信
大華　華興　普興
興華　德記　安步公司

天津
衛生衣有限公司　義生同　振華織襪廠
興華公司　雙順和織襪廠　裕民公司
順記織襪公司

營口
全盛號

漢口
美康電機織襪廠

長沙
福興　益華公司　和記公司
此外織襪廠五十餘家

南京
利生工廠

上海
景綸公司　利華織襪公司　志成織襪公司
廣利公司　上海織襪公司　東新織襪廠
捷足織襪公司　經華公司　綸華公司
匯通織襪公司　錦華織襪公司　久華織襪公司
同茂織襪公司　履和織襪公司　人餘襪廠
三進電機襪廠　久和襪廠　中昌隆
信華襪廠　陳吟記　萃隆織襪廠
華盛織襪廠　華盛恆　華新織襪廠
進步織造廠　勤益絲襪廠　源昌合記
新華織襪廠　緯羅公司　履安織襪廠
錦記織襪廠　錦華襪廠　華興襪廠
協泰　東藩襪廠　南洋織襪廠
安定織襪廠　啟昌織襪廠　東方織襪廠
金星織襪廠　中發織襪廠　興華織襪廠
張興記　信昌織襪廠　三晶織襪廠
三星織襪廠　隆昌織襪廠　中華第一針織廠
三井織襪廠　中華襪廠　振豐棉織廠
華明針織廠　泰隆襪廠　振藝號

松江
履和公司　泰和公司　晉和公司
積善堂
寧波
美球豐記工廠
杭州
華昌織襪公司
廣州
華民織造廠　粵通織造廠　華美公司
安利公司　長壽新術遊藝公司　亞興公司
此外家庭工業極多

勝德織造廠　光華廠　足安電機襪廠
鼎森織襪廠　愛華公記　上海內衣織布廠
興祥棉織廠
汕頭
利強織造公司　民生織造公司　汕頭織襪廠
……此外家庭工業極多
九龍
廣新織造公司　金興織造局　華洋織造局
利民興國織造公司
香港
維新織造公司　美華織造公司　華昌織造局
民生織造公司

其中仿製各種衛生衫褲者。爲左列各廠。

廠名	廠址	商標	製品種類	備考
華興公司	北京沈篦子胡同	雙如意	絨線衫褲	北京首創第一家
華鑫	北京小蔣家胡同	白鳳	同	
亞震	北京西四牌樓大街	英雄	同	
興業	北京崇外下二條		同	
普利	北京東安市場	鹿球	同	
振華	同	鷹球	同	

珍華	北京長巷四條		同	
豫華	北京草廠十條	紅日	同	
永信	北京地安門外大街	雙獅	同	
大華	北京賓宴華樓	雙獅	同	
華興	北京東安市場	如意	同	
普興	北京高井	扁福	同	
興華	北京青雲閣	塔	同	
德記	北京賓宴華樓	地球	同	以上北京十四廠駝絨羊毛自口外採辦運京自紡成線
天津衛生衣有限公司	天津河東	人馬、三色、	各種衛生衫褲	資本五萬元
源昌合記	上海美界漢璧禮路		絨衫、襪、	
景綸公司	上海狄思威爾路	鹿頭、獅子、飛鷹	各種汗衫、襪、面巾、	規模甚大、工人三百餘名
上海內衣織布廠	上海麥根路	A. B. C.	各種洋式襯衣	民國九年核准出品免稅
長壽新術游藝公司	廣州西關		衛生衣、襪、	
金興織造局	九龍尖沙咀		同	華商自創資本六萬元
維新織造局	香港銅鑼灣		衛生衣、襯衣	中英合辦資本十四五萬元

第三十一章　其他雜貨

一、洋參(Ginseng)

我國向稱人參爲補品。需要甚多。每年進口値銀多至四五百萬兩。少亦百數十萬兩。(民國六年値銀五百十七萬二千餘兩)最近輸入額如左。

地區	民國七年 數量	民國七年 價值	民國八年 數量	民國八年 價值	民國九年 數量	民國九年 價值
進口淨數	三四九、三三三斤	三、四七〇、六五三兩	三五九、七九二斤	二、〇七六、一七一兩	三六二、六九七斤	一、五四六、一四四兩

香港	一六二、二六八	八九一、一九七	一七一、五五八	一、一〇四、三四八	一三二、六四九	七六五、九九六
俄國太平洋各口	二七三	三一、三九六	二七八	三八、七〇九	三二四	五三、七六〇
朝鮮	三七、四六三	二、七一六、八一五	三一、一八四	八八八、五三九	三三、七三六	九五六、〇七二
日本	一四六、八〇〇	二九二、八七二	五〇、七一六	一一六、八〇九	二五、一六一	二三一、一九五
坎拿大	—	—	九、七四五	一三七、八八八	四、五七六	六〇、五九五
美國	一一、七〇五	七三、一〇三	三、四七二	三一、九一〇	六五三	四、五九七

由香港進口者、雖有我國及日、美、坎拿大等國貨、其中美國貨最多、主要輸入港爲上海、漢口、廈門、汕頭、廣州、九龍。

洋參分紅、白兩種。海關稅則所謂揀淨參。即紅參。未揀參、即白參也。紅參、係將人參蒸過之後。俟其乾燥。而加以製造者。品質最良。價値亦最昂。白參則採取後、任其自乾、不加蒸製。品質較劣。價亦較廉。又其細根。別經製造。謂之尾參。或曰鬚參。

進口洋參。有美國貨、日本貨及朝鮮貨。美國貨、不去鬚根。輸入香港後。由廣東商人爲之剪鬚修製。出售時分爲光參、面參兩種。價格甚昂。然其品質在洋參中爲最優。故進口亦多。南方富庶省分銷行最旺。俗稱西洋參。

朝鮮貨、俗稱高麗參。品質次於美國。亦良品也。其國開城府爲主要產地。近歸官辦。由朝鮮總督府直接經營。專謀改良品種。增加產額。進行甚力。日本貨、俗稱東洋參。其大部分爲白參。紅參極少。品質次於朝鮮貨。主要產地爲福島、長野、靜岡、島根、鳥取等縣。福島縣產額最多。輸出港、以橫濱爲第一。神戶次之。

就其性質言之。東洋參性熱。食之則感燥熱。乏補力活氣之效。美國參性寒。食之則覺微涼。身體爽快。且有補腎之特效。朝鮮參性溫。介在寒熱兩性之間。故食之則感微溫。亦有補腎之功能。

我國吉林、奉天兩省。長白山一帶產參甚多。謂之關東參。分爲老山參、移山參、栽園參、石柱參四種。除老山參外。品質欠佳。價亦較廉。此外山西、陝西、河南、四川地方。有類似人參之一種。曰黨參、潞參。亦用爲補品。

二、皮鞋皮靴 (Shoes and Boots, Leather)

此項進口。以美國貨爲最多。日本次之英國又次之民國六七年間。輸入最多。現在本國製造業勃興。所有出品。價廉物美。漸足抵制外貨。故外國皮靴皮鞋之來我國者。多復轉往外洋。在內地行銷者。爲數無幾。其輸入狀況如左。

地區	民國七年數量（雙）	民國七年價值（兩）	民國八年數量（雙）	民國八年價值（兩）	民國九年數量（雙）	民國九年價值（兩）
進口總數	九一六、九四〇	二、九〇九、六六八	四一四、八一八	一、四二五、五三七	一九九、一八一	五八一、一三七
復往外洋	一一〇、六九四	三七七、七一九	六〇五、八七六	二、三一六、〇二八	四二九、三八五	一、二四四、六六九
進口淨數	八〇六、二四六	二、五三二、九四九	——	——	——	——
香港	一六、七八五	一八、九五一	一七、二三九	二〇、二七〇	一七、二八九	一〇、〇四二
英國	八六一	三、七三三	七、九一〇	三〇、六七一	三、〇五八	一四、六七七
俄國太平洋各口	一五、三二五	四九、二五三	一三、七七五	四五、〇〇八	一八、〇八〇	七三、七一五
日本	二八四、〇七四	八二三、二四〇	一三二、四九二	三三〇、四二三	五三、六二三	一六六、三五七
美國	五七二、一七二	一、九三二、七七一	二三四、九〇四	九三六、六五八	八七、九二三	二八七、四七三

三、碱 (Soda)

碱之用途甚多。民國二年進口。値銀一百十七萬兩。八年增至三百十萬兩。九年少減爲二百三十萬兩。向以英國貨爲最多。香港貨次之。現在日本國內製造漸盛。其出品亦輸入我國。主要輸入港爲上海、大連、天津、漢口。

地區	民國七年數量（擔）	民國七年價值（兩）	民國八年數量（擔）	民國八年價值（兩）	民國九年數量（擔）	民國九年價值（兩）
進口淨數	三二一、八九一	一、六二三、四九三	八七九、四六三	三、一〇九、二二二	七三七、五九五	二、三〇八、六六九
香港	一六、二六九	一三三、九五六	七〇、七二六	三〇二、四五二	五九、二三四	一八二、〇三一
英國	一七三、〇二七	一、〇七四、九四三	六〇八、五六五	一、七二五、七一七	六〇一、一一四	一、六〇九、七七〇

日本	三九、〇〇八	三六七、二七一	一二八、三四四	六二三、四六九	七八、一三八	四三一、三一九
美國	二〇、四五九	一九一、三六二	一〇〇、九九五	六六二、〇七三	一五、七六〇	八一、一〇八

進口碱之種類。分純碱（Soda Ash）淨麵碱（Soda Bicarbonate of）燒碱（Soda Caustic）晶碱（Soda Crystal）濃晶碱（Soda Crystal）硝酸鈉（智利硝 Soda Nitrate of）矽酸鈉（泡花碱 Soda Silicate of）及他類碱。（Soda Unclassed）其中純碱最多。燒碱、矽酸鈉次之。

附、上海進口碱類一覽表（據民國八年江海關册）

種別	由外洋進口總數	種別	由外洋進口總數
純碱	二九二、九五七擔	濃晶碱	八四擔
淨麵碱	一九、六八八擔	硝酸鈉	七七八擔
燒碱	九八、三一九擔	矽酸鈉	三四、〇二〇擔
晶碱	二六七擔	他類碱	四五五六擔

我國蒙古黑龍江（齊齊哈爾一帶）奉天（洮南道）山西、陝西、直隸、河南、山東諸省。多產天然碱。自前清末季。已有人設廠製造。惜無專門技師。又缺乏資本。故製品極粗。產額亦少。現在奉天洮南道製碱業最盛。其最著者有大布蘇（在四平街北五百五十里）之天惠墾牧碱公司及玻璃山（屬達拉罕旗）之大興股分有限公司。（俗稱魚碱公司）年出三千萬斤。此外新設製碱公司。亦日見增加。今表示其概略於左。

名稱	所在地	資本	設立年月	備考
天惠墾牧碱公司	大布蘇		宣統三年	製品由營口長春輸出
大興股分有限公司	玻璃山		清末	有製造所七處
蒙古製碱股分有限公司	張家口	二〇〇、〇〇〇元	民國四年	北京有支店察哈爾正白正藍兩旗有分事務所
濱江東興實業公司	濱江縣	光洋一、〇〇〇、〇〇〇	民國五年	兼製肥皂洋燭牙粉
霖記製造灰碱公司	寶坻縣	二、〇〇〇	民國八年	
蕪湖華昌碱皂公司	蕪湖	五、〇〇〇兩	民國八年	

四、木材

我國著名產木材之區。首推安東縣之鴨綠江流域及福建省之閩江流域。其次則湖南省沅江資江流域。亦饒產木材。此外各處。木材雖豐。而類以交通不便。不能輸出。以致沿海地方所用木材。率皆仰給於外國。是以日本美國之洋松。新嘉坡及暹羅之軸木。菲律賓之留安。以及西伯利亞之松柏。源源而來。關冊分為重木材 (Timber, Hardwood) 輕木材 (Timber, Softwood) 兩項。凡結球實及針葉刺葉樹。如松、杉、檜、落葉松、柏、水松、杜松、扁柏等。謂之輕木材。各種闊葉樹。謂之重木材。日美各國之洋松。屬於前者。暹羅新嘉坡之軸木。屬於後者。重木材、多為製造木器家具及枕木之用。輕木材、多為建築及造船之用。重木材、民國二年進口值一百零七萬兩。九年增為二百八十九萬兩。輕木材、民國二年進口值四百零三萬兩。九年增為九百十五萬兩。茲分別表示其輸入狀況於左。

重木材 (Timber, Hardwood)

地區	民國七年 數量	民國七年 價值	民國八年 數量	民國八年 價值	民國九年 數量	民國九年 價值
按立方尺	立方尺	兩	立方尺	兩	立方尺	兩
進口淨數	三、八六九、一二一	二、四五一、九六八	二、八七九、一三四	一、八七九、七二六	八六五、七二四	七五七、四六〇
香港	七一七、九五二	九七六、九七〇	八五二、四三〇	九七六、四七二	五四二、一三七	六〇〇、五七九
新嘉坡等處	三三九、八一三	一五五、〇八二	三一四、三七八	一三四、三一三	—	—
日本	二、五五三、七二一	一、二〇九、九四五	一、五三三、五八六	六六二、四九七	二七九、三七〇	一三一、一〇三
菲律賓	一七三、七二八	八一、五七六	六三、八〇五	二九、五七七	三、〇〇四	一、三四九
主要輸入港						
天津	一、五九一、〇七〇	七九二、五七〇	一、〇〇三、一三三	四九五、八八〇	—	—
漢口	八六、六六二	四七、六五三	七四、三七八	三九、六六二	三四九、三六五	一七〇、二九七
上海	一、三七〇、〇四八	七九五、三八三	四八四、六二〇	二九〇、一二一	—	

地區	民國七年數量	民國七年價值	民國八年數量	民國八年價值	民國九年數量	民國九年價值
九龍	三三五、六四四	五三六、八五九	四六五、八四四	五七九、四二四	三三六、〇一〇	四二四、八〇八
拱北	八〇、二八四	七六、一六二	九五、五四一	七五、五〇六	一一三、九〇八	一一三、一九〇
按平方尺						
進口淨數	—平方尺	—兩	一〇、〇二五、二四七平方尺	四八二、二六三兩	三八、〇五一、四三三平方尺	二、一四二、四六〇兩
香港	—	—	一、五三九、〇二八	一六一、五七一	三、七八九、四二一	四一五、八九六
新嘉坡等處	—	—	三、五九〇、六四八	一四四、九五五	一一、一八九、八九五	六四一、九九〇
爪哇等處	—	—	九四二、二八四	三四、六三七	一、〇四〇、六七四	五七、二三七
日本		—	三、六八三、六八二	一二七、六五八	一九、三八一、三六〇	八八九、二八四
菲律賓	—	—	二〇〇、二〇三	六、一二一	二、八〇四、三九六	一二七、六〇八
主要輸入港						
上海	—	—	一〇、〇五七、一三一	四八三、六一八	三四、三五七、九九八	一、九〇四、九一四

輕木材 (Timber, Softwood)

地區	民國七年數量	民國七年價值	民國八年數量	民國八年價值	民國九年數量	民國九年價值
進口淨數	一〇三、六八七、七三〇平方尺	三、五三二、八二二兩	一二三、三七六、四九九平方尺	四、八五六、七六四兩	二〇七、五九四、〇三〇平方尺	九、一五〇、〇八八兩
香港	六七、九三三	二、四四五	七九、〇三三	三、〇八〇	二三七、九五二	一〇、三九八
俄國 由陸路	七七〇、〇二五	四六、二〇二	三、四五四、〇三七	三九、七二一	一、〇七二、二九〇	五三、四一六
俄國 太平洋各口	三、九六七、〇六三	一二〇、九七四	七、七一〇、四七七	一九六、一八七	二三五、九〇五	一三、四六九
朝鮮	一三、八五三、九六二	一八五、六〇二	一七、一五七、一五一	二八六、一九三	二一、五二五、〇〇〇	四四六、四九四
日本	六四、一二三、八八三	二、三五五、九七四	四三、〇六二、〇三三	一、七〇五、二〇〇	四七、七〇九、三五一	二、〇一九、五三二
坎拿大	八、四四三、七五一	三〇三、九七五	二二、四一三、六五三	七二五、〇二二	一五、〇一〇、八五九	七四六、四五五

美國	一三、五四一、二七七	五一〇、六四一	三九、三一三、三一九	一、六八五、六〇一	二三、五〇四、一四二	五、九三九、五六〇
主要輸入港						
安東	一三、五三三、五五九	一七三、三五四	一五、八九六、四九一	二三九、二三九	一九、三四三、六四五	三五四、一一〇
大連	一七、八八四、七四一	七一五、三三七	一五、六〇九、九九五	七三三、六七〇	三一、六五二、四九三	一、四七六、二五七
天津	四、八〇三、一七三	一七四、三〇〇	一七、九四五、五七八	八四四、一三四	一三、四〇四、三四四	一、一一四、五四五
膠州	一、三〇四、一九九	四六、九五三	一五、四七七、九四一	六七一、〇七五	三三、五八九、九五〇	一、〇八七、四一九
漢口	四、〇三六、七八二	一四五、三三三	六、五八二、二六四	三〇九、三六六	一三、五四五、六〇七	六六六、四三七
上海	五五、〇四八、八一〇	一、九七九、二五四	三八、二三五、五四六	一、七三二、四三六	八六、三七三、二一九	四、〇一六、七九五

洋傘進口始於數十年前每年值銀在百萬兩以上現在國內仿造者日漸加多舶來品頗受抵制茲表示最近數年輸入額如左。

五、傘(Umbrellas)

地區	民國七年 數量	民國七年 價值	民國八年 數量	民國八年 價值	民國九年 數量	民國九年 價值
進口淨數	二、七五二、三九二柄	一、三三五、〇三一兩	二、六五五、三八三柄	一、二九四、七三五兩	一、三五八、九一〇柄	七六七、〇八六兩
香港	四九四、六二六	三四二、七六二	五一〇、〇九七	三四三、四一五	二五六、六三六	一六七、八一一
英國	五七、三九〇	四七、三八一	三四、一二七	三〇、一五六	八三、六五五	七七、一七八
日本	二、一七九、〇三四	九二〇、二一一	二、〇九八、四三五	九一二、五八五	一、〇一〇、五三九	五一三、二六六

觀右表、進口洋傘大半來自日本其銷路。以中部各省爲最多。南部各省次之。北方各省、雨量較少且生活程度較低。故需要無多。洋傘種類。可分爲布傘、綢傘及絲兼雜質織綢傘數種其中進口最多者爲布傘絲兼雜質織綢傘次之由日本進口者大部分爲布傘。綢傘及絲兼雜質織綢傘極少。其布傘之中有圓骨。有溝骨。有棕櫚竹製柄。又有木製柄及金屬製柄等種種。圓骨銷行最多。溝骨、漸無銷路。傘骨長約二十二吋乃至三十吋。銷數最多者爲二十五吋半一種。市價以棕櫚竹製柄爲標準貨。近來長三十吋(淨長二十七吋半)及二十九吋(淨長二十六吋半)者。亦頗

有銷路。綢傘及絲兼質織綢傘等上等貨。多來自歐美。（戰前德國貨最多）日本貨、則專以行銷於中等以下社會爲主眼。故其售價最廉。然以是之故。其國製造者、卒競趨於粗製濫造。其原料之惡劣無論矣。且出品脆薄。不堪實用。一經日曬。或稍浸雨水。鮮不褪色或破損者。此其劣點也。近來我國廣東上海等處。製造洋傘業者。漸見興盛。雖其原料（如傘骨等）尚多購自外國。然出品之佳。已足與舶來品競爭。茲表示上海一帶製傘業之現狀於左。

廠名	所在地	設立年月	資本	備考
無錫民生製傘股分兩合公司	無錫	民國八年	三〇、〇〇〇元	殷學煒等發起
集成陽傘廠	武進	未詳	未詳	
上海普益華蓋公司	上海	民國九年	未詳	每日可出百柄、其材料除鋼銅細線購諸歐美外、所有傘骨傘柄均能自製、
大華陽傘廠	同	民國十年	未詳	民國十年核准免稅、
中華製傘廠	同	民國十一年	二〇〇、〇〇〇	褚輔成等發起
粹成陽傘廠	浙江	未詳	未詳	民國九年核准免稅

六、酒（Wines, Beer, Spirits, etc.）

進口外國酒種類極繁。關冊概分爲（一）啤酒、黑啤酒（二）燒酒（除火酒）（三）酒（汽酒紅白淡濃葡萄酒等）（四）他種飲料四項。每年進口共值四百萬兩內外。以下試分述之。

（甲）啤酒、黑啤酒 Wines, Beer, Spirits, etc.: Beer and Porter

進口啤酒。年值百萬兩內外。銷路以中部各省爲第一。北部各省次之。南部各省行銷極少。從前德國貨最占勢力。近來日本貨競爭甚力。已占進口之大部分。如次表。

地區	民國七年 數量	民國七年 價值	民國八年 數量	民國八年 價值	民國九年 數量	民國九年 價值
進口淨數	擔　—	兩　一、一三四、二三六	擔　—	兩　九二八、九〇一	擔　—	兩　一、〇一四、二八三
香港	—	一三三、五九七	—	九〇、一三一	—	六七、八四二
土、波、埃等處	—	七八、七一三	—	九一、六七一	—	二六四、〇〇五
英國	—	八一、七九一	—	二七、五五二	—	五三、九五六
日本	—	七七七、四二八	—	五六八、二九五	—	五二一、四一四
美國	—	四二、九〇四	—	一三三、四八一	—	一七、一五七

主要輸入港爲上海、大連、天津等。

在歐戰以前。德國啤酒勢力最大。中部各省。殆爲所獨占。然自日商大日本麥酒會社、以採拓商路大行競爭之後。日貨進口頓盛。繼以歐戰。德貨絕迹。日本啤酒。益形跋扈。例如上海方面。在光緒三十二年以前。僅有少數麒麟牌啤酒進口。供日本僑民之用。自光緒三十二年。三井洋行販運朝日牌啤酒一千箱試銷以後。其輸入額遂年年增加。勢力所至。除上海而外。遍及於長江各埠。無不有其市場矣。南部各省、在光緒三十三年以前。殆全銷德貨。其後日商努力競爭。不惜鉅貲。遍張廣告。卒能挾其價格低廉之勢。次第闢開銷路。若言品質。則日本啤酒。實遠不及德國。蓋德國啤酒中。混有多量之防腐劑。且以釀法之進步。可經二三年而不壞。而日本啤酒。則易於混濁。鮮能長期保存也。此外由英國進口者。多屬濃啤酒(Ale)及黑苦酒(Stout)兩種。銷於南方各省。美國啤酒品質亦佳。然以生產費昂。價格過高。故銷路不甚暢旺。

內地之釀造業。始於光緒二十七年德俄商人合辦之哈爾賓啤酒公司。東三省地方氣候土質。宜產大麥。自中東鐵路開通後。外僑移住者日多。啤酒之需要亦增。現在該處俄僑所辦啤酒公司。沿中東鐵路一帶。已有八所。工人凡百三十九名。旅順方面。德商所辦啤酒廠業已倒閉。日僑方謀繼之而起。將來發達。自意中事也。內地之釀造業。始於光緒三十年德人設啤酒公司(The Anglo German Brewery & Co., Ltd.)於青島。該廠於日德戰爭後。爲日商大日本麥酒會社所據。以爲分工廠。青島交還我國。該廠當歸我國所有。此外德商在上海設有啤酒公司。(The Union Brauerei A. G.) 規模甚大。連年虧累。民國七年。售與挪威人洪克所辦之斯闊提那夫皮酒公司營業。香港有一啤酒公司。亦遭倒閉。

其機器則出售於馬尼剌華商自辦者。天津有醒獅啤酒公司。（民國元年創辦、資本二十五萬兩。機器購自美國）北京有玉泉山啤酒汽水公司（在海甸資本五萬元）雙合盛啤酒汽水製造廠。奉天錦縣有裕和釀酒公司。江蘇無錫有惠泉啤酒股分有限公司。（資本三十萬元民國九年一月創辦）出品均經政府核准免稅。

（乙）燒酒（除火酒）Wines, Beer, Spirits, etc.: Spirits (not including Spirits of Wine)

此項進口民國二年值銀九十九萬兩。九年增至百五十萬兩。歐戰以前。由英、法、俄、三國進口最多。俄亂以來。俄國貨進口衰減日本起而代之。如左表。

地區	民國七年 數量	民國七年 價值	民國八年 數量	民國八年 價值	民國九年 數量	民國九年 價值
進口淨數	—	兩 一、三四一、七八八	—	兩 一、〇六四、四七一	—	兩 一、五〇六、五三〇
香港	—	二六七、九二二	—	三三九、七一六	—	三八五、七八七
英國	—	六四九、四七七	—	三三八、八〇〇	—	八二六、六〇九
法國	—	六一、〇八六	—	六七、三〇七	—	一九一、七三三
日本	—	一五三、三一八	—	二三四、八九九	—	八一、二五七
美國	—	一三五、三三四	—	一〇三、八〇九	—	一〇三、六六一

進口燒酒。種類極繁。其最著者。爲白蘭地酒（Brandy）高月白蘭地酒（Cognac）畏士忌酒（Whisky）杜松燒酒（Gin）糖酒（Rum）阿克維酒（Aquavit）倭得喀酒（Vodka）撲恩奇酒（Punch）等類。係性質強烈之物。從前進口。每年至多不過八九十萬兩。專供西人飲用。近則國人奢侈日增。通都大邑。宴會時動以白蘭地、畏士忌等酒餉客。因之外國燒酒。進口頓增。主要輸入港爲上海、天津、大連、廣州、漢口。現在我國仿造者。尚不甚多。煙台張裕公司所出之三星牌白蘭地酒。行銷京津滬一帶。頗著名。

（丙）酒（汽酒、紅白淡濃酒、葡萄酒等）Wines, Beer, Spirits, etc.

此項進口。民國二年值一百二十一萬兩。九年增至二百二十九萬兩。來自日本最多。美國次之。英法等國又次之。主要輸入港。爲上海、大連、安東、天津、膠州等。

地區	民國七年 數量	民國七年 價值	民國八年 數量	民國八年 價值	民國九年 數量	民國九年 價值
進口淨數	—	兩 一、四三〇、一〇四	—	兩 二、〇一六、四三七	—	兩 二、三九一、二七一
香港	—	六九、五九一	—	一二九、四八九	—	一三七、八二九
英國	—	六八、三一二	—	一三三、九六五	—	三六〇、一三三
法國	—	四六、〇九七	—	一五〇、二七七	—	三四九、九五九
義國	—	二六、九九八	—	三四、二六〇	—	四二、六〇〇
朝鮮	—	六三、一五二	—	九五、三三三	—	七〇、八一八
日本	—	八三三、三五三	—	一、一六一、五六三	—	一、〇四七、〇六三
美國	—	三四一、六五一	—	四一七、〇四三	—	五九八、四五二

右表。係合各種汽酒、紅白淡濃酒、葡萄酒等而爲之統計此項酒類。大致包括左列數種。

香賓酒（Champagne）及標名香賓酒……來自法義等國爲葡萄酒之一種、

阿思梯汽酒（Sparkling Asti）及他種汽酒……亦屬葡萄酒、

紅白葡萄汁酒……即葡萄天然釀酵而釀成者、

布爾得葡萄酒（Port）……甜葡萄酒之一種、

馬塞里葡萄酒（Marsala）……甜葡萄酒之一種、

馬得拉（Madeira）馬拉牙（Malaga）舍利（Sherry）等……皆甜葡萄酒、

威末酒（Vermouth）白酒（Byrrh）金雞那酒（Quinquina）

日本清酒（Saké）……來自日本味淡薄專供日僑飲用、進口不多、

各種菓汁酒

其中、各種葡萄酒最占多數。向多來自法國。近來日本葡萄酒頗占勢力。惟品質較劣。不能長期保存。然其價格、較西洋貨低廉。故尚能維持銷路。

宣化葡萄酒公司北京讓中果酒公司及烟台張裕公司所出之紅白葡萄酒。聲譽遠在日貨之上。惟出品無多。不敷行銷。

（丁）他種飲料 Wines, Beer, Spirits, etc.: Other Beverage

此項進口。包含甜酒（Liqueurs）在內。（但除火酒及各種汽水泉水）年約二十萬兩左右。由日本、英、法、等國輸入。

七、車輛（Vehicles）

車輛爲交通所必需。其需要之多寡。足以覘一國交通事業之盛衰。我國交通事業。日形發達。各種車輛進口。年有增加。以下分項述之。

（甲）鐵路機車及煤水車 Locomotives and Tenders

此項進口。來自美國最多。其賣買契約。皆以借款形式而成。故視每年車輛借款成立之多寡。而進口初無一定之比較。多至一千數百萬兩。少或數十萬兩。

地區	民國七年 數量	民國七年 價值	民國八年 數量	民國八年 價值	民國九年 數量	民國九年 價值
進口淨數	—	七三、七六一兩	—	一〇、二九六、三四七兩	—	三、四三一、六八六兩
俄國太平洋各口	—	二三七、四〇六	—	四、九一〇、三五〇	—	一四一、八五四
日本	—	七四、六三七	—	二三、二七〇	—	八六、二六〇
美國	—	三八四、五一五	—	五、四五三、七七八	—	三、〇一七、二七八

（乙）鐵路客車貨車（電車在內）Railway Carriages and Wagons (Including Tramcars)

此項進口。亦以美國貨爲最多。英國、坎拿大、日本次之。其賣買情形。與機車煤水車同。每年輸入額。二百萬兩乃至四百萬兩左右。

地區	民國七年 數量	民國七年 價值	民國八年 數量	民國八年 價值	民國九年 數量	民國九年 價值
進口淨數	—	二、〇〇一、七六一兩	—	四、八三三、三三四兩	—	四、七一五、三三四兩

英國	—	一〇、三三一兩	—	一一六、三五四兩	—	四六一、五八九兩
俄國太平洋各口	—	一、七三二	—	一五五、一六一	—	一〇六、八〇〇
日本	—	九一三、四四五	—	一五三、〇六四	—	三三七、四一六
坎拿大	—	八九、一一〇	—	一、七四三、三四〇	—	六九、九六七
美國	—	九八六、七九八	—	二、六三八、〇四三	—	三、六五二、三六四

(丙) 馬路拖重機器車 Traction and Road Engines

此項車輛。我國尙未普及。現僅上海、天津、大連等埠。略有進口。每年不過四萬兩左右。

(丁) 汽車 Motor-Cars

汽車輸入中國。始於民國紀元前二三年間。其時國內尙無汽車道。不過通商大埠間有一二輛行駛而已。自民國六年。美國紅十字會爲救濟天津水災。創建北京至通州汽車路以後。國人注意此事者相繼而起。於是山西保定、天津、上海、吳淞、南通、廣州、漳州、福州、烟台、龍口等處。皆有汽車路之修築。而山西路政。尤爲完美。此外張家口至庫倫。亦通行汽車多年。現在北京、天津、上海、漢口、廣州以及各大都會間。無不普及。除乘坐外。兼用以載運貨物。其爲利便。誠無過於此者。年來汽車進口。逐漸增加。民國六年進口僅値九十一萬兩。民國九年。竟增至三百四十七萬兩。今後路政日修。此項貿易之發展。不卜可知也。

▲歷年汽車進口價値統計表

年份	進口價値	年份	進口價値
宣統二年	一八一、三〇四兩	民國五年	六八六、七三五兩
宣統三年	二八六、八六〇	民國六年	九一四、三四七
民國元年	二三〇、六一〇	民國七年	一、二七三、九八一
民國二年	四八五、一八三	民國八年	三、一五八、九九八

民國三年　五九三、一〇三　　民國九年　三、四七七、二一九

民國四年　三三六、六一〇

歐戰以前。英國貨進口最多。年來美國商人竭力推廣銷路。美貨遂占進口之大部分。

地區	民國七年 數量	民國七年 價值	民國八年 數量	民國八年 價值	民國九年 數量	民國九年 價值
進口淨數	—	一、一三一、九八一兩	—	二、一五八、九九八兩	—	三、四七七、二一九兩
香港	—	一三、七五九	—	三一、一五八	—	一六九、二一〇
英國	—	二〇、五七〇	—	一四、六六五	—	五一三、六三八
法國	—	二七、六七三	—	二三、四八四	—	九二、二七四
俄國太平洋各口	—	二六、三三六	—	一七、五三四	—	四六、九二三
日本	—	三〇八、七七三	—	三七一、七四〇	—	二五四、六五五
坎拿大	—	三〇八、二四五	—	五〇一、八五六	—	三九五、一〇三
美國	—	六四一、三三六	—	一、四〇四、三八八	—	二、一九一、六六四

（戊）　脚踏汽車 Motor-Cycles

脚踏汽車。每年進口。約値八九萬兩。亦以美國貨居多。英國貨次之。

（己）　脚踏車 Yelocipedes (Bicycles, etc.)

脚踏車。從前進口年約十餘萬兩。民國九年。增至三十四萬兩。日本貨最多。約占全部二分之一。英國次之。美國又次之。

（庚）　他種車輛

他種車輛進口。民國九年。値銀一百五十一萬兩。英國貨最多。約佔二分之一以上。日本美國次之。

八、米

我國產米。年約三億萬石。（據農商部調查江蘇浙江安徽江西湖北湖南四川七省年產二億二千六百五十萬石。廣西廣東奉天直隸河南等省。亦往往產米。故統計全國三億萬石。並不爲多。有謂年產五億乃至六億萬石者。恐不確。）以供民食。常患不足。蓋除長江一帶而外。其他各省。皆不足自給。常仰給於長江各省。不足。則更輸入外國之米。以資彌補。因之外國米進口平均每年約在五百萬擔左右。（民國八九兩年進口較少。係有特別原因）玆將最近十五年外國米進口數表示於左。

▲近十五年來外國米進口統計（單位擔）

年份	進口淨數	年份	進口淨數
光緒卅四年	六、五七二、二八〇	民國四年	八、四七六、〇五八
宣統元年	三、七八〇、九七六	民國五年	一一、二八四、〇二三
宣統二年	九、二三二、三八九	民國六年	九、八三七、一八二
宣統三年	五、三〇三、八〇五	民國七年	六、九八四、〇二五
民國元年	二、七〇〇、三九一	民國八年	一、八〇九、七四九
民國二年	五、四一四、八九六	民國九年	一、一五一、七三二
民國三年	六、八一四、〇〇三		

備考　每年外國米進口之多寡。視內地歲收之豐歉而定。民國八九兩年。長江各省。咸慶豐收。故進口異常減少。又是時日本米價騰貴。外國米多運往日本香港新嘉坡等處。咸告不足。來源不繼。是亦進口減少之原因也。

進口外國米。多來自安南暹羅緬甸朝鮮等處。安南暹羅緬甸之米。皆由香港轉口。故香港進口最多。

地區	民國七年 數量	民國七年 價值	民國八年 數量	民國八年 價值	民國九年 數量	民國九年 價值
進口淨數	六、九八四、〇二五擔	三三、七七六、九三三兩	一、八〇九、七四九擔	八、三〇〇、二九一兩	一、一五一、七三二擔	五、三六二、四五五兩
香港	六、三三三、六四七	三〇、〇三二、一三〇	一、五六九、三三三	七、一四八、一六七	九〇四、五一五	三、九二三、六七三
澳門	五八、四五六	一八二、八五七	二七、六七八	一三六、一五五	三、三三九	一九、九七二

安南	二六、六三二	八三、一七一	二六、三三三	九二、六九〇	一五、四〇二	八六、三五九
暹羅	二一〇、〇六三	三四二、〇七二	一一、八一八	五三、一九九	—	—
朝鮮	三九一、二四五	一、九〇八、三一〇	一五八、二九〇	八〇七、一七三	三二一、八二三	一、三三七、〇九九
日本台灣	一七、九一七	八一、四六二	八、六三九	四三、〇五〇	一六、三〇一	九八、七三八
主要輸入港						
安東	一三一、三三八	五八五、四二七	三五、七一六	一六九、一七八	七一、五五四	四〇五、〇七九
大連	二四三、七八〇	一、二二八、九〇〇	一一〇、七三三	五五三、六六〇	一三四、五〇一	八七四、二五六
天津	九二、六六四	五四一、二九二	五、〇三七	二五、二五八	六三、七三八	三四六、〇一一
膠州	六〇、九五三	二六〇、八七九	一四、〇四二	六三、七五一	三一、六〇三	一五八、〇一五
廈門	二五九、〇五八	八一三、五六八	五九、四二九	二七一、五九一	五八、九八一	二一八、二三九
汕頭	三〇〇、七七二	九四四、四二六	一七、八二八	八一、四七三	六、五七八	三三、八八九
廣州	五二、三六八	一六四、四三五	四、八六四	三三、三三八	七五、四三九	三七七、一九五
九龍	四、八二三、八三二	一五、一三八、八七四	一、三三四、八〇五	五、六四三、〇五三	五〇五、一二六	二、一五一、八三〇
拱北	七〇八、七六八	二、三三四、八九九	一七〇、一七三	七七七、三五七	六六、五一六	三九九、一〇〇
江門	二四二、〇六六	六一六、二五五	九六、五三七	四四一、一七四	一一〇、七五四	三二六、八二八

香港為最大集散市場。東京、西貢、暹羅、仰光、新嘉坡等處之米。麕集於此。（其中暹羅米最多。西貢、東京、仰光等次之。）轉運我國及日本、南北美洲、非律濱、爪哇等處行銷。以我國各省而論。廣東銷數最鉅。福建、直隸次之。東三省及雲南廣西等省又次之。香港米業。有南北行例之分。交易習慣各不相同。而經營進出口者。亦各成分業。大抵進口業專辦進口。出口業專辦出口。糧行立於其間。為之介紹賣買。每擔米。抽取佣錢一仙內外。各消費地方。大抵皆就香港購運。鮮有直接向原產地方購求者。考其原因。則有五種。（一）消費地方來船無多。（二）原產地方滙兌不便。（三）原產地方米商。素習狡詐。直接與之交易。恐受損失。（四）香港米價。較原產地方為廉。（五）色樣繁多。可以選購適宜之米。有此五因。故香港米業。最

為繁盛。而我國各省輸入之外國米。多經由香港轉口。卽以此故也。

附　香港著名米業一覽表

甲　進口業

一、專運東京米者——寶興泰（永樂西街一一四）寶興（文咸東街二八）廣恆興、廣泰興、榮發、（均在文咸西街）廣義、廣隆（均在永樂街）

二、專運西貢米者——福泰祥（文咸西街）南和行（永樂街）萬祥源、公源（永樂西街）元成發（文咸西街）集祥（永樂西街）

三、專運暹羅米者——履興（文咸東街）元發、裕德盛（文咸西街）乾泰隆（資本百萬元）廣英盛、金成利、鳴裕泰、泰順昌

乙　出口業

一、專走廣東者——南昌、厚豐、廣同興、南記、南興、巨豐（本店皆在廣州、香港設分店）

二、專走上海者——廣裕和（文咸東街）廣同昌、均昌（永勝街）鉅成（德輔道西）

三、專走日本者——昌盛隆（文咸西街）同子泰（康樂道西）廣昌（文咸西街）萬和、以上華商、東勝洋行、福記、三井、鈴木、湯淺、以上日商、

四、專走南北美洲者——日商三井洋行、葡商 De Souza & Co., 20 Do Voeux

五、專走菲律賓者——義泰（永樂西街）廣源、東勝隆、廣協源（均在德輔道）悅隆棧（永樂東街）捷盛（德補道西）

朝鮮米由釜山、木浦、郡山、仁川、鎮南浦、義州輸出。行銷我國北方各省。陸路由安奉鐵路經安東轉運奉天、哈爾賓、長春等處。海路由仁川分運大連、天津等處。從事此業者日商居多。而以三井洋行為最。

九、染料

各種染料進口。年值二千萬兩左右。其中五色染料 (Aniline) 及人造靛 (Indigo Artificial) 兩項最占多數。價廉物美。本國染料。完全為其壓倒矣。

從前五色染料進口。每年平均二百五十萬兩內外。民國四年。達五百四十餘萬兩。中經對德宣戰。來源阻絕。一時染料缺乏。價格增漲至數倍之多。迨和平克復。次第恢復原狀。民國九年進口。遂增至七百七十三萬兩。此項銷路。除東三省方面需要較少外。其餘各地方皆有相當之銷數。其

中天津、漢口、上海、廣州等處。消費尤多。歐戰以前。此項貿易。爲德、比、兩國所獨占。其他各國。皆無進口。歐戰以還。日、美、兩國。染料工業發達。輸入我國甚多。現在市場。已呈四國互相競爭之勢。

人造靛。進口民國四年。達九百六十餘萬兩。歐戰中。德比兩國。來源斷絕。進口無多。戰後原狀回復。民國九年。進口價值。達一千五百三十萬兩。其中水靛居多。約占十分之九。粉靛（卽純靛）不過一成而已。長江以北各省。銷路最大。南方各省極少。故主要輸入港。爲牛莊、天津、膠州、漢口、上海等處。此項貿易。向亦爲德比兩國所獨占。近則美國貨最多。

五色染料 (Aniline)

地區	民國七年 數量	民國七年 價值（兩）	民國八年 數量	民國八年 價值（兩）	民國九年 數量	民國九年 價值（兩）
進口淨數	—	七五一、九五八	—	三、〇四二、九一七	—	七、七三〇、二九一
香港	—	一六一、〇〇七	—	二三〇、九五六	—	八〇八、七四四
英國	—	一四、四〇一	—	三七、〇〇八	—	三二四、五八二
德國	—	—	—	—	—	一、二三五、七六〇
和國	—	—	—	—	—	八二四、三八二
比國	—	—	—	三六、〇〇〇	—	八三八、一一〇
法國	—	一四五、九〇三	—	三一六、二六八	—	三五五、一四七
瑞士	—	—	—	—	—	三八九、一四七
日本	—	七三二、三三〇	—	八二四、二〇六	—	一、〇九〇、九六二
坎拿大	—	一一五、三七九	—	一三一、一七一	—	四九、三〇九
美國	—	四八六、三三七	—	一、六六七、六九一	—	二、〇五〇、九五六

備考　民國七年進口總數爲一、七七六、八六一兩。彼時因各國染料騰貴。多由上海等處轉運出洋。計是年復往外洋。達一、〇二四、九〇三

兩之多。故進口淨數僅有七十餘萬兩。

人造靛 (Indigo, Artificial)

地區	民國七年 數量（擔）	民國七年 價值（兩）	民國八年 數量（擔）	民國八年 價值（兩）	民國九年 數量（擔）	民國九年 價值（兩）
進口淨數	一、五〇一	一四六、六四二	一八、七九五	一、三二三、二六九	一五五、六四一	一五、三〇六、四七四
香港	九六	七七三	四二四	三四、五一六	三、九三〇	二〇七、六一〇
英國	二	三二八	二、二五六	二二六、二〇五	一一、〇七六	九二五、一九二
德國	—	—	—	—	二一、五七五	二、六一四、六一五
和國	—	—	—	—	一三、〇三〇	一、一三四、三〇〇
比國	—	—	三〇	八、三六八	一三、二四四	一、一七三、六三九
法國	一、二〇〇	一三〇、八〇〇	九、三四八	六四三、九〇五	二二、八七九	一、八四九、一八六
瑞士	—	—	—	—	二五、〇〇九	二、七九〇、四九二
日本	二六	一五、八七七	一、九七九	一五三、四三一	一、四八七	一一三、六六六
美國	三〇	三、二七〇	四、七六六	三四一、三六五	四四、八四五	四、四七〇、四八二

一〇、文具 (Stationery)

文具、為賬簿墨水鉛筆等類。民國二年進口值銀一百二十九萬一千一百三十五兩。九年增為一百九十二萬四千九百十七兩。多由日、英、美、法等國輸入。從前德國貨甚多。民國二年進口、值銀十九萬兩、中經歐戰。輸入斷絕。民國九年、有價值四萬兩之進口。

地區	民國七年 數量	民國七年 價值	民國八年 數量	民國八年 價值	民國九年 數量	民國九年 價值
進口淨數	—	一、一六〇、〇九二兩	—	一、四三一、六六九兩	—	一、九二四、九一七兩

香港	—	一〇二、六七七	—	一〇一、九〇八	—	一〇三、八三三
英國	—	一八二、九一九	—	二三三、一九七	—	三九二、三一〇
法國	—	三、二七二	—	三、七四一	—	一三、三九五
朝鮮	—	一〇、三一八	—	一〇、八一八	—	一四、四八八
日本	—	六三七、七三〇	—	七三八、三三九	—	七三四、七五三
坎拿大	—	三四、六五九	—	三三、六九〇	—	一九、〇三八
美國	—	二三八、四九〇	—	三九九、二四八	—	六五五、二〇三

一一、各種空桶空箱 Casks, etc., Empty

各種空桶空箱。有鋼鐵製、木製、馬口鐵製等類。民國二年進口價值五萬餘兩。九年、增至一百三十九萬兩。由香港及日美等國輸入大連、上海進口最多。

地區	民國七年 數量	民國七年 價值	民國八年 數量	民國八年 價值	民國九年 數量	民國九年 價值
進口淨數	—	一、〇六五、一四八兩	—	一、八九五、〇八八兩	—	一、三九五、六七一兩
香港	—	二一七、五三七	—	一九三、八一〇	—	三一六、一〇一
土、波、埃等處	—	三八〇、一三四	—	一三五、一一〇	—	三七八、〇一三
日本	—	二七七、一三五	—	一、一六四、七四八	—	五三六、五七九
美國	—	一六七、二〇四	—	一七三、七三〇	—	二三〇、一六八

一二、油漆及漆油 Paints and Paint Oil

此項進口。民國二年僅七萬二千七百六十四擔價值八十六萬兩。九年、增為十六萬三千六百零五擔價值一百九十六萬兩。多由英日美等國輸入主要港爲上海、大連、天津、漢口。

地區	民國七年 數量	民國七年 價值	民國八年 數量	民國八年 價值	民國九年 數量	民國九年 價值
進口淨數	八三、一六九擔	一、〇六〇、七三〇兩	一三四、三四四擔	一、七九四、七三三兩	一六三、六〇五擔	一、九六八、六二七兩
香港	三二、二二九	三五七、一五〇	三九、七二七	四二九、五三三	三九、九四九	四三八、七六〇
英國	五、七三三	一〇〇、六三六	二九、七五一	四四三、四三三	三四、二三三	五五一、〇六四
日本	三三、二六一	四一一、六八六	四一、一四九	四六四、六三五	三一、一一一	三八九、一九一
美國	九、七四六	一四八、三三六	一八、六一七	三九五、三三一	五三、三一三	四六二、八八四

一三、雜糧粉 Flour

進口雜糧粉。爲米粉、燕麥粉、山薯粉、玉蜀黍粉、西米粉、麵粉等。其中麵粉占大部分。南方需要最多。北方次之。中部最少。其輸入額。視內地歲收之豐歉如何而無一定。民國二年進口多至一千三十萬兩。九年爲二百三十三萬兩。其中美國貨最多。澳洲貨次之。從前俄國麵粉。運銷東三省甚多。俄亂以來。已形減少。

地區	民國七年 數量	民國七年 價值	民國八年 數量	民國八年 價值	民國九年 數量	民國九年 價值
進口總數	一四四、三八四擔	七三三、〇五一兩	二七三、六八三擔	一、二四九、九六五兩	五三一、〇八五擔	三、三八三、六二九兩
復往外洋	一三九、八三三	七五〇、六〇七	一、三五五	七、六八〇	一〇、〇六四	五三、四一四
進口淨數	四、五五一	—	二七一、三二八	一、二四二、二八五	五二一、〇二一	三、三三〇、二一五
香港	八三、六四六	三九二、九二〇	二三九、二七九	九七五、六五四	三七七、四六八	一、六〇八、三一九
新嘉坡等處	四、七三九	一二四、二五四	四、三二四	二三、四四八	六、九五〇	三六、〇五四
朝鮮	二、六二八	一五、〇二一	一、五四二	九、六八二	七、〇〇八	三六、五一五

日本台灣	三五、一一七	一八四、八〇三	一二、一〇八	七七、八〇九	六七、一九九	三五一、八一五
美國	六二一	八、七八九	四、七三五	四四、七三〇	二七、五〇九	一六四、二五四
澳洲	八、三八九	四六、四四八	一〇、四三八	五七、四八二	一九、五〇〇	一〇二、一七二

▲由香港日本進口者多屬美國貨

一四、傢具及材料 Furniture and Materials for Making

進口傢具及材料（即桌椅寫字檯等）民國二年值銀五十四萬兩。九年增至一百九十八萬兩。多由日本、英、美輸入。英美貨全屬上等品。從前僅爲僑華外人所需。近來一般官署及豪華之家客廳傢具皆喜用舶來品矣。

地區	民國七年 數量	民國七年 價值	民國八年 數量	民國八年 價值	民國九年 數量	民國九年 價值
進口淨數	—	一、一一三、三六五兩	—	一、五六五、二九〇兩	—	一、九九八、二六八兩
香港	—	一七七、五五九	—	二二五、四四四	—	二三一、四〇一
英國	—	九六、六六一	—	一三四、二〇七	—	二四五、七三八
日本	—	五四七、八五六	—	八一六、九一七	—	七六七、八〇四
美國	—	二六七、四一五	—	三六五、六一四	—	五五六、五七二

一五、汽發油、扁陳汽油、石腦汽油、石油精等 Gasoline, Benzine, Naphtha, Petrol, etc.

汽發油、扁陳汽油、石腦汽油、石油精等民國二年進口共四十六萬五千餘加侖。價值十萬餘兩。九年增至二百六十萬四千餘加侖。價值一百六十七萬餘兩。多由美國、日本、新嘉坡、爪哇等處輸入。

地區	民國七年 數量	民國七年 價值	民國八年 數量	民國八年 價值	民國九年 數量	民國九年 價值
進口淨數	一、一九四、二九〇加侖	五六〇、三四四兩	二、一七四、七四八加侖	一、三四二、二九五兩	二、六〇四、六三四加侖	一、六七四、三七四兩

香港	五五、六六六	二八、二九九	七一、二七七	三二、八五七	一四六、八二二	七一、八八三
新嘉坡等處	五五二、二二七	一九二、七三五	一、〇八四、五九二	六二三、三〇〇	四六二、二二八	二七七、三三一
爪哇等處	一二二、六四五	三九、三〇一	五二、一一二	二五、二五九	七〇五、〇二二	四二〇、四六三
日本	三一三、〇八〇	二三四、七四六	三八〇、六二四	三〇四、四五四	六三九、九九三	四一六、四七〇
美國	一六三、九三六	六三、八三三	八七一、三八四	五三五、七三四	五六七、七〇六	三八五、〇八九

一六、滑物油 Oils, Lubricating

滑物油、各項機器需用極多。民國二年進口、二百四十四萬九千加倫。價值七十萬兩。九年增至五百七十七萬六千加倫。價值二百四十六萬兩。由美國輸入最多。日本、俄國、新嘉坡、爪哇等處次之。從前比國貨甚多。中經歐戰。已漸減少。

地區	民國七年 數量	民國七年 價值	民國八年 數量	民國八年 價值	民國九年 數量	民國九年 價值
進口淨數	五、三六〇、〇二八加倫	一、八二七、四九一兩	五、九一五、四三五加倫	二、一七二、二四六兩	五、七七六、五三二加倫	二、四六八、九四六兩
香港	七〇二、二七二	二二九、九二三	六七三、九八二	二二九、九八八	八一三、四一四	三七二、三二〇
新嘉坡等處	一八四、六一四	五六八、七四二	三五四、四二四	九六八、九六四	六四、一五六	一一〇、二七四
爪哇等處	二七四、七八三	八六、二八二	一八八、四四五	五四、一三九	七二、四〇一	二一、八二四
英國	二、八六〇	二、二九一	一七、六五九	九、二五〇	一一、〇六七	二五、七六八
俄國	四〇、〇九〇	一五、六〇〇	一七六、二七六	五九、五六〇	六四二、五二九	三六五、五八三
日本	八三三、二〇一	三一六、三〇四	九三五、三七五	三八三、一一九	一、二三三、二四一	五三四、四九一
美國	三、四三六、九七六	一、一五五、九三六	五、三九八、二四五	一、九三五、五三三	三、一三五、五五〇	一、二三七、八六九

一七、燃料油、Liquid Fuel

燃料油、俗名柴油。小輪船需用甚多。民國二年進口一萬二千六十五噸。價值十二萬五千兩。九年增爲七萬五千四百四十七噸。價值一百零七

[illegible]由美國、爪哇、新嘉坡等處輸入。主要輸入港爲上海、廣州、梧州、漢口。

地區	民國七年 數量	民國七年 價值	民國八年 數量	民國八年 價值	民國九年 數量	民國九年 價值
進口淨數	一八、二〇四噸	三三八、三三五兩	三七、一四八噸	五八五、六六〇兩	七五、四四七噸	一、〇七三、三一一兩
香港	一〇、二三〇	二二二、一一九	一三、二九五	二三五、九八〇	一九、六三二	三三八、三三七
新嘉坡等處	一九、二六九	三〇五、九〇〇	四、六七五	六九、一〇〇	一、五四七	一九、六〇七
爪哇等處	二、五九七	四二、七五一	二四、八四一	三四一、三六八	三〇、三三三	三七二、二二七
美國	四三	五、三四二	二八、四八一	三九四、三一七	六九、七〇九	九三三、〇三三

民國九年由英國進口三千三百二十九噸印度一百七十三噸

一八、黑白胡椒 Pepper, Black and White

黑白胡椒、民國二年進口五萬一千九百八十五擔價值九十九萬兩。九年增至八萬二千七百十九擔價值一百七十萬兩。多由新嘉坡、爪哇等處輸入。

地區	民國七年 數量	民國七年 價值	民國八年 數量	民國八年 價值	民國九年 數量	民國九年 價值
進口淨數	四七、八五八擔	一、〇一〇、七三五兩	六八、四六七擔	一、三九三、三三三兩	八二、七一九擔	一、七〇四、三四四兩
香港	二三、一八七	四八〇、六七六	三六、四八四	七四六、五〇〇	四二、三七九	八六五、九
新嘉坡等處	三三、八三二	四七四、〇一五	一九、二四一	三九八、三五八	二九、八五三	五九六、〇九三
爪哇等處	三、五八〇	七三、一九三	一〇、九〇一	二三〇、三五一	八、四七八	一八八、五五一

一九、香水及脂粉 Perfumery and Cosmetics

香水、脂粉等類、民國二年進口僅值四十四萬兩。八年增至一百七十二萬兩。九年少減爲一百五十一萬兩。較之二年增加四倍之多。由香港日本及美、英、法等國輸入。從前德、和、比、俄等國進口甚多。歐戰以還，已形衰減。由歐美進口者，概屬上等貨。價格較高。日本貨價格最廉，而銷數最多。我國此項製造，香港、廣州方面有廣生行、衛生行、妙生行，上海有永和實業公司，出品頗佳，足抵舶來品。

地區	民國七年數量	民國七年價值	民國八年數量	民國八年價值	民國九年數量	民國九年價值
進口淨數	—	兩 一、二二一、七九五	—	兩 一、七三三、八六八	—	兩 一、五一六、八六九
香港	—	四四八、六七七	—	六六七、五〇〇	—	六五八、四一六
英國	—	三五、三三〇	—	二一〇、一三五	—	一三九、一四七
法國	—	一六、五五六	—	七三、三二七	—	一五一、〇三九
日本	—	四六四、〇八七	—	四七八、八九六	—	三一四、六三九
美國	—	九七、三六七	—	三一六、七四九	—	二三三、六九三

二〇、電報電話材料 Telegraph and Telephone Materials

電報電話材料，民國二年進口價值七十二萬兩。九年增至一百八十四萬兩。從前多由英、德、比三國輸入。今則由日、美、英、坎拿大等國進口。

地區	民國七年數量	民國七年價值	民國八年數量	民國八年價值	民國九年數量	民國九年價值
進口淨數	—	兩 四七三、八三七	—	兩 九一四、一三五	—	兩 一、八四四、一三一
香港	—	一〇、七二四	—	五九、七五九	—	二五五、三七一
英國	—	一六、三七四	—	六七、一七九	—	三六四、八八一
日本	—	三九八、三二一	—	四〇五、九八五	—	一、一四九、五六二
坎拿大	—	一五、八六四	—	一〇二、六三三	—	七二、九六五
美國	—	五四、五五二	—	一五〇、五八六	—	二〇一、六八二

一二一、桶箱全副板料 Shooks for Making Casks

此項進口。民國二年、值銀五十八萬兩。九年、增爲二百三萬兩。由日、美、坎拿大輸入。主要輸入港爲大連、漢口、上海、廣州。

地區	民國七年 數量	民國七年 價值	民國八年 數量	民國八年 價值	民國九年 數量	民國九年 價值
進口淨數	——	一、一二七、二八一兩	——	一、二三六、五三八兩	——	二、〇三七、一〇〇兩
香港	——	四二、七九二	——	四〇、〇八六	——	三三、六八一
日本台灣	——	四三三、五三九	——	二七九、五九六	——	二四〇、八二六
坎拿大	——	五二、九八四	——	六二、三三〇	——	二四、九三五
美國	——	五七六、六三八	——	八九九、七一九	——	一、八三四、六九八

一二二、檀香 Sandalwood

檀香有紫檀黑檀等類爲製造上等傢具之用。產於南洋。由香港、新嘉坡、台灣、澳洲等處輸入。民國二年進口、八萬三千七百六十六擔。價值八十萬兩。九年增至十九萬四千三百七十九擔。價值二百十萬兩。主要輸入港爲鎮江、上海、漢口、蕪湖。

地區	民國七年 數量	民國七年 價值	民國八年 數量	民國八年 價值	民國九年 數量	民國九年 價值
進口淨數	三二、〇一七擔	一、七七六、一九三兩	一五九、一六九擔	一、六六七、七六一兩	一九四、三七九擔	二、一〇六、一五八兩
香港	九八、五五八	一、四三八、〇四五	一三六、三七一	一、四四五、一七四	一四四、六二四	一、七〇四、三六六
新嘉坡等處	五、四六五	八一、九七五	一七、二三六	一六五、三一六	三五、五四三	二五〇、五九五
日本台灣	四、四八三	六七、二四五	三、二一四	三三、二四二	二、六五七	三一、二三五
澳洲	一三、三五〇	一八五、二三〇	二、三三八	三一、四〇〇	一八、〇四五	一〇〇、三一一

一二三、鉛印石印材料 Printing and Lithographic Materials

此項材料、即印書墨、石印石、鉛字等類。民國二年進口、僅值三十一萬兩。九年增至九十一萬兩。多由美國日本輸入。

地區	民國七年 數量	民國七年 價值	民國八年 數量	民國八年 價值	民國九年 數量	民國九年 價值
進口淨數	—	兩三八九、八八三	—	兩六〇一、〇七一	—	兩九一二、五六〇
香港	—	三〇、五七七	—	三一、六八五	—	五七、九七二
英國	—	八、五七九	—	一三、六七二	—	四二、〇六一
日本	—	一四五、五一六	—	一四八、四一四	—	一六三、〇三八
坎拿大	—	五〇、二八四	—	五六、五〇四	—	七八、九六六
美國	—	一六二、六三八	—	三九七、二三三	—	五三〇、九五〇